實相經宗通

——第五輯

——平實導師　述

ISBN:978-986-5655-00-6

本經古來並未分品，是故此書亦無目次。

佛法是具體可以親證的，三乘菩提也都是可以親證的義學，並非不可證的思想、玄學或哲學。而三乘菩提的實證，都要依第八識如來藏的實存及常住不壞性，才能成立；否則二乘無學聖者所證的無餘涅槃即不免成爲斷滅空，而大乘菩薩所證的佛菩提道即成爲不可實證之戲論。如來藏心常住於一切有情五蘊之中，光明顯耀而不曾有絲毫遮隱；但因無明遮障的緣故，所以無法證得；只要親隨眞善知識建立正知正見，並且習得參禪功夫以及努力修集福德以後，親證如來藏而發起實相般若勝妙智慧，是指日可待的事。古來中國禪宗祖師的勝妙智慧，全都藉由參禪證得第八識如來藏而發起；佛世迴心大乘的阿羅漢們能成爲實義菩薩，也都是緣於實證如來藏才能發起實相般若勝妙智慧。如今這種勝妙智慧的實證法門，已經重現於台灣寶地，有大心的學佛人，當思自身是否願意空來人間一世而學無所成？或應奮起求證而成爲實義菩薩，頓超二乘無學及大乘凡夫之位？然後行所當爲，亦行於所不當爲，則不唐生一世也。

——平實導師

如聖教所言，成佛之道以親證阿賴耶識心體（如來藏）爲因，《華嚴經》亦說**證得阿賴耶識者獲得本覺智**，則可證實：證得阿賴耶識者方是大乘宗門之開悟者，方是大乘佛菩提之眞見道者。經中、論中又說：證得阿賴耶識而轉依**識上所顯真實性**、**如如性**，能安忍而不退失者即是**證真如**，即是大乘賢聖，在二乘法解脫道中至少爲初果聖人。由此聖教，當知親證阿賴耶識而確認不疑時即是開悟眞見道也；除此以外，別無大乘宗門之眞見道。若別以他法作爲大乘見道者，或堅執**離念靈知**亦是實相心者（堅持意識覺知心離念時亦可作爲明心見道者），則成爲實相般若之見道內涵有多種，則成爲實相有多種，則違**實相絕待**之聖教也！故知宗門之悟唯有一種：親證第八識如來藏而轉依如來藏所顯眞如性，除此別無悟處。此理正眞，放諸往世、後世亦皆準，無人能否定之，則堅持離念靈知意識心是眞心者，其言誠屬妄語也。

——平實導師

自　序

大乘法之般若實證即是親證法界之實相，由於親證法界實相而了知萬法之本源，所見一切法不離**中道**而不墮二邊，如是現觀之智慧即名實相般若。一切已證實相法界而住於中道者，悉皆有此實相智慧，亦皆能親見實相法界之本來眞實與如如境界，即名**證眞如**者，是故一切證眞如者亦皆是親證實相而有實相般若之賢聖。如是賢聖亦皆同觀一切有情各各都有之眞實心性如金剛，永不可壞，名之爲親證**金剛般若**之賢聖。又親證實相者，必定得見涅槃之本際，洞見不迴心阿羅漢所入無餘涅槃中之本際，亦見定性聲聞聖者阿羅漢不知不見如是**涅槃本際**之事實。如是四理，一切有心修證大乘佛菩提道者皆應知悉；如是正理亦是亙古亙今永遠不變之理，故名如是覺悟者爲無上正等正覺。

關於眞實心之體性猶如金剛而永不可壞之正理，於拙著《金剛經宗通》中所說已多，於此即不贅述。**實相**者，謂宇宙萬有之本源，山河大地、無窮時空之所從來；亦謂一切有情身心之所從來，即是禪宗祖師所說父母未生前之自己本來面目，或謂本地風光、莫邪劍、眞如、佛性——成佛之性……等無量名所指涉之眞實體；以要言之，舉凡親見宇宙萬有之本源而能反復驗證眞實者，即名親證實相。

眞如者，謂此眞實心出生萬法而佐助萬法運作之時，能使所生之蘊處界內法及山河大地、宇宙星辰等外法運爲不絕，永無止盡，如是顯示自身之眞實性，而其自身之體性復如金剛永不可壞，合此二者故名爲眞；此眞實心於無始劫來如是生滅萬法之時，卻是如如不動，從來不於萬法起念而生厭惡或貪愛，乃至於未來無盡時空之中亦復如是絕無絲毫愛厭，永遠如如不動，故名爲如。合此**眞**與**如**等二法，故名**眞如**。

中道者，謂此實相心如來藏恆處中道，不墮二邊。世間人每執識陰六識覺知心自己爲常，不知前世覺知心是生滅法，唯能一世而住，捨壽入胎後即告永滅，不至今世；此世之識陰覺知心則是依此世五色根爲緣而生，非從前世往生而來此世，故有隔陰之迷，不憶前世。故說此世覺知心並非常住不變之本來面目，不論有念或離念之覺知心，捨壽入胎後永滅，不至後世，故此覺知心生滅有爲無常無我；而世間人不知，執此覺知心爲常，即墮常見外道所執之常，不離常邊。有一分外道經由觀行發現覺知心自己有如是過失，不能來往三世亙久永存，於是轉生一切有情死後斷滅之邪見，因此撥無因果，成就邪見，名爲斷見外道。然而親證此眞實心第八識如來藏者，現見一切有情之實際理地本是此心，不墮於覺知心與五陰境界中故離常見，亦因已見此心而知五陰永滅之後並非斷滅空故離斷見，亦見此實相心從來不住於六塵境界中，是故永遠不墮常斷二邊，亦復永遠不墮善惡、美醜、生滅、來去、一異、俱不俱、生死……等二邊。一切賢聖如是親證之後，轉依於如是實相法界境界，永遠不墮二邊而亦不離二邊，常住於三界之中自度度他，是名親證中道之賢聖。

涅槃者，無生無死、不生不滅之謂。阿羅漢以斷除我見、斷盡我所執及我執，捨壽之後永遠不受後有，永無後世五陰故不再流轉於三界生死之中，名爲入無餘涅槃。然而親證實相之賢聖菩薩，親見阿羅漢捨壽後不再受生，滅盡後有永無未來世之蘊處界時，如是無餘涅槃實即第八識如來藏獨存之境界。於其第八識獨存之際，無五蘊、十八界，迥無六塵及能知者，絕對寂靜亦絕對無我，故名無我，亦名涅槃寂靜，即是證得無生。而此絕對寂靜之涅槃中仍係如來藏獨存之境界，外於第八識如來藏即無涅槃之實證與存在；親證實相之菩薩於發願世世受生人間而世世陪同有緣眾生流轉生死之中，親見阿羅漢捨壽後所入之無餘涅槃境界，於阿羅漢未捨壽前即已存在，親見其捨壽後第八識獨存之無生無死、不生不滅而絕對寂靜之境界，無待捨壽滅盡蘊處界之後方見，故名實證無餘涅槃本際，名爲本來自性清淨涅槃。能如是現觀者，能知萬法背後之實相境界，方名親證實相之賢聖，必有實相般若。

而此眞如心、涅槃心、中道心、金剛心，實即第八識如來藏也，是萬法生滅之實相，故名實相心。此實相心於因地名爲阿賴耶識，通名如來藏、異熟識，即是求證實相智慧、求證中道智慧之佛弟子所應殷勤求證者。凡證此心而能轉依成功者，皆入菩薩五十二果位中之第七住位，已入三賢位之菩薩數中，其實相般若已非阿羅漢之所能知。若外於此眞實心如來藏而求佛法，皆無眞如可證，亦皆不見中道、涅槃，即無實相般若可言，名爲無知無證般若之凡夫。舉凡否定此第八識眞如心如來藏者，即無眞正佛法可知可證；故說否定第八識心而竟勤心求證佛法者，即屬心外求法者，是名佛門外道。當代、後代一切禪宗大師與學人，於此皆應留心；以此緣故，平實特請《實相般若波羅蜜經》爲大眾宣演；於宣演實相義理之時，益之以宗通之法，欲令眞求佛菩提道之眞實修行佛子得有入處，眞實生起實相般若，是故宣講《實相經宗通》。而今宣演圓滿整理成文，總有八輯，欲益今世、後世眞學佛法之有緣人；若世世代代皆有佛子因此實證者，非唯大乘佛法得以久住，亦令二乘正法得因諸菩薩之親證實相，亦得復興同能住世，即能廣利人天。茲以此書整理成文欲予出版流通天下，即述上理提醒學人，即以爲序。

佛子　平實　謹序

公元二〇一三年驚蟄　誌於竹桂山居

第五輯：

實相般若波羅蜜經

（上承第四輯未完內容）再來看看，宗門裡面在這個理上是怎麼說的？宗門裡面常常說到法身是無相的，我們就來看寶誌和尚是怎麼說的，《景德傳燈錄》卷二十九：**【寶誌和尚云：「四大身中無價寶，陽焰空華不肯拋，作意修行轉辛苦。不曾迷，莫求悟，任爾朝陽幾迴暮；有相身中無相身，無明路上無生路。」】**

像寶誌和尚這一類的禪師們說出來的開示，都是那一些悟錯的大師們深惡痛絕的；因爲他們沒有辦法解釋這一類證悟禪師的開示內容；對他們而言，這類禪師的開示內容根本就不合世間法的邏輯，因爲大師們都落在世間法中，不懂禪師這種世出世間法。當他們無法解釋時，在老修行人心中就會認爲他們悟錯了，於是他們對這類禪師的說法就很厭惡。寶誌和尚說，四大身中有個無價寶，因爲這色身都是四大所成，可是四大身中這個無價之寶，他們怎麼找也都找不到，找來找去，永遠都落在陽焰、空華裡面。陽焰是指這個覺知心，依附於色陰而不斷地晃動著，從來不肯止息；乃至很累，累到不得了，不得不上床睡了一會兒，體力稍微好一點時又開始作夢了，連覺都不肯好好地睡，你說覺知心是不是陽焰？陽焰就是這樣子，太陽照下來，遠遠地看去，路面上似乎有水不斷地晃動，這就是陽焰，覺知心的自性正是像這樣子。陽焰，你要叫它停著不動，是不可能的；它會一直晃動，直到晚上沒太陽了才會止息，覺知心也正好是如此。

空華是指什麼？就是指色陰。世間愚癡人都認爲說：「這個色陰是常住的，怎麼會壞呢？」後來死人看多了，才知道會壞，才終於接受說色身會壞的事實，方才成爲世間法中稍微有一點智慧的人。可是心裡面其實還是不肯接受，還是喜歡說：「你看我這色身還好好的，我今天睡了一覺起來，又很有力氣了，所以色身是我。」心中依舊是這樣子想的，就這樣愚癡。可是色陰全部的五色根與六塵，其實猶如空華；就好像捏了眼睛以後，虛空中出現的假花一樣，其實都是幻有的，不過幾十年就毀壞了；甚至有的人才幾個月就壞了，因爲胎死腹中。像這樣的色陰，怎能不說是空華呢？從天人來看人類之身，人身也眞的是空華，才一會兒就過去了。從四禪天的境界來看欲界天人的色陰，一樣會認爲眞是空華，也是覺得欲界天人一會兒就死亡而過去了。從非非想天的境界來看四禪天人，也覺得四禪天人是空華，那麼一會兒就過去了。可是從明心者以這個實相心來看非非想天有情的受想行識時，仍然覺得非非想天的受想行識，只不過八萬大劫的生命，也一樣過去了，眞的好像是一會兒就過去了。可是從見性分明者的立場，以佛性來看一切三界諸法時，也都覺得山河世界一會兒就壞了，根本無法與佛性相比；因此，所見同樣是猶如「空華」，但體驗卻是各不相同。然而眾生不知，總是認爲自己的色身是常住的、是可以寶愛的，不知道這根本就是空華。依附於空華色陰才能存在的陽焰則是更虛妄，可是眾生都拋不下，所以寶誌禪師說：「陽焰空華不肯拋。」

眾生在這樣的錯誤知見下，執著於陽焰，執著於空華來修行，那就是「作意修行」；因爲這是依於生滅性的時時刻刻常有作意的心來修行，這其實是落入陽焰之心中，這樣修行只有越來越修得辛苦。凡是落到意識心境界在修行的人，都會很辛苦，並且會越來越辛苦。譬如以離念靈知作爲開悟內容，他爲了要悟得更深一點，所以昨天上座兩個鐘頭都一念不生，今天要改爲上座四個鐘頭都一念不生，就得更努力與妄念對抗，那是不是更辛苦了？對啊！然後接著就要修練爲一天八個小時一念不生，接著要二天、三天、五天、十個月一念不生，就得要一直拚下去，拚到最後覺得說：「我這樣每天住在一念不生之中，能成就什麼智慧？能成就什麼法？」後來發覺說：「什麼都不能成就，只是一念不生。我的離念靈知境界越來越好，怎麼我的智慧沒增進？隔壁老張去正覺才不過三年，爲什麼他現在智慧這麼厲害，而我什麼都不懂？」終於發覺原來自己是以定爲禪，把修定當作在修智慧，卻落在陽焰裡面；人家老張可不一樣，只要下班回家吃過飯，有時候禮佛作功夫，有時候讀讀書，有時候穿起短褲截在作些家事，又是一面作事一面唱歌，這某甲忍不住了就說：「老張！我看你都沒在修行，爲什麼智慧這麼好，我都說不贏你？爲什麼你對佛法懂這麼多？」老張說：「你每天坐在那邊精進，不如我每天在這裡幫老婆作事；我作事時無相念佛，功夫不比你差；我作事時也可以看話頭，爲將來參禪作準備。我這樣作，智慧越來越好；可是你越坐越呆，因爲你永遠都是住在一念不生之中。」這時他才想到說：「我這樣每天靜坐，甚至可以一入定三天半個月，竟然我智慧遠不如老張；而他每天過得這麼快樂，我每天在跟腿痛對抗，想來我應該改弦易轍了。」終於下定決心說：「不如歸去。」於是回到家裡自修，不再去廟裡共修學法；可是他自修以後變成什麼呢？可就成爲盲修瞎練。修練了好幾年以後，終於才死心，承認說：「還是老張行。」於是去問老張：「你到哪裡去學的？」「我到正覺學來的。」「啊！是那個不少人罵翻了的『正覺』啊？」「對啊！」「唉呀！被人家罵翻了的『正覺』，竟然能讓人這麼有智慧。好啦！我明天跟你去報名共修。」終於下定決心來正覺了。有沒有這種人？有啊！所以不懂佛法應該如何正確修行的時候，總是落在陽焰裡面，老是想要把陽焰心修行變成常住的金剛心，永遠都是寶誌禪師說的「作意修行轉辛苦」，這樣學佛是不會快樂的。

寶誌和尚又說：「不曾迷，莫求悟，任爾朝陽幾迴暮。」說這個實相心從來就不曾迷過，有迷昧的人是覺知心自己。實相心也從來都不必求悟，需要求悟的是這個陽焰覺知心，爲了想要遠離愚癡才要求開悟。懂得這個道理，才能夠不違三乘菩提；假使不懂這個道理，落到離念靈知裡面去，縱使當代禪宗裡沒有人眞悟來指出他的錯誤，他還是無法經得起四阿含的印證；因爲這離念靈知明明是緣生緣滅之法，這離念靈知明明是前迷而現在求悟。如果不懂這個道理，不但是「作意修行轉辛苦」，而且還是每天朝陽起來之後，就擔心著：傍晚又要來了，一天又要過去了，道業何時成就？但是如果懂得是求悟的自己要去證得自己本有的另一個實相心，然後去找到這個實相心了，就會發覺自己的實相心從來不曾迷，根本也不必求悟。世間又沒有「悟」這個東西，是找到如來藏時就叫作開悟了。竟然有人說：「我找到如來藏以後，『悟』在哪裡？」開悟只是悟得實相心如來藏，還要到哪裡去找「悟」這個東西？外於第八識如來藏並沒有「悟」這個東西，你找到如來藏時就會發起實相般若，就是開悟；但實相心自己是被悟的對象，不是應該求悟者，祂從來不曾迷，當然不必求悟，所以說「不曾迷，莫求悟」。

到這個時候依止如來藏或者依止如來藏所顯的佛性來看待一切法，當早上天亮了，雞啼了，左鄰右舍開始在活動了，好啊！你無妨伸伸懶腰、打個呵欠，大叫一聲：「起床也！」爬了起來開始忙活。忙到晚上，晚霞來了，猛一看，這一天又要過去了：「好在我從來不老不死。」對啊！你的實相心不曾老過，也不曾死過；以前如此，現在與未來也將如此，所以「任爾朝陽幾迴暮」，總是無關我心；到了這個地步，少小也得，老大無妨，都沒有障礙。如果你像五祖一樣，七、八歲就悟了，無妨當個年少的大善知識；相對於四祖道信而言，四祖當個老和尚也無妨。這時候，你就可以公開地說——譬如子孫或者徒弟為你慶祝八十歲生日的時候，你就說：「任爾朝陽幾迴暮。」你都可以說得很坦然，根本不罣礙。假使要說有罣礙，那就是對正法能否久續留傳有所罣礙，對於徒弟們道業是否能夠日日增長有所罣礙；除此而外，你沒有什麼可以自我罣礙的。

這時候就懂了：「有相身中無相身。」確實如此啊！無相的法身是在有相的五蘊身中，可不要向外去尋找。譬如達賴喇嘛說他的明光心可以是在五陰之外，說最高級的明光心叫作金剛心，又說是在五陰之外的虛空中，他在陳履安的眾生出版社為他印行的書中，就是這樣子說的，原來他是個心外求法的外道。凡是眞正的善知識，都不會教你向外尋覓，一定告訴你：「無相法身在你自己的有相身中。」眞正善知識也不會教導徒眾們說：「那無餘涅槃裡面就是這個金剛心，所以你要趕快入無餘涅槃裡面去找。」那一定是個假名善知識，因爲顯然他不懂涅槃；連二乘涅槃都不懂了，怎有可能瞭解菩薩所證的本來自性清淨涅槃呢？因爲這是二乘聖者之所不知。

到了這個時候，你以慧眼鑑照或者法眼鑑照，天下阿師莫奈何。全天下，不管哪一個阿師都不能奈何你，不管天下哪個阿師來了，他們來問：「如何是無明路上無生路？」你就說：「在你來的路上。」「在我來的路上就是因爲有無明，我才要來呀！那如何是無生路？」「你家阿爺。」「爲什麼我家阿爺有無生路？」「因爲你家阿爺是你的善知識。」「喔！眞的喲！好，那我趕快回去奉侍他。」就告訴大師說：「眞的要好好奉侍。」教他大師要回俗家去奉侍他家阿爺去。等到他懂得奉侍了，他就懂得來奉侍你了。那個時候，雖然妳穿著白衣、長髮飄飄，甚至於妳也許在公司正忙著；假使妳們女眾如果在公司忙著，例如妳開了一家公司，上班時總不能夠素顏而去吧！還是要隨俗稍微抹一點脂粉，至少雀斑不要太明顯，至少總是要有淡淡的口紅，這是社交場合的基本禮儀；而這個大師終於懂得「無明路上無生路」，他可就要來到妳公司納頭便拜，這樣才能說他是知恩者。你看，要知恩，多不容易呵！如果他悟了，沒有來禮拜你，我告訴你，他就不是知恩者，叫作負恩者，未來世道業難修，這也顯示他依舊悟錯了，所以不知恩。

問題是，爲什麼無明路上會有無生路呢？放眼天下一切有情，不是每天都在無明路上奔忙嗎？有誰不理會無明的？都把無明抱得緊緊地。但是一個個在路上奔忙無明籠罩的當下，其實他們也同時都在無生路上安閑地來去。問題是，無明路上爲什麼會有無生路？那一些落在離念靈知裡的大師們可就難免錯解了。那一些落入六識論裡面的人也一定會曲解，因爲如果不曲解就不能符合他的離念靈知境界。可是等你悟了，你卻說「光明路上無生路」，把它倒過來講。因爲寶誌禪師說的「無明路上無生路」，是說眾生無明而不知道自己身上有無生路；當你悟了以後遠離無明，你現前看見眾生都是無明路上的無生路，但自己何妨在光明路上繼續行於無生路，不相妨礙。

所以，如果妳在正覺悟了，妳同修也許迷信某一方大師，他也說悟了，說是被大師印證了。有一天他突然問起妳來：「『無明路上無生路』，是怎麼回事？眾生明明還有無明、還在無明路上走著，為什麼卻說是無生路？」妳就拉著他的手說：「老公啊！咱們散步去。」遊了湖回來，老公再問：「太太！妳還沒有告訴我，無明路上如何是無生路？」妳就告訴他：「我已經拉著你在無生路上走過一會兒了，你為什麼還不知道呢？」教他丈二金剛摸不著頭腦。可是當他問妳說：「如何是無生路？」妳就要賣關子，妳說：「抱歉！世尊的『法毗奈耶』告誡不許明講；你要的話，到會裡面來，來當我眞正的同修，不要只在家中當我的假同修。只要你來正覺會裡跟我當眞同修，未來就不必愁這件事情了。」從此以後走同一條路，無生路上有個伴，不是更好嗎？

不然，以前他說他的師父教的才對，而妳說妳的師父才對，往往不免有些口舌，那麼到底該怎麼辦？每一次一講到佛法，妳都得先開口說：「咱們不談佛法。」這麼一來，學佛不就變成苦差事了嗎？所以，妳有時候機鋒要用一用，他問妳這些佛法，妳就要會用。哪一天他又問：「佛法大意到底是什麼？」妳就說：「一切現成。」他當然不高興：「妳都不告訴我。」妳說：「我早就告訴你了，自是爾不會。」如果求妳告訴他，妳就說：「你來啊！來正覺跟我當同修。」只要他一踏進門，妳就攝受了一分佛土，因為他的緣是依妳而來的，所以未來世他證悟的緣，還得要再透過妳才行，因果就是如此。所以未來世他遇到別人，一定悟不了，因爲會遇上錯會佛法的法緣，或是遇上眞正的法緣時他將不信受；得要遇到了妳，才能遇到正法，然後才能悟入；他未來世想要開悟得經過妳，這就是因果。凡是在有胎昧之前都是如此，直到三地滿心以後。這「**無明路上無生路**」，其實已經直示入處了，講得夠白了。誌公和尚講的這個話是很多人讀過的，但是爲什麼仍然不開眼呢？只爲悟緣未熟。

再來看看第四個部分，在理上是怎麼說的。這部分要說明的是一切諸法的自性清淨，因爲我們這一段經文裡面講的是「**一切諸法自性清淨**」，當然我們得要從宗門來解說這個理。爲什麼要講「**一切諸法自性清淨**」呢？正是因爲眞實心實相法界的自性清淨，所以才要說「**一切諸法自性清淨**」。在聲聞菩提、緣覺菩提裡面都說：**一切法自性不淨、自性染汙、自性生滅**。可是來到般若裡面卻說：**一切法自性清淨，一切法自性常住、自性不壞**。這就是因爲一切法都源自這個本性清淨的金剛心，親證之後把所見的一切法攝歸於這個金剛心，所以不淨諸法就變清淨了。那麼，不懂得這個道理的人就會說：

「既然你說眞實心是自性清淨的，爲什麼你悟後還要修行才能成佛呢？」好有一說，但是，理與事畢竟有別。也就是說，一切有情依自性清淨心而出生，出生以後依附於自性清淨心而生存、而運作、而見道、而修道、而老死，乃至成佛時莫不依這個自性清淨心；可是這個自性清淨心所含藏的有情自我等種子，卻是不淨的，所以悟後要修行的是自己，不是教那個第八識自性清淨心要去修行。所以他這個質問也不錯：「眞實心既然自性清淨，悟後何必再修行？」當然自性清淨的實相心不需要修行也不必求悟，所以應該求悟的是五蘊自己，悟後應該修行的也是我們自己而不是第八識金剛心。不要妄想說：「我悟了以後，可以叫祂修行，而我覺知心不用修行，太棒了！」一點都不棒啦！因爲祂從來不修行，而且永遠不懂修行；祂本來清淨，何須修行？要修行的是咱們自己，咱們清淨了，祂所含藏的我們的種子就跟著清淨了，究竟清淨了也就成佛了。

所以《大般若波羅蜜多經》卷四百五十五中這麼記載：**【爾時具壽善現白佛言：「世尊！若一切法本性清淨，諸菩薩摩訶薩云何復於諸佛妙法而得清淨？」佛告善現：「如是！如是！如汝所說。諸法本來自性清淨，是菩薩**

摩訶薩於一切法本性淨中，精勤修學甚深般若波羅蜜多，如實通達、無沒無滯，遠離一切煩惱染著，故說菩薩復得清淨。復次善現！雖一切法本性清淨，愚夫、異生不知、見、覺，是菩薩摩訶薩為欲令彼知、見、覺故，修行布施波羅蜜多乃至般若波羅蜜多。」】

這是三賢位的菩薩們應該聽聞的法，明心的菩薩當然也是應該聽，因為這是般若的總相與別相。世尊跟具壽善現（須菩提）在一起的時候，須菩提向 世尊稟告說：「如果一切法本性是清淨的，那麼諸菩薩摩訶薩們，」也就是所有證悟的菩薩們，「為什麼還要在諸佛妙法中來修行而獲得清淨呢？」當然須菩提知道其中的道理，但是必須要為正在熏習般若的凡夫菩薩——異生，以及迴小向大之後還沒有證悟佛菩提的二乘聖人——愚夫，來請問這些問題，才有機會由 佛陀來開示。道理上也確實是如此，對一般人而言，他們聽說了以後，總是會問：「既然說祂是自性清淨的，為什麼悟後還要修行？有染汙的才需要修行，你又說是悟得自性清淨心，顯然這個自性清淨心是有染汙的，你這個邏輯講不通啊！」確實講不通，因為這是世出世間法，他不該用世間法的邏輯而想要講得通；可是又無妨悟了以後，同樣用世間法的邏輯來爲他講，倒又通了。

印順法師就是不相信這一點，他在書中說，自性清淨心而有染汙，這個他沒有辦法接受，眾生也不能瞭解。七、八年前或者十來年前，昭慧法師有一次在香港演講，也是這麼講，她說自性清淨心而有染汙，這個道理根本不能成立。並且還整理成文字，刊登在她的《弘誓雙月刊》中。這表示印順與昭慧根本就沒有悟得佛法。因爲凡是證悟如來藏的人，都會信受這一點、接受這一點，並且要維護這個說法，這是由於已經現見實相法界顯示在現象界中的時候，確實是如此而不可能被任何人改變的。自性清淨心而有染汙，聽來似乎是不合乎邏輯的，可是經由眞悟者解釋以後就合乎邏輯了！

也就是說，求悟的離念靈知自己是有染汙的，因爲蘊處界是染汙的，而離念靈知不過是識陰罷了！但是蘊處界之所從來的如來藏心，祂是從來都不染汙的；你不論怎麼誘惑祂，都誘惑不了；你不論怎麼樣去激怒祂，祂始終一絲一毫的瞋都沒有；你根本無法使祂起染汙的心行，所以祂是自性清淨心。而祂這個清淨性並不是修來的，是本來就如此，是無量劫以來就如此的；乃至一個五逆十惡無惡不造的極惡眾生，他的這個實相心還是自性清淨的。

但是為什麼會說祂也有染汙呢？是說祂含藏著各自有情的種子大多是不清淨的，所以清淨的祂出生的不淨有情在三界中起貪、起瞋、造諸無明惡業；甚至有人慢心深重而自以為學佛很有智慧，講出來的智慧法門卻是處處在幫助眾生增長無明，可是他的自性心仍然是清淨的，從來不貪不染、不厭不惡，從來無有瞋恚，所以才說自性清淨心而有染汙，因為這些染污種子都收存在這個自性清淨的心中，流注出來時只與五陰相應而不與自己相應。這樣，證悟的菩薩這麼一解釋就合乎邏輯了，因為這個是世出世間法，不能用世間法的邏輯來套。

所以，須菩提這樣為大家提問並沒有錯誤。他是為大家提出這個問題，請佛陀來解釋，是因為還沒證悟二乘菩提的異生凡夫，以及證得二乘菩提卻不懂般若的愚夫——剛剛迴心大乘卻還沒有證悟般若的阿羅漢們，這些人心中都仍然有疑。佛陀就解釋說：「如同你所說的這樣子，一點都沒有錯，諸法本來就是自性清淨的，在大菩薩們於一切法的本性清淨之中來精勤修學甚深的智慧到彼岸，並且能夠如實通達，心不沉沒而且沒有留滯，就可以遠離一切的煩惱染著，所以才說菩薩證得這個本來自性清淨的心以後，再一次獲得清淨。」這就是說，這個心的自體，祂在三界中示現時，是從來都沒有任何的染汙；祂甚至於離開智慧與無明兩邊，不落入這兩邊之中，凡是證得這個心的人，就被稱爲菩薩摩訶薩了。而這位菩薩摩訶薩現前觀察自己這個心是自性清淨的，也現前觀察其他有情各自都有這個心，也一樣是自性清淨的，可是卻各自含藏著與五蘊身心相應的不清淨種子。

這些不清淨的種子一流注出來時就是不清淨的，所以有些小孩子生來不必人家教，看見餅乾就會拿來吃；然而遇到另一個小朋友從旁邊爬過來時，這位小朋友雖然才剛剛學會坐著，他就會趕快把餅乾都掃到自己這邊來，都不給那位爬過來的小朋友。他的父母並沒有教導他要這樣自私，但他的五陰身心與生俱來的種子就是這樣不清淨的。貪啊！對不對？他不必熏習，就是會貪。菩薩摩訶薩——也就是明心的人，看見五蘊身心是不清淨的，卻也看見自己的金剛心如來藏仍然是自性清淨的，不貪也不瞋，這都是現前可以看見的。那小孩子，父母都還沒有教他說：「別人來了，你要趕快收好餅乾。」都沒有教他，但他看見別的小朋友爬過來，才拿了一塊餅乾，都還沒塞到嘴裡，他就一把搶回來了；顯然他的五陰身心是不淨的，可是所有證悟的菩薩卻都現見他的金剛心仍然是清淨的。但有些孩子卻不一樣，生來就愛與別人分享他的食物，表示他往世一定是修行者，因爲他的實相心把往世修行轉變後的清淨種子帶來這一世了。

菩薩觀察自己也是如此，雖然說明心了，如同《般若經》講的，這是菩薩摩訶薩；可是有時候想起來也會不好意思，耳朵會熱起來。爲什麼呢？因爲這自性清淨的實相心是如此清淨，對照下來，自己的五陰身心卻是如此不淨，不免覺得羞赧。因此，看見了好吃的菜炒了出來，食指大動，正準備要先偷吃一口的時候，突然想到說：「**我的自性清淨心都沒有貪，可是我五陰卻這麼貪，待一會兒再吃都不行嗎？**」就這樣開始去轉變，一次又一次漸漸轉變；這就是從世間法上一步一步去轉變，在歷緣對境之中去讓不清淨的種子流注出來，然後換個比較清淨的種子回去如來藏中；這樣一直汰換，三大阿僧祇劫的修行汰換，最後終於到達佛地的時候就完全清淨了，這才能說是諸佛「**常樂我淨**」的淨，是一切種子都已清淨了，連習氣都改變了。

或者說到了入地的時候不再有現行了，三界的貪愛現行已不再有了，那是第一個階段的清淨，那也叫作「菩薩復得清淨」，所以才說要悟後起修。

悟後雖然有實相的智慧，但五陰身心還是不淨的；要到什麼時候是第一階段的清淨？要到入地時永伏性障如阿羅漢，才算是第一階段的清淨。但因爲他是行菩薩道而非聲聞解脫道，還得預留一分思惑，不許斷除全部不清淨的三界愛現行；他若是眞的斷盡了，捨壽時就會入涅槃去了，無法行菩薩道了，所以留惑潤生的入地菩薩叫作永伏三界愛——永伏性障。入地時必須要如同阿羅漢一般，不會再有三界愛的現行；三界愛的習氣種子流注還是會有的，但現行的事情已經不會再有了，這就是第一階段的清淨。接著要到達第二階段的清淨，那就是三地滿心位了。再過去，是到了八地初心，究竟清淨位就是成佛時了。所以說，菩薩依於本性清淨心修行而使五蘊身心也得以清淨，就稱爲「菩薩復得清淨」，而不是說悟得那個本性清淨心的時候，自己的五蘊身心就清淨了。

《實相經宗通》上回我們講到補充資料，今天要從「復次善現」這裡開始講。佛說：「而且應該這樣瞭解，善現啊！雖然說一切法的本性清淨，但是愚夫和異生都是不知、不見、不覺的，這位菩薩摩訶薩爲了想要讓愚夫與異生都能夠知、見和覺，所以才要世世不斷地修行布施到彼岸乃至智慧到彼岸。」在這一段經文裡面說一切法本性清淨，這是六識論的應成派中觀師所不能接受的。但是密宗的應成派中觀師卻都很歡喜這一句，因爲一切法本性清淨，似乎不符合四阿含諸經所說一切法都是生住異滅、無常、不淨；密宗就可以引證來說意識覺知心是清淨的，是常住不壞的。因此印順派那些應成派中觀師們（案），他們都喜歡加以評判說：「這跟四阿含說的顛倒，所以我們不能承認大乘法是佛說。」他們這樣主張，密宗就很歡喜了，因爲他們可以拿來作爲雙身法的藉口：「你看！這《般若經》裡面都這麼講啊：一切法本性清淨。所以雙身法的樂空雙運中，淫樂觸覺無形無色也沒有污垢，其中享樂的意識同樣無形無色也沒有污垢，並沒有什麼不淨啊！」所以，他們眞的是各執所需各作其說。（編案：應成派中觀的六識論邪見源自密宗。）

但問題是，他們都誤會了《般若經》中所說。因爲四阿含諸經中說一切法無常、苦、空、無我、不淨，說蘊處界等一切法都是虛妄法，是從生滅無常不淨的蘊處界來說的，所以一切法當然是緣起性空、無我、不淨。但是在實相般若智慧裡面可不是這麼說的，因爲《般若經》中是以實相法界爲中心，而把現象法界的蘊處界等萬法都攝歸於實相法界、附屬於實相法界如來藏心中。一切法既然都應該要附屬於實相法界，而實相法界既是本來清淨、本來沒有生滅，當然實相法界如來藏所函蓋的不淨的現象界諸法，顯然也就是本性清淨法中的一部分，所以一切法的本際當然就是本來自性清淨的。所以從字面上看來，《阿含經》所說與《般若經》所說好像不一樣，其實雙方的意涵完全沒有衝突，只是實相般若裡面所說的太深奧、太微妙，所以愚夫阿羅漢以及異生凡夫全都無法瞭解。

愚夫與異生到底是指什麼？先來說說異生吧！說一切凡夫眾生都還有異生性，所以叫作異生。這意思是說，一切凡夫都還沒有見道，連聲聞見道都還沒有，當然也不會有大乘佛法見道的智慧，所以學佛人有時候不小心，單從事相的表相上就毀謗評論說某一種法是外道法，或者說某一個人、某一些人是邪魔外道，那他由於誤會而謗賢聖、謗法的惡業全都成就了。成就了謗賢聖與謗法的大惡業以後，捨報去到下一世就不再是人類了。因爲一般人的實相心中都還存在著三惡道的種子，也就是還存在著轉變成三惡道有情業種的功能，所以有時回來當人乃至當了天人，但是未來仍然會有機會墮落三惡道，因此就稱爲異生，不可能永遠當人或天人，是因爲第八識心田中還潛藏著未來世再受生爲三惡道有情的異生性種子。

但是關於異生性的斷除，在解脫道的見道位所斷的異生性是很狹窄的，在大乘法中所斷的異生性則是很寬廣的，需要很長久的時劫來次第斷除，才能入地。所以二乘法中見道所斷的異生性，它的功德只能在二乘法中來適用，不適合在大乘法中適用。因爲二乘法所斷的異生性，只是解脫道所函蓋的異生性內涵，只是斷我見而不曾證解實相法界眞如實相心，所以範圍很狹窄；只要不謗解脫道、不謗二乘法中的實證者，他在解脫道中的異生性就已經斷除了。可是假使這個聲聞初果人往昔多劫以來是個瞋心很重的人，有一天遇到了一位菩薩，菩薩告訴他說：「**你只是個愚癡人，你怎麼懂得實相法界？**」他明明是不懂實相法界的，當他聽到菩薩這麼一講，心中起瞋了——因爲他的瞋習很深重。瞋重的緣故，忍不下那一口惡氣，不小心就毀謗了菩薩，於是他心中與大乘法相應的見道所斷異生性還是發起了，就毀謗證悟的菩薩，來世不免要下墮三惡道而成爲異生類的有情。

莫說聲聞初果人還有大乘見道所斷的異生性存在，即使是大乘法中已經眞正見道的菩薩，只要還沒有修到通達位——也就是還沒有進入到初地的入地心之前，都還有一分、多分或者極少分的異生性。所以就像律部《菩薩瓔珞本業經》說的：菩薩修學般若波羅蜜多，於六住位圓滿之後，「般若波羅蜜正觀現在前」，如果沒有善知識攝受，想要進入第七住位時，還是可能退失，後時無惡不造。這就表示說，大乘法中的開悟者，若還沒有通達而入地以前，都還有可能退失於人身，因爲實相心中還有大乘見道所斷的異生性種子存在；所以他只要遇到惡知識，或者因爲不好的環境而使他被影響了，那他在大乘法中所未斷盡的——還沒有斷盡的——異生性，仍然可能發起，於是就退轉於大乘見道位的功德了，所以還得要有善知識攝受他，悟後行菩薩道時才是安全的。

因此說這個異生性，有二乘所斷以及大乘所斷的不同；但同樣都是見道位所斷，差別只是二乘法的見道與大乘法的見道內涵不相同，廣略也不相同，因此所斷的異生性範圍就不相同了。那麼這就是解說異生性，凡是異生性還沒有斷盡的人，或者只斷二乘見道所斷異生性的人，都是不知、不見、不覺一切法本性清淨的大乘法中凡夫；他們對於一切法本性清淨的道理是完全不知道的，可能連聽都沒聽過；或者聽說過了、聽人家開示過了，但是他看不見爲什麼一切法會是本性清淨的，完全不可能觀察到；或者他根本就沒有辦法去覺悟到一切法的本性是清淨的，他所見的一切法都是染汙不淨、緣起性空、無常無我。

不但異生位是如此，乃至成爲阿羅漢了，只要還沒有迴小向大來實證大乘菩提，雖然因爲永斷性障已無異生性了，但他爲何還會被 世尊叫作愚夫？愚夫跟異生不同，因爲愚夫是聖人，已不是凡夫了，只是因爲沒有法界實相的智慧，所以名之爲愚。這就是說，聲聞阿羅漢下至初果人都名爲愚夫，但他們已不是凡夫，因爲他們在聲聞道中已經算是聖人了；可是來到大乘別教法中仍然屬於凡夫，叫作賢位的凡夫，是「外聖內凡」的賢位凡夫，還不是大乘佛菩提道中的聖人。所以他們若是迴入菩薩道，還是只在三賢位中，不會超過六住位；得要眞的明心而不退轉了，才算是進入第七住位。但第七住位的菩薩仍然是賢位菩薩，還沒有到達諸地聖位，得要悟後進修，次第走過十住、十行、十迴向而入了地，才算進入聖位。所以他們在解脫道中雖是聖人，迴心大乘而來到大乘別教中，也只是個愚夫而已——雖是聖人仍然是愚夫。這種話，現代佛教界裡誰敢講？也就只有正覺敢講；但是雖然公開講了，卻是事實，一點都沒有誑語，因爲 世尊與古時的眞悟菩薩們也都這麼說。這就是說，異生凡夫與二乘愚人對於一切法本性清淨，對這一件事情、這個事相，他們是不知、不見、不覺的。

那麼菩薩摩訶薩，也就是說，證悟了以後就稱爲摩訶薩了。在大乘經中有的經典是明心了就算菩薩摩訶薩，有的經典是還要加上眼見佛性，有的經典中則是入地了才算摩訶薩。我們在這裡且不管它，就說明心以後就是菩薩摩訶薩；因爲明心了就有能力幫助迴小向大的阿羅漢下至初果人，或者幫助異生凡夫來知、見、覺一切法的本性清淨。菩薩悟後是不會想要入涅槃的，或者說佛世有許多阿羅漢們迴小向大以後，也是世世都不入涅槃的。這一些菩薩摩訶薩們，爲了想要讓凡夫異生或者那一些愚夫聖人們，同樣可以「知」一切法本性清淨，「見」乃至「覺」悟一切法本性清淨，因此才要繼續在人間不斷地修行布施到彼岸、持戒到彼岸乃至智慧到彼岸。也就是說，一方面自己繼續邁向佛地，同時也示現給愚夫和異生們來看，讓他們見聖思齊；因爲從初地開始到六地爲止，仍然是十度中的六度波羅蜜。這就是說，從實相法界來看待三界一切諸法的時候，全都是自性清淨的；因爲眞實心本來就是清淨的，所以附屬於眞實心、攝歸於眞實心的一切諸法，也就隨著自性清淨了，這就是《實相般若波羅蜜經》要告訴大家的道理。那麼，菩薩一世又一世可以入涅槃而不入，可以生在色界天中而不生，一世又一世在人間行道的目的，就是爲了要幫助愚夫和異生，來「知、見、覺一切法本性清淨」。

這個部分講完了，再從第五個層面來講實相法界。這裡引述出一段經文來證明：**由於有般若實相的智慧，才可能有菩薩摩訶薩；由於有菩薩摩訶薩的緣故，才可能有三乘聖人繼續出現在人間；而且也由於有菩薩摩訶薩的緣故，才能有人常常來人間作爲二乘聖人的福田。**這些話也許諸位想起來會覺得奇怪：怎麼可能如此？尤其是最後所說的。因爲如果有人廣讀經論，當他讀到玄奘菩薩所譯的《說無垢稱經》——也就是《維摩詰經》的時候，就會發覺 維摩詰菩薩遇到那一些聲聞聖人的時候，當他要破斥他們而接引他們進入大乘法之前，都會先禮拜聲聞聖人。維摩詰菩薩是妙覺菩薩，阿羅漢們迴心大乘以後才只是第六住滿心位而已，但他卻先禮拜那些阿羅漢們，禮拜完了站起身來就破斥他們。這不會讓人覺得很奇怪嗎？阿羅漢迴小向大，最多就是別教的三賢位十住中的第六住而已，維摩詰菩薩爲什麼卻要禮拜他們？這是因爲雙俱人無我與法無我，所以無所謂尊卑的問題；禮拜只是一個攝受的方法，讓阿羅漢當時走不了；因爲人家那麼好意、那麼恭敬禮拜，阿羅漢怎麼能在人家禮拜後轉頭就走呢？當然要跟人家搭訕幾句。

可是這一搭訕，他們就走不了了，因爲維摩詰菩薩會讓他們走不了，然後就開始破斥他們，讓他們啞口無言。這樣看來，菩薩眞的好奇怪！破斥人家時好像總是高高在上的，可是卻又頂禮還在下位的對方。但是諸位有沒有想到一個典故？有一位三明六通的大阿羅漢帶著徒弟出門，徒弟揹著行囊走在後面，突然發了大願：「**我將來要當菩薩，我不要當阿羅漢。我要勤行菩薩道，廣利人天。**」他這個願才一發起來，三明六通的大阿羅漢知道了，趕快回身把行李搶過來自己揹了。他爲什麼要這樣？這個道理就在這一段經文裡面告訴我們了，這一段經文是《大般若波羅蜜多經》卷四：

【佛告具壽舍利子言：「舍利子！諸菩薩摩訶薩從初發心，修行布施、淨戒、安忍、精進、靜慮、般若、方便善巧、妙願、力、智波羅蜜多，住空、無相、無願之法，即能超過一切聲聞、獨覺等地，能得菩薩不退轉地，能淨無上佛菩提道。」時舍利子復白佛言：「世尊！諸菩薩摩訶薩住何等地，能

與一切聲聞、獨覺作眞福田？」佛告具壽舍利子言：「舍利子！諸菩薩摩訶薩從初發心，修行布施、淨戒、安忍、精進、靜慮、般若、方便善巧、妙願、力、智波羅蜜多，住空、無相、無願之法，乃至安坐妙菩提座，常與一切聲聞、獨覺作眞福田。何以故？舍利子！以依菩薩摩訶薩故，一切善法出現世間；謂依菩薩摩訶薩故，有十善業道、五近事戒、八近住戒、四靜慮、四無量、四無色定、施性福業事、戒性福業事、修性福業事等出現世間。又依菩薩摩訶薩故，有四念住、四正斷、四神足、五根、五力、七等覺支、八聖道支、空無相無願解脫門、苦集滅道聖諦等出現世間。」】

讀了這一段經文，可能諸位有一些瞭解了。這一段經文所說的菩薩摩訶薩定位很高，不是一般講的單單明心、或者剛剛眼見佛性的菩薩摩訶薩，因爲這段經文中講的初發心菩薩，是修習十度波羅蜜的菩薩，這是初入地的事。然而 佛陀這樣告訴具壽舍利子說：「舍利子啊！諸大菩薩們從初發心開始，按著次第來修行布施、淨戒、安忍、精進、靜慮、般若、方便善巧、妙願、力、智波羅蜜多。」這個初發心的位階就高了，因爲即使只修第一度布施波羅蜜多，已經是入地的菩薩了。這十度波羅蜜多，是初地到十地的菩薩所修的，這個初發心就是入地心。其中的前六度與三賢位所修的六度波羅蜜多內涵層次不同，所以到六地時，菩薩圓滿般若波羅蜜多，七地開始修方便善巧波羅蜜多，八地修妙願波羅蜜多，九地進修力波羅蜜多，十地進修智波羅蜜多，所以這裡所說初發心的菩薩摩訶薩位階就高了。

可是諸位也別灰心，因爲 世尊還有一句話說「從初發心」，這個「初發心」卻是由親證實相心而開始修行的，在正覺同修會裡卻是可以實證的。什麼叫作初發心呢？明心也是初發心，雖然還不是初發十度波羅蜜多心的入地菩薩，但這是發勝義菩提心，不是發世俗菩提心。若是發世俗菩提心，那是什麼呢？就是在佛前發起四宏誓願：我歸依大乘三寶，我勤行六度波羅蜜多，依四宏誓願而廣行菩薩道。這只是外門修六度波羅蜜多，是發世俗菩提心；只有證得實相心之後，才算是發起勝義菩提心。勝義菩提心的初發心位，是從第七住常住不退開始，一直到十迴向位滿心爲止，都屬於初發勝義菩提心的菩薩。所以初發心菩薩有可能是好幾世以前就曾開悟的，現在依舊住於第七住位中，也還叫作初發心菩薩，因爲好幾世以前曾經開悟的人，甚至於在佛世就曾經開悟明心的人，現在都還可能仍在第七住位中。

也有一些人已經超越第七住位了，這一世重新悟入就不算是初發心，但還在三賢位中。如果是佛世從大阿羅漢位迴心大乘，就不會還在三賢位中，因爲這是在過去諸佛就已經修學過佛菩提道的人，只是成爲阿羅漢的因緣還沒有成熟，或者成爲明心菩薩而入地的緣還沒有成熟，所以他要到這個時節由 釋迦牟尼佛來度化。但在三歸時如果已經從深心中發起四宏誓願，確定要永遠行菩薩道的人，雖然只是初發世俗菩提心，也值得不迴心的阿羅漢恭敬對待。

若是眞要被阿羅漢認作福田而追隨植福，可得要入地以後才行，而入地以前必須先證得阿羅漢的解脫果，然後迴心大乘修行十度波羅蜜多，所以取證解脫果也是非常重要的。爲什麼我在增上班的課程中一再強調、一再說明「要怎麼樣把五蓋修除掉，趕快取證初禪而離開欲界的執著」？因爲離開欲界時，要取證阿羅漢果的第二個關卡就打破了，然後隨時想要取證阿羅漢果時，也都是易如反掌了，這樣就能夠永伏性障如阿羅漢；因爲要再發起受生願——留惑潤生，然後只要把無生法忍補足了——入地所須要的那一分無生法忍夠了，這時如果修集的福德足夠了，只要在 佛前發起十無盡願就可以入地了，所以取證解脫果是入地的一個關卡。

總不能說，自己在解脫果的實證上面遠不如阿羅漢，卻想要當阿羅漢們的福田吧？可是取證阿羅漢果的關卡有兩個：第一，就是聲聞見道眞的很困難。尤其是在末法時代的今天，想要斷我見、斷三縛結，根本是不可能的，因爲大師們都教導大家要把握自己、當自己，也都不能教導大家如何斷我見；除非你進了正覺同修會修學，否則都不可能斷我見、證初果。但是，進了正覺同修會修斷了三縛結，就能夠證阿羅漢果嗎？也很難！爲什麼難呢？難在欲界法的貪愛捨不掉，所以如果把對欲界五欲的貪愛能夠捨掉，初禪就會自然現起。初禪一發起，接下來把《阿含經》請出來，探究五個下分結是哪些內容？原來只不過是三縛結加上貪、瞋的斷除而已。那麼欲界貪已經斷除了，剩下一個就是瞋了。好啊！好好把瞋下定決心斷了，不再使瞋心現行了，這不就是三果人了嗎？這其實不難。

難，就難在無法下定決心要把欲界愛、色界瞋給捨了。這個就是難，因爲畢竟都在人間一世又一世打混過來，世世在人間熏習的就是欲界法的五欲：**錢不嫌多，如果錢很多的時候，妻妾也不嫌多**。不正是這樣嗎？所以你看，古來那些有錢人三妻四妾以後，還會再娶來一個老五，也還算是妾吧？或者叫婢好了。這樣一大堆女人還不夠，他還外面買去，這就是欲界愛非常嚴重的人。所以，只要能夠下定決心遠離欲界愛，這個關卡突破了，你只要一天、兩天就能解決五下分結了；然後想一想說：「**我就安逸幾天，享受一下解脫之樂。**」心中完全沒有世間法上的任何負擔。享受過幾天，又想一想說：「**阿羅漢所斷的五個上分結又是什麼？**」再請出經典來，把它弄清楚，再深入去觀行幾天，也可以斷除。所以說解脫果的究竟果，只要先把次法修好了，也就是「**欲為不淨**」先修好了，發起初禪了，若能夠再深入去觀行幾天，也一樣可以斷除。所以說解脫果的究竟果，就是兩個關卡，斷我見三縛結難，接下來就是離欲界愛難；只要這兩個關卡通過了，解脫果的究竟實證並不難。

解脫果的極果證得以後，雖然不免心境枯槁；但是只要繼續留在同修會裡面，多聽幾堂課，或是多聽幾次經，菩薩性又生起來了，願意再生起一分微細思惑，就可以藉這一分微細思惑，滋潤未來世生，這叫作起惑潤生。那麼，接下來參禪而明心了，怎麼樣努力去把入地所須要的福德累積起來，怎麼樣去把三賢位應該經過的相見道內容具足修起來，這在同修會裡面也不是頂困難的事。想要證解脫果，最難的就是這兩個：斷三縛結、遠離欲界愛而發起初禪；只要先證得這二個，就能次第證得聲聞極果。得到聲聞極果，迴小向大想要入地時，最難的則是這兩個：一個是明心，另一個是眼見佛性。

但見性這一關很難，可以暫時把它放在一邊，所以第二個難題就變成入地所須的大福德，因爲見性是可以在入地後再來補修的，這在《大般涅槃經》裡面已有聖教說明過了。所以阿羅漢們迴小向大修學大乘法而入地以後，到了初地、二地或者三地，或者乃至有人修到了九地，再來求證眼見佛性的智慧也可以。只是說，沒有見性的話，這十地無生法忍的修行過程會比較慢，只有這個差別而已，沒有不能到十地的；因爲到了九地圓滿，絕對有福德、絕對有智慧可以見性，並且那一世的見性是屬於諸地菩薩的隨順佛性，跟十住菩薩的隨順佛性又不一樣。

所以說，入地的關卡在哪裡呢？第一個就是須要大福德，那就是說你要接引很多很多的有緣眾生證悟；這是你入地前所須要的大福德，你要一世一世去作，每一世在佛法的弘揚有困難的時候，都願意出來努力，這就是入地所須要修集的大福德。另外，難就是難在明心，因爲不論去到哪裡，禪師們手頭都很儉，沒有人會輕易讓你開悟的。你們今世來到同修會是福報好——是你們自己福報好，所以不要看輕自己。你有這個福報進入同修會，而我們同修會爲了復興佛教，很需要用人；否則想要明心，哪有那麼簡單？你把歷代的中國禪宗史請出來看看，《五燈會元》、《景德傳燈錄》、《續傳燈錄》，或者祖師們的語錄，你去請出來看看，每一代能夠悟入的人都很少，都不多。古時候幫助人家證悟最多的只有兩位禪師，一個是大慧宗杲，有記錄的很多；甚至於被秦檜貶到閩南時，不過十幾天之中，他就弄出五十三個人證悟，這是最高也是最快的記錄；他一生幫助證悟的徒弟們非常多，有一、兩百個人，目的是要藉弟子們來住持正法；萬一自己被宋高宗與秦檜害了，還有人可以紹隆佛法。再來就是雪峰義存，有一百五十幾個人；在禪宗史上度人開悟最多而有記錄的，就只有這麼兩位禪師。

接下來就是現代的正覺同修會，因爲我們需要用人，否則也不會那麼輕易就放手；所以你們遇上這個時節而有因緣進來，應該知道是有福報的人。至於在會裡面什麼時候能證悟？那只是快與慢的差別而已，遲早都會開悟。

假使你能夠活久一點，甚至於我走了以後，還有後面接上來的親教師們還可以繼續辦禪三、繼續幫忙——只要你活得夠久。所以要珍重色身，只要你活得夠久，並且願意繼續在會裡面待下去，繼續爲正法的久住、爲佛法弘傳的正本清源而努力，很難不悟。但是見性這一關就不敢保證，因爲這一關要看各人的時節因緣，眞的很難。不過有沒有見性，並不妨礙入地，所以這並不是一個大問題。

然而已經入地而有無生法忍了，就表示往昔已經跟隨 世尊很久了，福德也修集很多了，聲聞解脫道的證量也圓滿了，因此說菩薩摩訶薩從初發心的初地起，就有膺任福田的能力，可以讓剛剛迴心大乘的阿羅漢們追隨（編案：佛世率領五百大比丘遊行人間弘法的童女迦葉，就是這樣的菩薩）；因爲他所證的是實相法界的妙法，不屬於現象法界的蘊處界等粗糙法，因此說菩薩摩訶薩從初發勝義菩提心時，就有資格作爲阿羅漢們的福田，乃至作爲辟支佛的福田。所以請大家不要妄自菲薄，因爲，一個還在異生位的徒弟發了願要當菩薩，也還只是發了世俗菩提心而已，那三明六通大阿羅漢就不敢讓他揹行囊了；何況是已經發起勝義菩提心的菩薩摩訶薩，他有能力指導阿羅漢明心

——雖然阿羅漢明心以後精進修學，有可能跑到他的前面去。

如果是已經在修十地波羅蜜多的菩薩，那更沒有問題；因爲他修初地的布施波羅蜜多，也是在示現「菩薩摩訶薩足以擔任二乘聖人的福田」這件事。這也是因爲阿羅漢迴小向大以後，如果不是依止於 佛陀來修學大乘法，他想要在那一世入地是不可能的；所以未來如果他有因緣在 佛滅後成爲阿羅漢，然後遇到菩薩來修行，否則他要入地是不可能的；除非他往昔無量劫來早就修過菩薩道，因爲胎昧所以忘了；除非大乘經典都還在，除非《瑜伽師地論》、《成唯識論》都還在，這阿羅漢才有可能入地；但是他還有一個關卡要突破，就是入地所須的大福德，這是他的大關卡。他入地所須的大福德如果不夠，不管他無生法忍學得多麼好，始終還是進不了初地的。

所以佛法的實證並不是那麼簡單的事，因爲修學佛法，有的人是依著五十二個階位的次第進修上來的，有的人是從阿羅漢位迴小向大過來的；有的人迴小向大之前曾修集了很大的福德，因爲往世就在修菩薩道，遇到應身佛度化時先轉聲聞法輪，所以他成爲阿羅漢；但他往世修菩薩道累積了很多的大福德，也早就悟過而被胎昧所障，所以他在 佛陀的年代就可以成爲地上菩薩。但是有的人並不是，有的人往世修學菩薩道以來不是很久，遇到世尊初轉法輪講聲聞道，當佛陀講《阿含經》解脫道時，他成為諸大阿羅漢座下的阿羅漢；可是他修學菩薩道的時劫還不夠長，累積的福德還不夠，迴小向大以後只好努力再去補修六波羅蜜的前五度福德；要到入地應有的福德圓滿時才能入地，否則還是入不了初地。所以佛法不是那麼簡單易懂的，有些人隨便讀幾本經典就說：「**我都懂了，大乘佛法不過如此。**」等到他有一天明心了，才知道說：不是不過如此，而是大有文章。

這就是說，想要通達佛法是不容易的，因為通達位就是入地了。只有入地了，才能叫作通達佛法；因為見道位所應該修的總相智、別相智，他都通達了；眞正通達了就能夠知道，從初地到達佛地是怎麼一個過程與內容。十度波羅蜜他都清楚了，就能次第去進修，循著一定的次第而修到佛地。這十度波羅蜜得要修學兩大阿僧祇劫，你們聽了，腳底有沒有覺得涼了？入地眞的很困難，但是入地以後還要進修二大阿僧祇劫才能成佛。不過，我還是要把你們腳心暖一暖，眞的不必寒涼，因為可以把長劫化入短劫而成就佛果，那就看你有沒有因緣、有沒有福報去遇到眞正的大善知識，然後次第來進修。

遇到善知識以後就能夠次第進修，剩下的次第進修的實修，可就是你自己的事了。也就是說，你要怎麼樣去護法——把相似像法改變爲正法，以及攝受有情同入正道中，去使自己的大福德快速圓滿。這個我就幫不上忙了，因爲這個要諸位自己身體力行，不能單憑嘴上講。這個部分是很公平的，誰都幫不上忙，就好像吃飯都得要自己吃一樣；因爲我們往世也是這樣走過來的，你們想要走到這個地步，也是要這樣自己親自奮鬥。但是我可以保證的是「功不唐捐」，凡有所作都有福德記存在自己的實相心如來藏中；因爲這是我走過來的路程，我很清楚確實是這樣，所以你們入地前就可以先確定這一點。這也是因爲即將入地之前，你可以常常在等持位中試著去撞見、去遇見看看，你將會看見過去世幾世、過去幾劫，或者過去幾十劫、幾萬劫、幾億劫前的事情，那時你在定中可以看見，就會知道自己的來歷。

這是入地前必經的過程，也是事實，瞞不了別人，更瞞不了自己。所以菩薩摩訶薩的層次其實千差萬別，講一句比較難聽的，叫作參差不齊；因爲明心也是菩薩摩訶薩，見性了更是菩薩摩訶薩，可是仰望上地的時候，再繼續往上看：「喔！距離初地還那麼遠。」眞的很遙遠，可是入地了就會覺得自己很行嗎？不行！因爲入地以後，看到二地滿心菩薩的時候會更慚愧，因爲人家可以自己設定一個時間、一個過程說：「我計畫什麼時候要斷哪一些習氣種子。」他可以自己決定，也許他還不想斷，那也可以，只管在無生法忍上面繼續進修；但初地都作不到，那不是覺得很慚愧嗎？所以越往上走，越沒有慢心、越是慚愧。等覺、妙覺菩薩最尊敬 佛，原因就在這裡；因爲他始終弄不懂 佛陀爲什麼可以這樣，而他自己都還不行？所以菩薩摩訶薩眞的層次參差不齊。

所以，假使你有時候看到某一位眞正開悟的菩薩，他竟然還盛氣凌人，那也是正常的；因爲他就停留在七住位、十住位，或者初行位、二行位中，不再往前進發。而他就是喜歡這樣子，所以他就繼續盛氣凌人，在菩薩道上慢慢地前進。中國古來證悟的禪師多的是這種人，那也可以啊！但是有的菩薩願意很快地往前進發，所以不太計較世俗名利或是在佛教界裡的地位高低，他只計較正法會不會滅亡，計較眾生能不能在正法上得到利益；除此以外，他沒什麼要計較的；所以菩薩摩訶薩層次有別，眞的千差萬別。

如果要說到七地念念入滅盡定，那些三明六通大阿羅漢們能想像嗎？解脫道的滅盡定，經由菩薩方便波羅蜜多而修得的無生法忍，竟然可以成爲念念入滅盡定。連三明六通的阿羅漢們都無法想像，一般凡夫們又要如何想像？根本不可能想像。且不說一般凡夫們，就說六地菩薩不得不取證了滅盡定，也還是無法想像七地菩薩的念念入滅盡定。如果是七地的方便善巧波羅蜜多，八地的妙願波羅蜜多，九地的力波羅蜜多，乃至十地法雲地的智波羅蜜多，說法如雲如雨無量無邊，誰能想像呢？所以說各階層菩薩的層次眞的相差很多。

可是不管怎麼說，即使是初發心的菩薩摩訶薩，也就是剛明心但是不退轉的菩薩摩訶薩，都能夠住於大乘第一義法中的空、無相、無願之法裡面。而這個空、無相、無願三三昧，雖然是智慧三昧，卻不是二乘愚夫與異生凡夫所能知道。也許有人想：「你蕭老師這句話未免太超過吧？」可是我說一點都不超過，因爲二乘聖人雖然同樣有空、無相、無願三昧，卻不能夠與七住位明心的菩薩摩訶薩所住的空、無相、無願三昧相提並論。爲何這麼說呢？因爲阿羅漢的三三昧是依現象界裡的蘊處界入等法的無常空，以及無常所以無相，也就是依蘊處界入的無常故空、空故無相、無相故不起願求，是這樣來證的，所觀行的對象全都是現象界中的生滅法五陰。但是，菩薩摩訶薩在七住位才剛明心，不只能夠同樣有這個智慧，還可以從實相法界—也就是從如來藏心—的自住境界來說如來藏是空，而且是無相、無願，五蘊的自己轉依實相心的空、無相、無願，所以從此以後不再爲自己有所願求，這是從實相法界諸法本母的如來藏心來說這個三三昧。而阿羅漢所說的三三昧，這位七住位的菩薩摩訶薩也懂，也能夠跟他一樣地宣講，也就是可以與阿羅漢同樣地作聲聞解脫三三昧的現觀。

那你說，這樣的初明心菩薩有沒有資格作爲阿羅漢的福田呢？當然是有一分資格。因爲阿羅漢怎麼樣想，都想不通爲什麼一切法本性清淨？爲什麼說如來藏是空、是無相、是無願？都沒有辦法想像，他們只能從蘊處界入等生滅法來說空、無相、無願，不能從實相法界如來藏心來理解、來解說三三昧。所以，這位菩薩摩訶薩當然有一分資格作爲三明六通阿羅漢的福田。如果說修學十度波羅蜜多的地上菩薩，那是進入大乘修道位的大菩薩們，當然更有資格能夠超過一切聲聞、獨覺等地。這樣得到了菩薩的不退轉地，就能夠親近無上的佛菩提道。

菩薩的不退轉地，當然也有層次上的不同。七住菩薩假使有善知識，譬如上位菩薩攝受他；或者有經典善知識來攝受他，而他自己沒有文字障，也沒有法障，也願意被善知識攝受，他就可以住於不退轉地，這叫作位不退；從此以後生生世世繼續在人間與眾生同事、利行，他永遠住於不退轉位中，只會往前走，不會往後退，絕對不會再退入六住位中。可是如果福德不夠，慢心堅固或者貪愛堅強，由於慢心或是為了求私利，他就不願意接受善知識攝受；偏偏又有文字障或法障，總是會誤解經典中的眞實義，他就會退轉，就會退入六住位裡面重新再摸索：「到底自己所證的這個是不是如來藏？」他只要自己再去摸索、再去確定，確定以後再回來七住位中就不會再退轉了，但這個只是位不退。從這裡繼續進修，入地一開始就叫作行不退。

位不退菩薩還會有行退，努力度眾生、努力為正法去作事，可是遇到一個眾生對他忘恩負義，他就會受不了；這一下子既生氣又氣餒，於是呢，不度眾生了，回家翹二郎腿休息了：「我管自己把禪定修好就行了，管他眾生的法身慧命幹嘛呀！忘恩負義嘛！」他很生氣啊！也覺得很氣餒：「我這麼幫助你，結果你竟然還來害我，還在毀謗我。」他很生氣啊！又很氣餒想：

「哎呀！五濁惡世的眾生眞的不可度啦！」他就退隱回家吃老米去了。可是回家吃老米，我跟你說，他吃不上三年老米，他又會出來救護眾生了；這叫作行退，但是位不退；所以退個三年，大不了讓他退個十年、十五年吧！因爲錐不處囊，只要他繼續接觸到佛弟子們，遲早有一天會再生起悲心，就會重新再出來弘法，一定會重出江湖，爲什麼呢？因爲他有實相般若的智慧，遇到佛弟子們有時候聊一聊，當他談到佛法時，人家眼睛都亮起來：「你怎麼能夠這樣說法？你怎麼懂這個？」這叫作錐不處囊。那個很尖利的錐子、鑽子，你放在布囊裡面，它遲早會透出布袋子；不管那個布是棉布或者帆布，它遲早都會穿出來。一穿出來，人家就發現了，當然要把他拱出來弘法，而他在悲心的驅使下，也不得不答應大家的請求，又會出來住持正法了。所以他只有行退，位不會退。

那麼到了初地，弘法之行、利生之行，可就絕對不會退失。假使打擊很大、很大的時候，最多也不過退個幾秒鐘也就過去了，這叫作什麼退呢？叫作念退。有時候義務教導眾生，結果眾生悟了以後還狠狠咬他一口；從哪裡咬？從腋下咬，還不是咬他的手指頭。哇！那個就痛死了，有時候想起來說：

「這些眾生眞惡劣，度他們幹什麼？」可是轉念一想：「若躲起來不度眾生，我當菩薩是要幹什麼？」沒什麼可幹的了，當菩薩就是以度眾生爲業，不管這個職業是有名聞利養或沒有名聞利養，都要以這個爲業；因爲菩薩若不以這個爲業，可就永遠成不了佛道。你不以這個爲業，你不度眾生，你如何攝受自己將來成佛時的佛土呢？所以念頭一轉，才幾秒鐘又轉回來，還是繼續利樂眾生增長法身慧命，又辛苦地作下去，也不敢抱怨什麼了。

不敢抱怨，是因爲這本來就是菩薩自己的本分、自己的義務。菩薩可以從弘法裡面去求什麼世間利益呢？凡是從弘法裡面想要求得世俗利益的人，全都入不了地，因爲他的妄心活蹦亂跳，活得太好了。入地的人是要死掉三界心才行。人類不都是死了才會被人扛去葬在墓地裡嗎？人都是這樣嘛！那個攀緣心、名利心若是不死，怎麼埋入菩薩地中？一定要死了三界心才能種進佛法中的菩薩地裡。「欲界我」死了就沒有名利等攀緣心，死掉名利心、眷屬心才能埋入菩薩大地裡。所以，菩薩要入地時都是如此；如果有誰，一天到晚在求名、求財利、搞雙身法，竟然說他入地了，誰都不必信他；連阿貓、阿狗都可以不信他，因爲他顯然是大妄語。所以，菩薩摩訶薩不退轉，那是有很多的不同的。

也許有人說：「那麼入地以後可就不得了了！」但這也只是行不退，還不可以說是完全具足不退，因爲念退的情形很常見。那要到什麼時候才沒有念退的情況發生？要到八地。可是，八地之前先要具足七地應有的無生法忍與現觀，然後要有念念入滅盡定的功夫；到那個時候，你就不會讓眾生覺得可愛、可親了；因爲你這個七地滿心菩薩，誰見了都不敢造次，是因爲威德很大，同時也是面無笑容。念念入滅盡定的心境，那是比阿羅漢更加枯槁的，隨時都住在滅盡定中，隨時都可能入無餘涅槃。但是沒有機會讓你入涅槃的，因爲你這個菩薩雖然隨時都可以入無餘涅槃，可是畢竟徒弟們的情分還在，大家心裡都會說：「師父啊！請您不要入涅槃。」眼神中就帶出這分希望。他想一想，終於答應了，就不入涅槃。

如果到壽盡必須離開的時候，徒弟們就沒得說了。可是當你壽盡的時候，佛陀來了，祂老人家是絕對不會讓你入無餘涅槃的；因爲你好不容易修到七地，再一大阿僧祇劫就可以成佛了，當然可以利樂非常多的學佛人，當然不會讓你入無餘涅槃。你從七地滿心以後到成佛的過程中，可以繼續利樂多少人天呢？數不盡啊！怎麼可以讓你入涅槃？當然佛陀這時就來了，就傳給你一個妙慧三昧，叫作引發如來無量妙智三昧。只要有了這個三昧，就勝過七地前所修的一切三昧，請問你要不要？你當然說：「要。」可是你一旦得了，就再也不能入涅槃了，從此就入了八地，開始去勤修最後一大阿僧祇劫的道業，從此以後才不會再有念退的情況發生。所以你說，七地滿心前的菩薩會不會有念退？會。再說，八地以後的菩薩會不會有念退的情形？不會。因爲他在解脫道、佛菩提道上繼續修行時都是任運而修，所以不可能會有念退的狀況，連一、兩秒鐘的念退都不會有了，這也叫作不退菩薩。

那你說，不退轉地的菩薩摩訶薩是只有諸地嗎？不然！因爲甚至於七住菩薩也都有位不退的功德。所以只要第一次開悟的那一世可以保持不退轉，也願意被善知識攝受，未來世就一世一世繼續往前進發，都不會再有菩薩位的退轉了。只要有這樣的證境，就是菩薩摩訶薩，就足夠資格來當異生與愚夫的福田，當然也足以成爲天人之師了。他這樣子所得到的三三昧，當然是超過聲聞、緣覺的；因爲聲聞、緣覺所得的三三昧是依現象界的蘊處界法來觀修的，不是依實相法界諸法本母的第八識來觀修的。可是菩薩摩訶薩不但在聲聞、緣覺解脫道的智慧已經實證了，而且還有實相法界第一義的三昧，所以這樣的菩薩可以作爲二乘聖人的良福田；因爲得到了不退轉的境界以後，就可以開始次第清淨自己所修的無上佛菩提道。接著只是清淨無上佛菩提道的過程是長或者短的差別，沒有不能次第清淨的。長的話，就是一劫又一劫慢慢去斷煩惱而漸漸清淨；若是短的話，化長劫入短劫，就可以很快成就究竟佛果；所以無有不成就者，只有快與慢的差別而已。

佛陀講完了這個道理，舍利子又向佛陀稟白說：「**世尊！諸菩薩摩訶薩要住於何等地，才能夠與一切聲聞、獨覺作眞正的福田呢？**」因爲舍利弗也是迴小向大已經成爲入地的菩薩了，佛世除了《阿含經》記載已經入無餘涅槃的阿羅漢以外，其餘的都是迴小向大的。那麼，這一些菩薩阿羅漢們當然是被佛陀派出去，到各處星球，只要有人法緣熟了，就去那邊度化眾生。舍利子故意爲大眾們提出來問，他的目的在哪裡？在崇顯菩薩的尊貴。只要菩薩種性發起了，都是非常尊貴的有情，遠比定性阿羅漢、辟支佛更尊貴；即使是初發世俗菩提心，還在凡夫位的菩薩都已經是如此，更何況已經證悟後的菩薩摩訶薩。舍利子爲了讓更多的聲聞種性者發起菩薩性，讓他們愛樂菩薩道，故意這樣問，佛陀就有因緣可以解說。因爲如果佛陀一個人這樣嘰哩呱啦一直講下去，那些聲聞凡夫們都會起煩惱。

你們不要以爲我講這些話是隨便講的，記不記得你們以前讀《法華經》的時候，佛準備要演說《法華經》，那些聲聞凡夫們可就煩惱到不得了。後來菩薩們三請之後決定要講《法華》了，結果聲聞凡夫總共五千人，站起來就走了。多壯觀啊！我們這三個講堂坐滿了才一千個人，擠一擠也才一千三百人，那五千人多麼壯觀。所以，你不要以爲那些聲聞凡夫們不會因爲菩薩法而起煩惱，他們眞的會起煩惱。如果他們不會起煩惱，五百結集時結集成的四阿含就不會叫作「阿含」了。阿含的意思是什麼呢？就是「成佛之道」。可是四阿含諸經的內容都沒有講到成佛之道的次第與全部內涵，都只是在講解脫道，竟然敢使用「成佛之道」的名稱而把四大部諸經命名爲「阿含」——音譯就叫作阿笈摩。那你說，結集四阿含諸經的聲聞聖人與凡夫們，有慢、無慢？顯然是有慢。

且不說那些迴小向大的菩薩阿羅漢們，對他們這樣命名爲《阿含經》事實，全都聽不下去，乃至凡夫菩薩們也都聽不下去，所以在他們結集完成而誦出的時候，菩薩們聽完了發覺都沒有成佛之道的內涵，當然要提出抗議說：「吾等亦欲結集。」所以才會有世尊入滅一年多以後完成的七葉窟外那個千人大結集，才有大乘經典留存下來。所以，定性聲聞人是有慢的，想要鼓舞那一些人迴小向大是不可能的。可是，仍然有一些聲聞法中的不定種性者，可以被鼓舞起菩薩性來。那五千個凡夫聲聞走了就讓他們走，但是，還有其他的聲聞法中的凡夫人，是可以被鼓舞而發起菩薩性的。所以，舍利子要作這一個引子，就好像中藥開了藥方以後要放個藥引；舍利子就是作這個引子，然後 佛陀就有名義可以演說了。

所以 世尊就回答說：「舍利子啊！諸菩薩摩訶薩從初發心開始修行布施、淨戒、安忍等十度波羅蜜多，住於空、無相、無願之法裡面，」也就是說，七住位明心開始，也是要繼續修行六度波羅蜜多；這個六度波羅蜜多，當然也含攝在六地之前所修的波羅蜜多裡面。「從初發心」，也就是從證悟開始，最主要的是說從入地開始，「乃至進修十度波羅蜜多，常常都住於空、無相、無願三昧之中，而這個是大乘的空、無相、無願三昧，在這一些階段裡面，乃至修行到最後安住於妙菩提座，」也就是最後身菩薩參禪即將成佛的那個金剛座，叫作妙菩提座；到達最後身菩薩即將成佛的時候安坐於妙菩提座，也就是最後身菩薩位之前，「永遠都可以作為一切聲聞與辟支佛的眞正福田。」所以，有一些人從外面第一次進入正覺來聽經，恰巧又遇到我講這個道理的時候，因為從來不曾聽聞過這些勝妙法，聽了不免會起煩惱，然後連goodbye都不說，也不會向我點個頭或揮個手示意，就直接走人了。正因為他不會再來了，當然不必說「再見」。因為有時候我會說：「不迴心的阿羅漢來到正覺同修會裡面，在一個剛明心者的面前都沒有開口的餘地。」他們心裡面很煩惱，而我這樣講的時候又沒有把經文引證出來，他就想：「這蕭平實好狂，天下第一狂人。」所以聽了起煩惱，然後就不來了。但今天不會，因為今天說的都先提出經文依據；這總不是我編造的，這是《大藏經》裡的經文。佛陀說：「從初發心開始，就是從明心後以及修到通達位時，乃至後來修十度波羅蜜多，」在十地中來修，「或者最後身菩薩降生在人間，坐於菩提座即將成佛之前，都同樣可以作為一切阿羅漢、辟支佛的眞正福田。」

所以，明心的人眞的不要小看自己，因為這是阿羅漢所不知道的智慧，也是辟支佛所不知道的智慧，而且一切阿羅漢、辟支佛都不敢否定你；他們之所以能證阿羅漢，是因爲知道這個名色因、名色習、名色本的本識—諸法本母如來藏心—是確實存在的，只是他們沒有能力實證。一切辟支佛也都是如此，都是初觀、重觀十因緣以後，才去修十二因緣的觀行，才能成爲辟支佛；所以他們也都知道有這個第八識，「齊識而還」的道理他們都懂。所以，凡是實證的辟支佛、阿羅漢，不是冒充的，絕對不會毀謗證悟菩薩演說的法。所有的初果人也不會否定，因爲他之所以能證初果，不是自己行，而是因爲有阿羅漢或者菩薩指導他；否則他就是往世已經證得初果，然後繼續留在人間不生天上，成爲相對於世間凡夫的菩薩聖者，這樣的初果人當然也知道是有本識如來藏。如果他心裡面否定本識，就保證他無法斷我見，一定會繼續執取意識的變相作爲常住法，成爲世尊在《阿含經》中說的「因內有恐怖」和「因外有恐怖」的凡夫。

由此可以作出一個很簡單的定律出來：凡是否定第八識的人，在解脫道中都不是證果者。眞的很簡單，只要有誰否定第八識如來藏，你就知道他是個凡夫。你什麼話都不必講，也不必跟他作任何的佛學交流。都不必啦！因爲他根本是一闡提人，這是謗菩薩藏；菩薩藏是以如來藏爲根本法，他把菩薩藏的根本否定了，那就是謗菩薩藏者。佛早就說過，這叫作一闡提人，叫作斷善根人。斷善根人，佛陀的交代就是要對他默擯，不要跟他講話，也不與他共住；見了他，你只要轉頭走人就對了。除非你說：「不行啦！這是我過去世的老爸，我不度他不行。」那你就耐心慢慢去爲他開導。或者妳說：「不行啦！我有一次入定看見這是我過去世那個很恩愛的丈夫，到現在我還想愛他；雖然現在身分不同，已不是夫妻而不可以愛，但是我一定要幫他，不要讓他因爲謗法而墮落畜生道、墮落地獄道。」那妳就耐點心，慢慢去跟他溝通。因爲謗菩薩藏是一闡提人，是永遠無法證菩提的，一直要到他的這個業報和惡見種子滅了以後，才重新有這個可能。

所以，很簡單的定律：凡是謗如來藏的人，都是凡夫。因爲他無法斷我見。爲什麼無法斷我見？我在《阿含正義》有寫，是「因內有恐怖、因外有恐怖」。於內法如來藏有恐懼，是說：「我有一個內識如來藏，這個本識我證不到，所以我對這個法有恐懼。」於外有恐懼，是說：「因爲我不相信有這個識，所以《阿含經》說『入無餘涅槃是五蘊十八界全部滅盡』，既然是要全部滅盡，我就不會再存在了，那不就變成斷滅空了嗎？怎能把蘊處界全部否定？」因爲他把內法本識否定掉了，所以認爲外法蘊處界永滅時將成爲斷滅空，心中就有恐懼啊！既然怕外法五蘊壞滅，那你說他怎能否定識陰覺知心而斷我見？證四果與開悟明心就更不可能了。所以這個很簡單的定律，絕對不可能被推翻：凡是否定如來藏的人，都是凡夫。假使有機會，譬如你們有的人常常上網在跟人家辨正法義，把這句話多強調幾遍；如果對方不信邪，偏要跟你挑戰，你就解釋爲什麼是這樣：**凡是「因內有恐怖、因外有恐怖」的人，都是不可能斷我見的。**

也許讀到你這些辨正道理的人，未來世就成爲你的徒弟了，那你也是在攝受佛土。不一定要出來當親教師才是攝受佛土，有時候救了一堆螞蟻，或者發了願每天晚上把上身衣服扒了，在外面餵蚊子；這一世還沒有因緣攝受佛土，也還沒有智慧可以攝受佛土的人，就只有這一類招數；那些蚊子喝了他的血，未來都要當他的徒弟，因爲未來世只要一見到他，沒來由歡喜：「**師父！您好啊！**」「**老師！您好啊！**」他們就是很歡喜，因爲往世受了人家救命之恩，這也是攝受佛土的一種。但是，我們不必用這個方法，我們可以從法上來攝受佛土，這不是更勝妙嗎？因爲用那一種方法去度來的眾生當作佛土，你想，未來要何時才能成佛？對啊！這是個大問題，一定要考慮，那些傍生類的有情們，要何時才能回到人間來當人呢？你願意等牠們回來當人，但牠們還得要領受很久的惡業果報才能回來當人；回來當人以後還得要修很多的福德，才可能修學佛法；那你想要成佛，可就要等很久很久了，眞的要聽雞啼：咕—咕—咕—（台語）。眞的如此啊！

所以，要怎麼樣去攝受佛土並且快速，這當然要考慮，有智慧的人得要衡量。當然是度已經進正覺的人，將來成佛最快，一定是這個道理。因爲螞蟻、蚊子們要能夠在未來世進入像正覺這樣的道場，是很不容易的。牠們回來人間以後，要先到哪裡去？要先到外道或行善團體，去鋪路、造橋、作好事，然後終於才進入到佛教來；剛進到佛教裡面，他們要開始作什麼呢？要說好話、安好心、作好事。對不對？要啊！並且還要作很多世俗菩提的事，譬如什麼環保菩提、清涼菩提、醫療菩提，還有很多種的世俗菩提，這些人都是還不容易眞度的。他們要到有一天想起來說：「我這個環保菩提作這麼久了，清涼菩提修這麼久了，爲什麼還不懂佛法？人家正覺同修會一個人才學三年就悟得般若了，我如今已經修二十年了，為什麼都還不懂？」這時才會警覺到。可是，他的福德如果還不夠，就不會警覺，他還會跟你爭辯：「我只要繼續作這個環保菩提就行了，將來一定可以成佛的。」這意思就是說，什麼樣的人是你應該度的人，要先分析一下。可是你要度人的時候，要怎麼樣使自己先成為眾生的良福田？接著你還要進一步想：「我不該只是在外門廣修六度萬行，我得要進入內門來修。」進了內門來修六度萬行的時候，那你就有資格當某些阿羅漢、辟支佛的福田了，而且是真實福田，那就是初發勝義菩提心的菩薩摩訶薩，這就是第一步，然後就是入地來當所有阿羅漢、辟支佛的良福田。想要成為初發勝義菩提心的菩薩摩訶薩，這第一步要怎麼完成呢？就是要進正覺，因為只有這個地方能幫你，沒有別的地方了。所以能夠這樣子，接著再從入地的初發心開始，乃至修行十度波羅蜜，甚至於到達最後身菩薩位，都可以成為一切聲聞、一切辟支佛的真實福田。

為何這麼說呢？佛接著開示說：「舍利子啊！由於菩薩摩訶薩的緣故，所以一切善法出現在世間。」為什麼有菩薩摩訶薩就會有一切善法出現在世間呢？因為菩薩摩訶薩所證的、所弘揚的、所進修的，不只世間法，也不只出世間法，而是世出世間的無上法。世出世間法的意思，是函蓋了世間法，也函蓋了二乘菩提的出世間法，並且是世出世間的上上法；因爲菩薩的修行內涵是從實相法界來函蓋世間法，是以大乘佛法來函蓋二乘菩提，是函蓋出世間法也函蓋世間法在內的。

或許有人覺得懷疑，我們不妨略說一下。菩薩在人間要不要修學世間法呢？也得要修學欸！因爲菩薩從五明中生，那五明裡面且把內明暫且推開，其餘的四明大家來算算看：工巧明、醫方明、音聲明、因明，這四明都是牽涉世間法的。譬如說，你依世間法來講：爲什麼會有人類？因爲有父母。爲什麼會有雞？因爲有蛋。爲什麼有蛋？因爲有雞。不論什麼題目，總有一個因。就好像現在大家很關心的題目，特別是政治界正在討論金融海嘯，這已經是全民關心的了：「今天這局面，會不會變成像一九二九年那樣的景氣大蕭條？」世界各國經濟部長、財政部長們都很緊張，全球都在緊張。只有誰不緊張？像索馬利亞那一類國家的人民，他們都不必緊張，因爲他們本來就在大蕭條裡面，再壞也壞不到哪裡去了；其他的開發中國家、已開發國家，大家都很緊張。可是爲什麼會造成這個局面？一定有因，是因爲過度擴張。

當每一個環節都過度擴張時，只要有一個環節出問題了，整個連鎖就全部出問題，這也是世間法的因明。

那麼，如果要談到出世間法，當然也有因明：你如果不這樣修，就不能得這個果；你如果修學聲聞解脫道，只能證得聲聞果，不能證得菩薩果。所以也有因明。如果你要談第一義諦，也有因，所以我們就講：萬法以如來藏爲因。聖教中說：三界唯心，萬法唯識。這也是因明。這因明學學好了，可以跟人家辯論，屢戰屢勝，除非自己只是凡夫的因明學專家而遇到了菩薩摩訶薩，否則一定是屢戰屢勝。古時西藏的「僧諍記」，蓮花戒跟摩訶衍辯論，爲什麼摩訶衍輸掉了？因爲他沒有學因明學；其實兩個人的落處都一樣，都是離念靈知。但因摩訶衍沒有修學因明學，蓮花戒有學過，懂得運用宗、因、喻的辯論方式，因此漢僧摩訶衍辯論就輸掉了。這就是因明。

工巧明要不要修？是不是世間法？當然也是世間法；但是工巧明爲什麼菩薩也要學？因爲工巧明還跟眼見佛性有關，也跟方便善巧的智慧有關，可不要小看工巧明。那麼醫方明、音聲明也是一樣，同樣都是世間法。但是這四明的每一種，譬如以因明來說，還得歸結到內明學中來說因明，才能成立不被毀破的因明道理。例如什麼是萬法的第一因？諸法的生起與存在和後來的壞滅，總有其因吧？不可能無因而起、無因而壞。除了因還得有藉緣，所以才說「法不孤起」，單單如來藏自身也不能出生識陰覺知心，就沒有萬法可說了；所以還得要配合意根與色陰，才能有識陰六識覺知心的生起及存在，所以說「法不孤起」。因此說，一切法的生起除了要假藉種種諸緣以外，莫不有因，這個根本因就是萬法的第一因，萬法的第一因就是第一義諦所說的根本因；實證了萬法的第一因，就可以深入大乘佛菩提世出世間法，或者深入二乘出世間法或世間法。要依內明來成立因明，才是不會被攻破的世間出世間究竟正理。請問：這樣藉言語建立而講出來的因明學，是不是世間法？是啊！有菩薩在，世間法就在，藉世間法的建立，才能夠為大家傳授這一些因明法則，讓大家一步一步去實證內明及工巧明、醫方明、聲明。

說到出世間法，二乘菩提是出世間法。如果要依靠二乘聖人來繼續流傳二乘菩提，那是不可寄望的；因為獨覺都是一世就走了，他不到下一世來住持二乘菩提正法的。阿羅漢也是一樣，一世就走人了；這一代阿羅漢都死光了，只剩下三果人；將來三果人都死了，全都生到天界去了，人間怎麼辦？

他們都不再來人間，永遠不再來欲界中，三果人都往色界天去了，甚至有的三果人在中陰就入無餘涅槃了。當四果、三果人都走了，剩下什麼人還留在三界中？只有初果跟二果人。初果人只有見地，怎麼樣去突破三果這個難關，他也還不會，也沒有人繼續教導他。二果人也不懂，因爲二果人自己也是離不開欲界的，而且也都跟初果人漸漸的往生了，又都生到天上去了；那麼人間不必多久，只要一、兩百年，聲聞解脫道的實證方法就斷絕了，因此而有聲聞凡夫對解脫道的誤會，不服上座部實證者對解脫道的法義闡釋，於是開始從聲聞法中分裂出去，才會有聲聞法分裂成爲部派佛教的歷史事實出現。

可是大乘佛法不曾分裂過，也不曾中斷過，歷代一直有菩薩繼續住持正法，因爲菩薩不會進入無餘涅槃而世世轉生下來繼續弘揚佛菩提道；至於聲聞法、緣覺法，只要有菩薩在，就可以繼續延續下來。大家可以看這兩百年來的聲聞法—我說的是眞正的聲聞法而不是假冒的、誤會的聲聞解脫道法義—還在不在人間呢？早就不在了。北傳的聲聞解脫道是如此，南傳的也如此。南傳聲聞法的解脫道實證內容更早之前就已不在了，南傳聲聞法是從覺音論師那個時代，就已經連初果人都沒有了。現在宣稱的南洋阿羅漢，全都是凡夫；從目前南洋佛教的文獻上看不到有眞正的阿羅漢，也看不到有眞正的初果人，因爲他們只修學覺音的《清淨道論》而不學《阿含經》——不直接修學《尼柯耶》。然而《清淨道論》的造論者覺音論師，他自己就沒有斷我見；這現象的原因是，以前實證聲聞解脫道的聖者捨壽後不是入無餘涅槃，就是往生天上而不再來人間了，那你說，出世間法二乘菩提有沒有辦法長久住在人間？沒辦法，所以還得要依靠菩薩來弘傳。我們這一套《阿含正義》，只要有人能夠把它翻譯成泰文、緬文，假使願意依照書中所說如法修學的人也都有基本的定力，例如未到地定，那我保證南洋很快就會有初果人了。所以，二乘菩提的弘傳，最後還是得要依靠菩薩；經中如此說，現實上也是如此。

「以依菩薩摩訶薩故，一切善法出現世間」，請問：菩薩摩訶薩會不會傳授五戒十善？也會啊！這麼一來，善法不就出現在世間了嗎？還有其他的什麼善法呢？菩薩也會傳啊！也就是說，依菩薩摩訶薩故，有十善業道、五近事戒、八近住戒、四靜慮、四無量、四無色定，這些全都是善法。後面三個善法且先別講，譬如十善業道，有業有道，菩薩也可以講出來教導眾生。這，我們在以前就講過了，《優婆塞戒經講記》不就是講十善業道的嗎？菩薩連菩薩戒都可以傳，當然可以傳五戒，也可以傳八關齋戒；但菩薩戒就不單是世間善法，所以不攝在這裡面。菩薩僧可以傳授八關齋戒，並不是只有聲聞僧能傳，那麼傳五戒當然更沒問題。可是，你們不要請求我說：「老師！幫我傳八關齋戒，我現在還不想受菩薩戒。」我不想傳八關齋戒。你想要受戒，就直接求受菩薩戒，心量要大一點，不然進來正覺幹什麼？對不對？我就要你心量大。心量太小，心想：「我只要受五戒、八關齋戒，我斷個三縛結就好。」那你就慢慢等吧！然後，菩薩對於四靜慮、四無量，也都可以傳授，只是說大家有沒有時間去修它，但還是可以傳的。

接下來說「施性福業事、戒性福業事、修性福業事」。要怎麼樣依於布施來修福業？要懂得布施的體性來修福業，不要像一般凡夫那樣去修福業。當你懂得從實相來瞭解布施的體性，你來修福時遠勝過凡夫在修福。在《優婆塞戒經》裡面，佛也說：「舍利弗！你供養我，我也供養你；可是你供養我的時候，你所得福德少，我釋迦如來供養你的時候，我所得的福德多。」

爲什麼呢？因爲證量高。當你明心了以後，看通了布施之間如何三輪體空，你布施時所得的福德就跟凡夫布施所得的福德不一樣，因爲你是有般若智慧伴隨而生的福德，所以你布施的福德遠大於他們。由這裡，諸位應該想到一件事：「我得要趕快明心，我如果明心以後看見布施是三輪體空，當我遇到一條癩痢狗，我買個包子供養牠，遠勝過凡夫布施包子給那一條癩痢狗。我如果是以凡夫們一樣多的錢財來護持正法，我的福德就遠勝過凡夫來護持正覺這個正法。」有沒有想到這一點？應該有想到吧！佛法要現學現用，要學了馬上能活用才好，應該要觸類旁通、舉一反三。最重要的事情是什麼？要求悟——當然是眞正的開悟而不是眞妄不分、似證非證的假開悟。悟了以後可以看到三輪體空，那時候再來護持正法，不論你是錢財捐輸或者以身力來作義工，那個福德都遠大於凡夫位的所作。這樣，你所修的施性的福業事，就不再只是施的福業，就眞正是作「施性福業事」；因爲你已經懂得布施的自性，已經有施的自性來布施時就不一樣了。

那麼，還有「戒性福業事」。持戒，對一般人而言，持戒總是持得苦苦惱惱地，難得有誰持戒持到很歡喜的。可是，當你成爲菩薩摩訶薩，看到自己在持戒的時候確實是戒性本空，所以持戒也是三輪體空。看清楚了持戒三輪體空的時候，你就知道了戒性；當你知道了戒性，就可以依所知的戒性來持戒，以持戒的眞實自性來修種種的福業。那麼，這樣來修「**戒性福業事**」，也傳授給眾生這樣的「**戒性福業事**」，這也是菩薩摩訶薩所應當有，而且是已經有的功德。

那麼同樣的道理，關於修道，在見道之前其實都談不上修道。假使見道見錯了，而說他在修道，那叫作自欺欺人之談。修道一定是見道後才算開始修道，在修道以前所作而與修道位有關的實修，譬如四禪八定的實證，在見道後——特別是聲聞見道後，才可以追認爲修道，因爲以前所證四禪四空定的伏惑功德，已經因爲見道而自動轉變爲斷惑的功德了，因此可以在見道以後追認爲修道。可是四禪八定具足了，還沒有辦法在大乘見道後追認爲修道，得要到三地才可以追認爲修道，因爲那時才會跟三地的無生法忍結合而產生三地修道後應有的功德。所以想要跟人家說「**我是眞正在修道位修道**」的人，這句話眞的不可以隨便說，因爲那是在暗示說：「**我是解脱道中的二果人。**」或者暗示說：「**我是已經入地的人。**」正是在暗示這個。不巧，剛好對面聽你講這句話的人，是懂修道的意思的人，那麼就糟了！大妄語業便成就了，這可不好玩啊！

所以說，修性到底是什麼性？在二乘道中怎麼樣才是修性？在大乘法中怎麼樣才是修性？你得要在大乘法中，明心以後才能通達這二者。可是，菩薩摩訶薩通達了這二者以後知道修性了，那麼「**修道的自性**」究竟是什麼？它的自性是如何？懂了便可以爲人宣說。當自己也可以如實履踐的時候，就可以爲眾生解說「**修性福業事**」，也讓眾生同樣可以懂得「**修性**」而同樣去修福。菩薩摩訶薩能夠有這些法在自身中，來爲眾生住持乃至傳授，這就顯示出來：是因爲菩薩摩訶薩住世的緣故，一切善法可以出現於世間。

而且，也是因爲菩薩摩訶薩的緣故，所以有四念住、四正斷、四神足、五根、五力、七等覺支、八聖道支，總之這就是三十七道品。因爲菩薩摩訶薩通達了般若的時候，聲聞法中的三十七道品，他能爲人宣說；大乘法中的三十七道品，一樣可以爲人宣說。所以這大乘法與二乘法的三十七道品，都可以因爲菩薩摩訶薩住在人間，就繼續有大小乘的三十七道品妙法存在人間，並且可以有空、無相、無願三解脫門住世流傳。不論是二乘法的三三昧解脫門，或大乘法的三三昧解脫門，乃至於大乘與二乘法的苦集滅道四聖諦，都可以出現在世間，這就是菩薩摩訶薩住世的可貴之處。但如果是二乘聖人，那是不可寄望的，因爲他們不懂大乘菩提；甚至於連二乘菩提，他們都不願意世世繼續在人間住持，捨報都是要入涅槃去，或者要往天界次第受生而出離三界，二乘菩提也就跟著漸漸失傳於人間了。這樣看來，般若實相智慧的功德，是可以同時住持三乘菩提妙法的，顯然般若實相智慧是非常重要的，所以我們才說：由於般若實相智慧的緣故，才能夠有菩薩摩訶薩。

沒有菩薩摩訶薩是不證實相般若的，假使說出來的法不是眞正的實相般若，他就不是菩薩摩訶薩。有了菩薩摩訶薩的緣故，就一定會有三乘聖人；所以，未來在海峽兩岸或者在南洋，乃至有可能在美國、在歐洲，將會有些具備未到地定的出家人可以斷我見而成爲聲聞初果人。這是我的期待，因爲現在有許多出家人已經知道，十二因緣一定要依十因緣作前提來修；已經有很多出家人知道修習因緣法而能實證因緣法的這個大前提了，這表示他們遲早會回歸到八識論來；當他們回歸到四阿含諸經講的本識常住法，回歸到十因緣所說的「**齊識而還，不能過『彼』**」，知道萬法不過此「識」這個第八識的正見裡來，當他們同時具備未到地定時，想要親證聲聞果或者親證緣覺果，就有可能了。

所以再過個三、五年乃至十年後，就不可以再說全球都沒有聲聞初果人了；因為他們只要把《阿含正義》所說詳細理解而沒有誤會，並且有如實去作觀行，並且有未到地定的定力，就有實證聲聞果與緣覺果的可能。所以，我已經有幾個月的時間不再說同修會外都沒有聲聞初果人了，因為這個緣漸漸在成熟了，由許多跡象可以看得出來。言歸正傳，菩薩摩訶薩住世的重要性，就在這裡充分顯示出來：有菩薩摩訶薩就會有三乘聖人繼續出現在世間。正因為菩薩可以成就三乘聖人、可以把三乘菩提全部延續下來，所以菩薩摩訶薩由於這個緣故，當然永遠可以當作二乘聖人的眞實福田。

《實相經宗通》第十三段經文，我們上一週補充資料講到宗門的理說，因為上週是講到**菩薩摩訶薩能與一切聲聞、緣覺而作眞福田**。這意思是說，菩薩摩訶薩是佛教中最重要的人物；因為如果沒有菩薩摩訶薩住世，不但大乘法的宗旨會失傳，甚至二乘菩提的眞義也都會失傳。如果有菩薩摩訶薩住世，大乘的宗門密旨不會失傳；即使二乘菩提失傳了，也可以由菩薩再度把它復興起來，所以 世尊說菩薩摩訶薩能與一切聲聞、緣覺而作眞福田。可是二乘凡夫並不瞭解這個道理，反而認爲一切菩薩都應該供養二乘聖人。而菩薩摩訶薩也眞的可以這樣子作到，只要遇見了二乘聖人，也都願意供養。

其實，從實際理地來說，菩薩摩訶薩正應該成爲二乘聖人的良福田，反而是應該被二乘聖人所奉侍及供養的；但是到了今天，這個眞相已經很少人知道了。《大般若波羅蜜多經》裡面的這個說法，在現代的今天，我們也把它具體地示現了。因爲南傳佛法從公元五世紀以來，都以未斷我見的覺音論師的《清淨道論》作依止，南傳《阿含經》—《尼柯耶》—中的眞實義，他們已經讀不懂了，而我們重新把它發揚起來。現在期待的就是將來有誰把《阿含正義》翻譯成泰文、緬文、斯里蘭卡文，越南則是大乘法的地區。如果有人能把它翻譯成功了，我相信出版之後三、五年，南洋就一定會有聲聞初果聖人出現於世間。所以在台灣，聲聞初果聖人的出現——我說的是在同修會外的出現，一定會比南洋更早。這也是實現《大般若經》裡面 世尊所說法的一個具體例子，所以菩薩摩訶薩的住世是非常重要的。

當 佛陀在這裡示現八相成道完畢了，又到別的星球去示現八相成道的時候，在這裡留下來修行的凡夫菩薩與二乘修行者，就得要依靠菩薩摩訶薩繼續在人間住持三乘菩提。但這個任務很重，特別是越到末法時代；所以佛陀入滅前，吩咐五百大聲聞，一個一個點名，要他們將來住持末法最後八十年的正法時，那些大聲聞們沒有一個人敢答應；所有的阿羅漢被　佛陀點了名，都說不堪任。欽點了五百個聖人都說不堪任，最後是由誰來承諾呢？是由一切世間樂見離車童子來承諾。所以三乘菩提眞的是需要菩薩摩訶薩，才有辦法住持下來；只要人間有菩薩摩訶薩在，三乘菩提就不會斷絕。想要依靠阿羅漢們維持於久遠，是永遠不可能的；因爲定性聲聞是一定會入涅槃的，而且他們也沒有那個膽量，敢承諾要住持三乘菩提於末法最後八十年。

這樣看來，好像菩薩摩訶薩是很偉大的樣子；諸位如果有大心，應該發願說：「我要當菩薩摩訶薩。」可是，要怎麼樣才能成爲菩薩摩訶薩？這第一步該怎麼走？可得先思量一番才行，不要盲目行道。當然有人會講：「那就是要證如來藏嘛！」我說：「錯了！第一步是要入正覺。」因爲你若不入正覺，哪裡去證如來藏？所以入了正覺，也坐在這裡了，接下來要作什麼？就是要求證實相法界的金剛心如來藏，也正因爲這個緣故，所以我才要講《金剛經宗通》、《實相經宗通》，不然我就講《金剛經理通》、《實相經理通》就好了，很快就可以講完而圓滿了，也不必講到現在。接著，我們就來看宗門祖師們，是怎麼樣來教導大家親證如來藏而通達實相法界的。《景德傳燈錄》卷十二：

【問：「如何是雙林樹？」師曰：「有相身中無相身。」曰：「如何是有相身中無相身？」師曰：「金香爐下鐵崑崙。」問：「如何是高峰孤宿底人？」師曰：「半夜日頭明，日午打三更。」】

有僧問：「如何是雙林樹？」雙林樹知道嗎？佛陀入滅那晚，不就是在雙林樹下嗎？所以雙林樹的意思，就是講涅槃的密意。在二乘法中講涅槃，是說無餘涅槃；在大乘法中，無餘涅槃、有餘涅槃，一樣都是本來自性清淨涅槃。因爲二乘聖人入了無餘涅槃以後，結果還是如來藏的本來自性清淨涅槃。雙林樹，在《阿含經》裡面明載：佛陀入滅前交代阿難，在雙林樹中間鋪了僧伽梨。那是怎麼鋪法？是北首西向。是躺下來入滅的時候，頭部向北方，臉要向西方，喻示無上佛法要向北方的華夏地區弘傳。這就是說，雙林樹是 佛陀入涅槃的地方；所以雙林樹的意思，就是比喻親證涅槃的意思。

這僧人問了：「如何是涅槃？」大乘法的涅槃，當然就是講如來藏的本來自性清淨涅槃，禪師答覆說：「有相身中無相身。」這是什麼意思呢？大師們一定說：「這個很簡單嘛！涅槃是當下就在；當下五蘊身中是有相身，有相身中就有涅槃這個無相身。」答對了！該賞他三棒！因爲禪師不是這個意思。禪師這句问話是在言外之意，不是在講這個有相身、無相身的義理，而是當下就已經把無相身所在的密意明說了。所以，大師那樣解釋當然該賞給他三棒；這到底是罰棒還是賞棒？當然是罰棒。

這僧人不懂，又換個法子再問：「如何是有相身中無相身？」原來他落在語言文字裡面去了，果然被禪師給矇了，他眞的只聽那一字一句「有相身中無相身」，所以又來問：「這有相身中的無相身，究竟是阿哪個？」禪師就開示說：「金香爐下鐵崑崙。」崑崙山，武學世家都知道崑崙山、武當山、崆峒山、華山、峨眉山，他們各大派別都知道這些名山。可是，爲什麼這鐵鑄的崑崙山是在金香爐的下面呢？這下子可沒辦法用語言文字來理解了吧？

以前有個居士，後來出家了；他出家以前怎麼說呢？他說：「禪師說話就是要不合理，就是要斬斷學人的念頭，讓他無從思惟起，這樣念流一斷就開悟了。」原來他是個常見外道，落在離念靈知意識境界去了。如今禪師講「金香爐下鐵崑崙」，試問他要如何去覓取這個鐵崑崙？如何用離念靈知的一念不生境界來理解？無從覓取也無從理解啊！但是禪師這句話，目的不是要他去找那個金香爐下面的鐵崑崙。可憐的是眾生總是落在禪師的閑機境裡頭，都把它給誤會了。這僧人眼看著有相身中的無相身，是問不出個名堂來了，所以又換個方向來問，不在這無相身上面來問了，於是他就問：「如何是高峰孤宿底人？」請問哪裡最高？有人說喜瑪拉雅山最高。其實不然，它還比不上須彌山。可是須彌山就高嗎？還不夠高，因爲在高峰孤宿的人，他住的高峰叫作妙高峰。那太高了，連神通第一的目犍連尊者都看不見，後來迴心成爲菩薩以後開悟了，才終於看見；那叫作諸佛的無見頂相，才眞的叫作妙高峰。

誰能夠在妙高峰上面孤宿、獨住無偶？那當然是諸佛。菩薩還沒有到達那個層次，但是已經見道了，無妨爲人指示這條路途。這僧人就來問：「如何是高峰孤宿底人？」禪師就告訴他：「半夜裡日頭非常地光明，到了日頭正午的時候，正好來打三更。」這又是什麼道理？這都是閩南話，因爲古時的禪宗大部分在南方。這到底是什麼意思？三更明明是子時應該打的，到五更時天就亮了，禪師爲什麼卻說是在日午來打第三更？又爲什麼半夜裡日頭正明呢？當然，那位居士一定還會是老話：「反正就是要把你的念流截斷，讓你無從思惟，這樣你不就愣住了嗎？你一愣住了，念頭頓斷，那不就是離念而開悟了嗎？」這種離念靈知的境界害死了多少人！自從清末以來，一直都是如此。可是清末之前是不是如此呢？答案是：仍然如此。因爲打從元朝以來，證悟的祖師們沒辦法弘法，清朝的皇帝又都是信奉喇嘛教的離念靈知，夜裡也都精修雙身法；所以他們都大力打壓如來藏妙義，祖師們只好投胎去西藏，看能不能從西藏把它翻轉回來。因爲清朝皇帝都信西藏密宗，個個都修雙身法；也因爲他們不修雙身法可就太浪費了，是不是？後宮有一后二妃三宮六院加上七十二嬪妃。

祖師們在中原沒辦法弘法，只好去雙身法根據地西藏了；就投胎到西藏去，扛著紅旗反紅旗；表面上信奉、弘揚密宗，暗地裡弘傳如來藏妙法，想要從西藏翻轉過來而改變清朝皇帝；可惜的是後來由於眾生的業力依舊沒有成功，還眞的被達賴五世消滅了，這就是覺囊巴。所以中原佛弟子很可憐，四、五百年來都在密宗推廣的離念靈知裡面鬼混；因爲你不許講如來藏，你如果講如來藏、弘揚如來藏，印了如來藏的書出來，雍正皇帝要砍你的頭。他還寫了《揀魔辨異錄》來論辯，說弘揚如來藏的人都是魔，他才是法王。好在沒有被清朝那些皇帝們知道密意，否則還眞的難辦。

話頭拉回來，如何是「高峰孤宿底人」？請問這個人是阿誰啊？是阿誰？大家都不講話——聰明！因爲祂沒有名字，你說「如來藏」就錯了。可是，等你問我：「祂是阿誰？」我卻說：「如來藏。」宗門就是這樣，一根竹篦在手，可以當殺人刀，有時候也可以當活人劍——拿來指指點點；有時候只當它是探竿、影草，可是有時候拿來當金剛王寶劍。所以宗門之事可眞的奇特，入不了門的人，那是怎麼樣也弄不清楚。那麼我解說了，就是這三個字，是「如來藏」；那禪師卻是說「半夜日頭明」，到底跟我說的一樣不一樣？「半夜日頭明」到底是不是「日午打三更」呢？

沒有入門的人說：那三個都不一樣，「如來藏」是如來藏，「半夜日頭明」跟「日午打三更」，三句顯然是不一樣。因爲如來藏是心，「半夜日頭明」似乎是講瘋話，「日午打三更」則是瘋子幹的事，怎麼會一樣？當然不同啊！問題是：禪師為什麼這樣答，而我不吃他們的口水？我只是說「如來藏」，這一定有個相通之處，否則怎麼叫作公案呢？否則的話，那麼多有智慧的人，一代又一代都願意投入叢林來參禪，並且悟後都願意終生護持不斷，卻是為了什麼緣故？一定是有緣故的。你看，這些禪師們個個聰明絕頂，卻願意為了禪門，付出他們的一生。所以，這不是跟大家打啞謎，這是說眞話。然而，問題是：要怎麼會？到底這個「半夜日頭明，日午打三更」是什麼意思？我剛剛說了「如來藏」，假使你還覺得不夠親切，那不然，我再換個方式說，諸位仔細聽了：

阿！

經文：【爾時世尊復以一切如來入廣大轉輪相，為諸菩薩說入廣大轉輪實相般若波羅蜜法門，所謂：「入金剛平等性，得入一切如來轉輪故。入義平等性，得入一切菩薩轉輪故。入法平等性，得入妙法轉輪故。入一切平等性，得入一切轉輪故。」爾時如來復說咒曰：

嚂——！（長呼）】

講記：嚂，這個字我查過，它有四種發音，所以隨便唸一個都對。有唸作藍，有唸作濫，也有唸作看，也有唸作罕，這隨便你要唸哪個都好，但我管它唸作藍。這一段經文之中，是說 世尊講過前面那一段開示以後，又換成「**一切如來入廣大轉輪相**」，以這樣的法相來「**為諸菩薩說入廣大轉輪實相般若波羅蜜法門**」。什麼是「**一切如來入廣大轉輪相**」？這對凡夫而言其實不懂。這就是說，只要證得如來藏以後，去觀察萬法如何從如來藏中次第出生，去觀察一切諸法莫不直接、次第、輾轉從如來藏中出生。只要能夠這樣觀察，自然就能夠證得「**入廣大轉輪相**」。那麼，這個「**一切如來入廣大轉輪相**」，顯示一切如來都可以說法無窮無盡；為什麼能夠如此？是因為一切如來之所證，都同樣是萬法的根源，由這個法可以通達一切世間法、出世間法、世出世間法。換句話說，一切諸法莫不由實相法界如來藏出，因此就能夠依實相法界的現觀而入於「**廣大轉輪相**」。

所以諸佛在人間示現時，說法沒有窮盡。譬如 釋迦世尊說法四十九年以後，有一天從地上抓起一把沙土，把大拇指伸出來，將沙土往大拇指的指甲撒下來。大拇指的指甲是滑滑的，而且還是圓圓的，能夠留住多少沙土呢？有時 佛說，所已說法如爪甲上塵，所未說法如大地土，就是顯示「**一切如來入廣大轉輪相**」；一切諸佛轉法輪無窮無盡，因為一切如來三大阿僧祇劫之所修證，怎麼可能短短四十九年講得完呢？所以在人間所講的都很概略，諸位看阿含四大部裡面講的也很概略。其實 佛陀所說四阿含諸經的解脫道是講得很仔細的，因為解脫道的法其實不多，佛陀卻也講了十來年。這可見當年 佛陀講解脫道是講得很細緻，才能使弟子們很容易證得阿羅漢果而出三界。如果你當年有聽 佛陀講解脫道，親證了；回頭來讀四大部《阿含經》中的千餘部經典，你就會知道那裡面在講什麼，並不難。

可是大乘經就難了，《般若經》還容易懂，第三轉法輪諸經裡有許多法義，連諸地菩薩都還無法全部弄懂；因為那是從 佛的證量中所流注出來的妙法，而且講的都是簡單的一、二句話，大不了三、五句話就交代過去了。為什麼講那麼簡單呢？因為法太多了，不全部講出來不行；可是如果要講細了，還要全部具足講完，那到底要講多久？那要用劫來計算，得要一劫、兩劫、三劫來算時間。佛陀來人間示現而取得這個人身，不過就是一百歲，而且人壽的百歲又是少出多滅，如果要全部講完，又要講得很微細，佛陀是否不能入滅了？那麼就在人間住壽一小劫好了，別的星球那些實證的因緣成熟的眾生們該怎麼辦？娑婆世界並不是只有這個地球，那些菩薩們可能要抗議：「佛陀怎麼現在還不來示現？特別照顧地球！」所以沒辦法，一定要全部講完，才能示現化緣圓滿；若是還沒有全部講完，就是化緣尚未圓滿。若是化緣尚未圓滿，就不能取滅，不能到別的星球再去示現成佛，所以只好講簡單一點。

第三轉法輪的經典，有許多開示中有非常非常多的密意，有些連諸地菩薩都還無法眞的弄懂，你說容易懂嗎？眞的不容易啊！可是我講這些話的意思，目的在哪裡？是要讓大家瞭解：證量越高，心裡面就越發無慢。但因爲說的是誠實語，把眞正的法講出來的時候，眾生聞所未聞，不能信受，就會在背後指指點點：「你這個菩薩口氣好大，說話眞狂。」這就是心量狹小凡夫的所知所見，因爲他們沒有辦法接受這樣勝妙的法。就好像傾盆大雨下來，小草都倒了下來，就只能在那邊抱怨：「爲什麼要把我們淹了？這是什麼雨？不該有這種雨啊！」因爲它只能接受毛毛細雨，那西北雨、大雷雨就接受不了了，何況是傾盆大雨！不幸的是，正覺法雨如似傾盆，所以有的人來聽經，聽了一、二次，眞的聽不入耳，心中起煩惱，然後也許事後寫信來罵，也許上網去罵，可都不一定。可是要小心喔！作了這些事，他的如來藏都幫他記得清清楚楚，一筆也不漏。他們不知道、不曉得厲害，我們可是很怕那個因果，怕得要死，哪敢生慢呢。

這意思就是說，佛法不是那麼簡單的事；單單是初轉法輪的聲聞、緣覺解脫道，就被古時的部派佛教聲聞僧們全面誤會了，才會產生聲聞佛教分裂的事；因此單單是大乘法中的般若中道，單單一個第二轉法輪的般若實相，應成派中觀師們都能誤會到那麼嚴重的地步。所以說，單只是般若諸經所講見道位的眞如法性，就已經被人稱爲甚深極甚深的法了，而事實上也確實如此。只是，進了正覺同修會中，如果這樣證得般若時就滿足了，我就罵他是小根小器、心量太小；不是因爲他是聲聞，只想了生脫死，而說他的器量還太小；所以我就要常常弄個無形的馬達，把接頭裝了扭緊，往他的嘴裡猛灌法乳，一直要把他們的肚量撐大一點。

這是因為佛法的住世，需要很多器量大的人，一世一世來延續下去。只要實證的了義佛法延續下去，二乘菩提就可以延續。所以，千萬不要得少為足，就以為說：「佛法不過就是如此啦！我去你們講堂聽過三回、五回，講來講去都在講如來藏。」可是，我倒想要提示一句話：諸佛來人間示現的時候，還得要示現重新明心一次來實證如來藏，你說祂重要不重要？將近三大阿僧祇劫前就已經悟了如來藏，修來修去還是在如來藏中修行，不曾外於自己的如來藏實相境界。如來藏這個妙法裡面有無量無邊的法性，那些凡夫們何曾稍微了知呢？連如來藏是個什麼物事都還不懂呢！何況能知道如來藏中的無量妙法呢！所以佛陀示現成佛之後，還得依如來藏來講二乘涅槃，依如來藏來講般若中道、眞如實性；到了第三轉法輪，還是依如來藏來講一切種智。

但是，在這種公開講經的場合，目的就是要讓大家提升知見以及建立方向，當然我還是要講第八識如來藏。至於如來藏中的許多妙法，不可能在這裡公開講，講了大家也聽不懂；那得要留到增上班去講，明心以後來聽才能夠吸收。否則的話，我把增上班的課程拿到這裡來講，講上三週，這一千人將會只剩下五百個人；再講三週，就會剩下二百五十人，一直遞減下去；因爲全都聽不懂，不斷地來聞法幹什麼？所以要知道：佛法不是那麼簡單，想要像　釋迦如來具足圓滿「**廣大轉輪相**」是不容易的。所以回過頭來說，親證如來藏才只是入門而已，有什麼可以高傲的？證如來藏之後，還有眼見佛性等著他，還要修集大福德及過牢關準備入初地；即使入地了，後面還有二大阿僧祇劫的修行等著他，所以菩薩摩訶薩是不敢起慢的。可是連我見都沒有斷的人，如來藏都還證不到的人，竟然可以月旦大善知識，指責善知識狂慢，那麼到底是誰狂慢呢？我還真的想不通。我想：大概那一類人，他們自己才想得通吧！因爲那個邏輯絕對不通。

這意思表示說，一切如來有「**廣大轉輪相**」。這時候　世尊是入了這個「**廣大轉輪相**」，來爲菩薩眾們解說「**入廣大轉輪實相般若波羅蜜法門**」。這意思是說，並不是明心了就沒事，明心前事情很多，要作義工修集福德、要去救護眾生、要學習正知見、要鍛鍊參禪的看話頭功夫，一大堆的事情等著去作；可是有一天終於悟了，才決定說：「**我現在才剛剛讀懂《般若經》，但是第三轉法輪的唯識種智經典，我爲什麼還讀不懂呢？**」這又是什麼緣故？不相信！心想：「那麼菩薩寫的論比較詳細，也許我容易讀懂吧，因爲菩薩的論是在解釋經典。」好啊！把《大藏經》中的《成唯識論》請了出來，結果呢，第一頁就讀了三個月，還讀不到一半，因爲眞的讀不懂。《大藏經》裡面的《成唯識論》第一頁有上中下三欄，他讀了一個月還讀不到一半，因爲眞的讀不懂到底講什麼呢！只好安下心來繼續學。在學過了幾個月以後，終於稍微可以猜一猜，也不敢說眞的懂。

所以，眞如實相不容易體會，證悟了以後想要進到通達位，時間還要很長，路途還很遙遠。假使有福報，遇到了正法弘揚的時候，又有大善知識可以依止，才能以長劫入短劫；不然的話，像那一些什麼都不懂，聽了深妙法就毀謗的人，可就要化短劫入長劫了。說起來很可憐！我們講這些話的時候，心情是很沉重的；可是卻又無可奈何，因爲五濁惡世的眾生本來就如此；所以諸位也不需要爲他們特地憐憫，因爲你特地憐憫而把眼淚流乾了，也無法幫到他們。他們就得要這樣去經歷，經歷過了以後——也許五百大劫、五千大劫以後，重新回到人間終於相信：自己不知道的，不要隨便毀謗。這樣才算他證悟的根機已經成熟了，才說他的善根成熟。

但是我們必須儘量把正法的因緣送給他們，至於他們要毀謗或者要認同，那就是他們家的事，我們管不著。我們所要作的，就是儘量把法緣給他們，讓他們儘量可以分辨什麼是正法、什麼是相似像法。我們只要把這個法緣給他們，至於他們會怎麼樣面對、相應：是要往惡的方向相應，或者往善的方向相應，那就由他們自己去作決定。當他們作了決定以後，我們都隨喜：他們要謗法而下地獄，我們也隨喜；我們就等著五百劫後、五千劫後再來度他們，因爲他們得要去經過那個極痛苦的教訓以後才有可能改變。身爲娑婆世界五濁惡世年代的弘法者，要有這樣的認知。

所以，我不期待大家都會接受正覺弘揚的第八識如來藏妙法，我從來不期待。但是我要不斷地把如來藏釣竿給甩出去，能釣幾條算幾條。而這一世釣到的，遠超過我過去世所釣的，所以我已經很滿足了。而釣到了這麼多的鯉魚，我就一一甩過龍門去。牠們自己過不去，沒關係，只要懂得死命咬著，我就把牠們甩過龍門去，這是鯉魚躍龍門的另一個捷徑。這樣子，將來護法天龍更多了，正法再延續個一、二千年乃至三千年，就沒問題了。所以也許下一世，我就不再出來弘法了，只是安靜地混在大眾中靜修，大約只會安靜地回來當個會裡的親教師，陪著你們大家努力拚。如果有需要時，我還會再站出來；反正我又不走人，我還是會繼續留在娑婆。

世尊這段開示的意思在告訴我們什麼？告訴我們說，「廣大轉輪實相般若波羅蜜法門」其實不容易體會；但是一旦會了，只要有善知識指導，你可以按部就班次第去修，不會埋沒你。但是要學這個法門，總得要先入門。怎麼樣叫作入門？當你找到了如來藏，一把將祂抓住以後，你會說：「原來不是我抓住祂，是祂抓住我。好極了！祂不捨棄我，我就有機會再往上面的階位次第前進。」那麼這樣，你就可以通達「實相般若波羅蜜法門」。當然，想要通達—也就是要到達初地的入地心—眞的不容易，還得要有其他的條件配合。這個條件，諸位有興趣的話，讀那一本《明心與初地》口袋書就知道了。這裡只講怎麼入門，以及入門以後，這個「入廣大轉輪實相般若波羅蜜法門」的內涵是什麼；就是說，入了「金剛平等性」，因為已經進入了一切如來的轉輪法中的緣故。想要進入諸佛的「廣大轉輪相」中，一定要通達「實相般若波羅蜜法門」；而這個法門的實證內涵，第一個部分就是「入金剛平等性」。

也許有人剛學佛不久，走入了密宗，然後又聽說有正覺，跑了來，剛好聽到這一句，就說：「我知道了，那就是我們金剛乘那個金剛啦！」我說：「不對啦！金剛乘那個金剛，那是用玻璃去打磨出來的，不是眞的金剛。」那個假金剛，不必用鐵鎚敲，只要石頭一砸，它就粉碎了。什麼是金剛？是無可壞的法，才說是金剛。請問三界中有什麼事物是無可壞的法？你找不到一個東西。有人也許說：「金剛鑽最硬，你看，可以切割玻璃，甚至於人家還用那個碎鑽石來作成切割器，還可以用來切割鋼鐵等等。」我說：「不然。」假使不信的話，找一顆金剛鑽來，不必很大，只要半克拉就好，因爲很貴。你拿了來，我用鐵鎚一敲，也把它敲碎了。不信，你私底下試試看，它雖然硬度很高，卻變脆了。那是不是百煉精鋼最硬了？其實不然，照樣可以壞。一千度燒不熔，用二千度燒；二千度燒不熔，一萬度總也把它燒熔，還是壞了。所以凡是物質都可壞，只有如來藏這個心是不可壞的。

也許有人想：「我們覺知心也不可壞，你看這離念靈知一直都在啊！」如果有誰講這個話，我就說他這個人眞是沒智慧；因爲所有醫師都知道那離念靈知是可壞的，隨便麻醉劑打他一針就斷壞了，那時還有離念靈知嗎？早就不見了。也許想：「我明天早上還會醒過來，不然三天後我也會醒過來。」你還沒醒過來，我再補上一針，看你還能醒？不然加倍，加上兩倍、三倍，不就翹辮子了嗎？還有離念靈知啊？那都是可壞的心。不然的話，出門一不小心遇到了個惡棍，他看不順眼，瞄了一眼；那惡棍走過來，一拳頭往腦袋瓜敲下去，悶絕了，不也斷壞了嗎？所以那是可壞的。三界中只有一個「物事」不可壞，叫作如來藏，祂是實相心、金剛心。

所以，有人問：「如何是佛法密意？」祖師說：「火燒不著。」又來問：「如何是祖師西來意？」祖師說：「水潑不進。」又來問，祖師又說：「水灑不濕。」一大堆的答案啦！也許回答：「刀砍不壞。」隨便怎麼說都對，因爲祂確實是這樣。從事相上來說，禪師們爲什麼要這麼回答？因爲祂有金剛性。諸法莫不由第八識如來藏生，諸法怎麼可能回過頭來毀壞如來藏？你說：「我搭個時空機回到古代，去找那一把干將神劍來。」干將是長劍，莫邪是短劍。好啊！那你找回來，當你找到如來藏以後，你把祂砍一砍，看你砍不砍得著？砍來砍去，只有砍到自己的手、自己的腳，砍不到如來藏的。放火燒，也燒不到；用水淹，也淹不到祂，更淹不死祂，你只能把五陰自己淹死。淹死了以後，祂又造出另一個五陰，二十年後你還是一條好漢，對不對？妳們女眾說：「爲什麼老是要講好漢？」要不然，換一句話好了：「二十年後還是一位十三太妹。」也可以嘛！十三太妹眞的好英武啊！對啊！你怎麼樣都拿如來藏沒奈何，你壞不了祂，那不就是金剛性嗎？

而這個金剛性非常的平等，上如諸佛，下如地獄有情；或者說人間，上從皇帝，下至螻蟻，一切有情卵胎濕化，或如二十五有，一切有情的如來藏，是同樣的一種金剛性，都是不可壞法，所以完全平等。轉輪聖王的如來藏，並沒有比地上爬的螻蟻的如來藏更高貴。所以，如果地上的螻蟻也悟了如來藏，當牠看見轉輪聖王——假使牠看得夠遠而能看見轉輪聖王，牠可以這樣說：「聖王！咱們兄弟倆不分高下。」這轉輪聖王如果已經悟了，也只能點頭認可，因爲確實如是平等。但平等之中卻是看到了不平等，因爲那一隻螻蟻往世造了惡業，從地獄回來，現在餘報未盡，還要繼續當螻蟻無量劫；轉輪聖王是往世供養諸佛，一世又一世享受轉輪聖王的快樂異熟果報；正因爲如來藏的平等性、金剛性而產生了事相上的這類不平等性，就有了「一切如來轉輪」，否則諸佛來人間講什麼法？既然理上事上全都是平等性、都是金剛性，說完了就可以入涅槃去了。

正因爲事相上有這麼多的不平等以及可壞法，也就是實相心中含藏著種種不同的業種而顯現各種不同的異熟果報，顯示這些事相的背後還有永遠不變的平等性實相心，才能有「一切如來轉輪」。因此，一切如來到人間來，都要講五乘法：講了人乘再講天乘，天乘講完了再講聲聞乘；講聲聞乘時，同時就會講一些世界悉檀三界二十五有、卵胎濕化，看來是非常的不平等；然後再講般若，原來大家都平等；但這些不平等的由來，是因爲先有實相心的平等性，才會有不平等的果報現象。如果不是平等性的如來藏，那麼就不會有不平等的三界二十五有等事相出現。也許你說：「你蕭老師講這個話，未免太荒唐了吧？既然是平等性，怎麼會產生不平等性？」我們無妨講個譬喻好了，譬如說法律之前人人平等，對不對？對嘛！大家都認同。正因爲法律之前人人平等，正因爲這個平等性才會有總統、行政院長、部長、局長等等，乃至有士農工商、庶民百姓等差別，不正是因爲法律平等嗎？所以才會這樣顯現世間相的不平等，所以有總統、官宰乃至士農工商等不平等。是因爲大家平等，所以只要你有這個能力，你就去當官；如果你對作官沒興趣，願意當庶民百姓，那你就去當庶民百姓，很平等啊！這就是在平等之中卻有不平等。

同樣的道理，如來藏不論對誰都平等；有的人願意當轉輪聖王，所以遇見了 佛陀降生人間，趕快去供養，發願未來世當轉輪聖王；於是未來世就會有五百世當轉輪聖王。有的人說：「**我對那個世間法沒興趣，我要的是解脫生死。**」所以發願想求解脫，遇見了 佛陀就趕快追隨 佛陀出家修解脫道，他成爲阿羅漢。有的人說：「**阿羅漢小根小器，佛菩提種都燒壞了，稱爲焦芽敗種，我要當菩薩。**」他還不知道當菩薩多麼辛苦，這麼發願。當菩薩時一世又一世都不快樂，哪有快樂的菩薩？眞的沒有！你看那些菩薩們，哪一個人是快快樂樂的？但他還不知道，所以他發願：「**我要當菩薩。**」哇！好崇高的願，發了願也去作了，後來也眞的悟了，然後應允要當菩薩。當然 佛前發了願，就不能食言而肥，只好繼續實行：「**我發願世世生在人間。**」好啦！屆時生老病死等等痛苦和生離死別，就不要怪 佛，只能怪自己，因爲你發了菩薩願。有的人說：「**我不要當辛苦的菩薩，我要求人間的福報，所以我供了佛，發願下一世要當有錢人。**」好，那下一輩子就當有錢人，各人的平等如來藏都應允了大家所發的願，於是就這樣產生了世間相上的不平等。假使如來藏不是平等性的，有人發願要當轉輪聖王，如來藏說：「好。」另外一個人發願說：「我要當大官。」如來藏說：「不好，那要被人家管。」若如來藏沒有平等性，就會有這些問題了。一定是背後有個平等性的如來藏，才能產生表面上的種種不平等相。

如果各人的實相心如來藏不是平等性的，都是如同離念靈知一樣會想東想西、會了別、會作主，欲界中就不可能會有三惡道有情受果報了。同樣的道理，因爲修學佛法親證實相心如來藏，觀察祂離見聞覺知而不了別六塵，所以永無分別而如實執行因果律，永遠如是平等而「入金剛平等性」之後，才能夠解釋三界六道二十五有等一切法界爲何各各差異；也才能夠解釋一個有情如何具足十信位的功德，然後轉入初住位中怎樣去修學三賢位的功德，再轉入初地如何開始修學十度波羅蜜，完成後面二大阿僧祇劫的道業而在最後成佛。也可以依這個金剛平等性，來說明二乘菩提是什麼樣的道理，人乘與天乘是爲什麼能夠得到那樣的異熟果報。這就是由於「入金剛平等性」的緣故，才能「得入一切如來轉輪」。可是話說回來，如果要「入金剛平等性」，卻得要依靠「一切如來轉輪」。假使沒有諸佛如來觀察人間眾生得度的因緣成熟了，來人間轉法輪，還有人能「入金剛平等性」嗎？不可能！所以一切阿羅漢、一切大菩薩們，都沒有人覺得自己很行，一切榮耀全都歸於 佛陀；因為 佛是法根、法本、法依、法主、法源，在這個世代的娑婆世界，除了釋迦佛，沒有誰有能力自己證悟佛道，所以菩薩得要依靠「一切如來轉輪」。

也許有人不信，那我們看看古印度好了。在 佛陀示現於人間之前，那時候沒有外道與內道可說；是 佛陀示現以後，有時候說法之中才會說「外道」如何如何，才開始有「外道」這個名稱。如來出現於世間以前，大家都一樣，所以沒有外道、內道的分別。那些外道們，多的是自稱阿羅漢的人，有的自稱是辟支佛，也有極少數外道自稱是如來或者傳說著如來的事；當時的外道們個個都說他們已經證得涅槃了，所以那時候的涅槃真是琳瑯滿目，看來豐富得很，要什麼樣的涅槃都有。等到 佛陀來人間講了涅槃以後，大家才知道那些人講的涅槃原來都不對。那時也有好多外道講「如來如何如何」，可是他們講的如來也都不對；也有些外道講阿羅漢的證境如何如何，也都不對；直到 佛陀示現於人間，才終於有真正的阿羅漢、真正的如來與菩薩阿羅漢。

但是如果沒有如來於人間轉法輪，眾生想要「入金剛平等性」，完全沒有機會啦！古印度人爲了追求眞相、追求解脫，他們拋棄了一切，很努力的去修行。爲了法的論議，可以從早上講到晚上；晚上繼續再講，講不完便再講到天亮，現在可能都還有這個狀況。十幾年前，我們去印度朝禮聖地時，因爲路途很遠，要六、七個鐘頭才能到達目的地，趕早車；四點起床就開始準備行李了，用完早齋搭上遊覽車，差不多將近五點了，正要開出市區時，看見路邊有個開放的場所燈火通明。大家奇怪說，這些人也不像在作生意，只是在講話，電燈點那麼亮在那邊講話；有的人就說：「他們爲何那麼早就在那邊，在講什麼？」後來知道內情的人說：「不是那麼早去那邊講什麼，是從昨晚就講到現在。」他們對於某一種眞理的追求是很固執的，可是那麼努力、那麼固執，可以捨棄一切去追求，卻始終沒有沾上邊。古時候也一樣，一直要到 釋迦如來出現於人間，才終於有人可以實證涅槃與實相等眞理。所以想要「入金剛平等性」，得要先依靠 世尊「入一切如來轉輪」；「入一切如來轉輪」的緣故，就可以「入金剛平等性」，不是單靠眾生自己的粗淺智慧可以「入金剛平等性」的。

那麼，第二個部分說，「入義平等性，得入一切菩薩轉輪故」。因為有「如來轉輪」，所以眾生才能夠「入金剛平等性」，才能夠「入義平等性」；所以證悟之後，釋迦如來就鋪陳了佛道的次第與內涵；把這些次第內涵鋪陳出來之後，菩薩們就要一步一步去修學；修學好了，就可以「入一切菩薩轉輪」。我此世初學佛的時候，那時現代禪李老師已經弘法一段時間了；當時我初學佛，就去復興北路，有一位紀居士賣水晶的店，叫作什麼園？我記不起來了；當時我買了李居士好多錄音帶回家聽，那時好羨慕這位李老師眞能講佛法，羨慕得很。可是現在都不羨慕了，因為現在我自己就能講，為什麼要羨慕別人呢？但我為什麼能講這些法？其故無他，不就是因為往世「入金剛平等性」嗎？所以此世自參自悟以後就能「入義平等性」；因為我入了「義平等性」（喔！我想起來了，那個店叫作菩提園，不曉得有沒有人去過？終於想起來了，這記性不好的人難得還會想得起來），入了「義平等性」就能為人演述般若、種智等法。這意思就是說，你先要證得那個金剛體，也就是證得如來藏，然後去細觀祂的種種功德；細觀種種功德以後，

再從 佛陀對諸法的開示裡面去了知諸法的梗概，然後再一一去作深入的觀察以及理解，漸漸就可以「入一切菩薩轉輪」。因此，一個很簡單的法來到你手裡，也可以變成勝妙法。所以，我們常常有一些同修，當人家提出來很簡單的問題，他們可以講出一堆很勝妙的法義，這就是因爲入了「義平等性」。

那，什麼叫作「義平等性」？也就是說，佛陀所說的很多、很多法，這一些法的眞實義，莫不是以如來藏爲基石而說的。既然完全都是依如來藏，那麼這一些法的眞實義就平等無差別了。可是於平等無差別之中，卻可以顯現森羅萬象諸法，無妨諸法各自崢嶸，但是背後的實相一樣平等平等，這就是「義平等性」。由於證得「義平等性」而能夠如此現觀，那你就可以「入一切菩薩轉輪」，能爲諸菩薩轉法輪，提升諸菩薩的見地證量；也能爲諸凡夫轉法輪，幫助凡夫們實證解脫道、實證緣覺道、實證大乘菩提，這就是因爲入了「義平等性」，才能夠這樣子「入一切菩薩轉輪」。可是，「入一切菩薩轉輪」跟「入義平等性」，卻又像雞生蛋、蛋生雞一樣，因爲得要有先來的菩薩爲大家說明，後來的菩薩就跟著往上升進；先來的菩薩是已經「入一切菩薩轉輪」，後來的菩薩就跟著這位菩薩來「入義平等性」。他們進入了「義平等性」，又可以成爲「入一切菩薩轉輪」，可以成爲其他後來菩薩的助緣而爲一切菩薩轉法輪，二者就互爲因果了。這就是「入廣大轉輪實相般若波羅蜜法門」中的第二種。

第三種是「入法平等性，得入妙法轉輪故」。「入法平等性」跟「入義平等性」並不一樣，有先後次第的差異。也就是說，你得先從總相「入義平等性」以後，接著就可以從別相「入法平等性」；從別相「入法平等性」以後，就可以「得入妙法轉輪」，爲人說出深妙的法，往往是大眾聞所未聞之法。對於諸位來講，你們認爲我講出來的法、我寫出來的這些書中所講出來的法，常常是聞所未聞的，卻又是正法。對於會外那些還在毀謗第八識正法的斷善根人來說，他們卻說：「這些聞所未聞的法都不是佛法，因爲佛法沒那麼講。」其實我所說的法，後來證明在經中、在古時菩薩們的論中都早已說過了；只是因爲失傳了，幾百年來一直沒有人講出來；所以佛門大眾三、四百年來沒聽聞過，也沒有讀到什麼文獻講過這些法，因此剛聽到我們講經時所說的法，剛讀到正覺印行出來的書，心中懷疑而覺得說：「這個是佛法嗎？

有點懷疑欸！」可是當他們把經論請出來比對時，竟比對不出問題，所說全都符合，才終於知道說：「原來這都是佛菩薩以前早就講過的法，只是我們少聞寡慧，才會成爲『所未聞法』。」爲什麼會這樣呢？爲什麼我們能夠作得到呢？是因爲「入一切菩薩轉輪故」，也是因爲「得入一切如來轉輪故」。

假使不是二千五百多年前，聽聞 世尊講過那些法，哪有我今天可以爲大眾說法。假使不是每一世都先有菩薩爲我們轉法輪，我今天又哪有機會可以「入義平等性」呢！所以這二者也是互爲因果的。但是親近過的菩薩們，一世又一世其實不在少數，正是那些菩薩們能夠「入妙法轉輪」，爲我們細說佛法的深妙義，並且書寫下來留給後代重新受生的我們，所以我們能夠「入法平等性」。那麼將來，也許一千年後、三千年後，佛陀說：「蕭平實啊！你到某個星球去吧，那裡需要有菩薩住持正法。」那我就去啊！根本不必思考要不要去。那時候表示什麼？表示你們已經有人能夠「入妙法轉輪」了，一定有人可以接手了，才會把我拉走，否則不會，一定是這樣。就好像我可以接手了，所以 克勤大師都不曉得被派到哪個星球去了，眞的不知道。我這六、七年來，也沒有什麼時間可以在睡前再去看一些往世的事。因爲現在躺下來就趕快要睡覺了，沒有多餘時間可用了。以前時間多的時候，我躺下去，最少要用半個鐘頭入等持位去看看有些什麼過去世的事；現在根本沒時間去看，當然不曉得他哪裡去了。也許等我很老、很老，都不必弘法作事了，全都交給你們，我有時間了，再來瞧一瞧。但是只要你們有人能接手，我就可能被派走，不曉得要到哪裡去，眞的不一定。你們也是要一代一代這樣子傳，到了又有人可以接手時，那麼你就要被派出去別的地方了。

大家要爲有緣的眾生去設想，不可以對菩薩們說：「**你們要永遠留下來，不然我們怎麼辦？**」沒怎麼辦，一定是有人可以陪伴你們修持道業了，才會把我拉走，就像把 克勤大師拉走一樣。本來就如此啊！不要老是眼光短淺，只看著這一顆地球。除了這小小的一顆地球以外，還有廣大世界等著大家，你們要有那個心量。等你到了四地的時候，你不想走也不行；因爲你如果到了四地，表示你一定有弟子已經入地了，那你已有能力去別的世界開疆闢土，應該要去挑起 如來更大的一分家業，到別的世界去度更多有情，別老是想說：「**我這邊還有好多法眷屬，怎麼把我拉走？**」你去那邊再建立更多的法眷屬，還不好啊？讓你攝受更多的佛土就能更早成佛，有什麼不好？所以大家心量要大、眼光要放遠。

同樣的道理，要讓眾生的法身慧命延續不斷，你就得先「入金剛平等性」，然後再「入義平等性」。也就是說，基於一切如來藏義平等、平等的事實，然後你才能夠「入一切菩薩轉輪」；接著還要「入法平等性」，這就是建立自己對於諸法的廣闊了知；廣闊性都夠了以後，才能夠「入妙法轉輪」；這時候，這個法可通那個法，那個法又通另一個法，另一個法又通這個法，都是互通的，沒有不能互通的法。因爲佛菩提是有一個中心的，從這個中心可以衍生出無量無邊的法；你只要證悟佛菩提應證之標的如來藏實相心，就可以雙觀實相法界與現象法界，就能漸漸衍生出大乘菩提，進而衍生出緣覺菩提、聲聞菩提；也可以衍生出人天善法，猶如《優婆塞戒經》講的那樣勝妙。

那麼，你也可以衍生出來環保菩提、清涼菩提、醫療菩提，什麼菩提你都可以有，因爲去作環保時也可以悟入啊！誰說不能悟？只要有善知識指導，環保善行裡面還眞的有菩提。只要有善知識指導，醫療諸法之中還眞的有菩提，因爲菩提遍於一切時、一切界、一切處、一切識。但是，會外有些大山頭在搞環保菩提、醫療菩提時全都沒有菩提，因爲沒有辦法證悟實相法界第八識心就不可能「入一切平等性」，當然一切所爲全都沒有菩提可言，因爲全都沒有覺悟——「菩提」就是「覺悟」。當你能夠「入妙法轉輪」的時候，你就入了「一切平等性」；譬如說，你因爲心中慈濟眾生而想要去作救濟的事業，也可以啊！我們就把它叫作慈濟菩提，爲什麼不行？如果有善知識指導，去爲老人家洗澡、整理環境，去送食物給窮苦無依的貧苦老人，乃至去爲眾生造橋鋪路都可以，其中都有菩提。爲什麼都有菩提？是因爲實相心如來藏遍一切法、遍一切處的緣故。當你這樣親證實相心而觀察實相心在一切法中平等平等了，所以確認一切法平等，表示你這時已經「入一切平等性」了。

也許有人說：「我看見的一切事情明明都不平等啊！因爲我是董事長夫人，當我去幫那些窮苦無依的老人洗澡、打掃環境時，明明我是布施者，他是受施者，怎麼會平等？」當然不平等，因爲她是落在現象界裡面去看。可是，善知識會教她怎麼從實相法界來看：「如果妳入得了實相法界如來藏心的境界，來看那個被布施的孤苦無依、又臭又瘦的老人家；再同樣從實相法界來看妳自己這個貴夫人前來布施，結果實相法界中是完全平等的。」也許有人說：「我看，不見得喔！譬如說，我走入市場裡面，這一家賣紅龜粿，另外一家賣菜頭粿，這下可顯然不同啊！」我說還是一樣啊！眞正證悟以後是沒有什麼不同的。雖然吃完了那個紅龜粿，覺得說菜頭粿也不錯，所以還是要吃它一塊，因爲它們不同；可是吃了以後，你一問他，他又說是相同。爲什麼呢？因爲他腳踏兩條船：這一條船叫作實相法界，另一條船叫作現象法界，當他把現象法界收歸實相法界的時候，全都是實相法界的自己，當然就完全相同了。有智慧以後的五蘊自己，假使還想把五蘊的自己跟實相的自己搞成不平等，這是想要幹什麼？又不是傻瓜！實相法界的自己與現象法界的自己是一體的，當然二種得要平等才對。如果自己跟自己不平等，那表示說，他大概要住進精神病院去了——人格分裂。菩薩就是這樣現觀平等，最後是「入一切平等性」；所以如果講五戒十善，這是生天跟人間的善法，結果依實相法界而跟佛菩提湊在一起時，還是平等的。

那麼也許有人講了：「基督教跟佛教總不平等了吧！」我說還是平等啊！那耶和華、基督，從現象界來看，是可以說不平等；可是我從實相法界來看，還是平等啊！耶和華假使眞的來了，我說：「兄弟！你來了，請坐吧！聽我說法。」因爲現象界裡眞的不平等，他沒有般若智，我有般若智；他沒有解脫德，我有解脫德，當然他得要在下面座位上聽我說法；可是我卻會告訴他說：「耶和華兄弟！咱們是平等的。」爲什麼？因爲我從實相法界來看時，他眞的跟我沒有差別，所以從實相法界來看時，基督教跟佛教還是一樣啊！

然後，也許有人說：「那道教呢？那天主教呢？」我說還是一樣啊！「那不然，儒家呢？」儒家還是一樣，我是五家一以貫之，我才是眞正的一貫道，能以實相法界如來藏妙法貫穿世間一切宗教。但他們一貫道其實是一貫盜，從來不曾把四教一家之法用一個法貫穿之，所以我說一貫道擺明了就是要公開竊盜其他宗教的教義；既然他們自古至今都是一貫竊盜其他宗教的法義，當然要稱爲一貫盜。然而我卻說，一貫盜也好，耶穌教也好，乃至於其他所有宗教，全都一樣平等；因爲對我來看，實相法界中全都一樣啊！當我用實相心如來藏這個法全部把它們貫穿起來時，當然沒有一法不能貫穿，這就是「入一切平等性」，才有資格開口說：「我將一切宗教、一切法，一以貫之。」不管哪一天諸天神祇來了，或是天主教的天主來了，我都會跟他說：「兄弟！

請下面坐，聽我說法。」從事相上看來這眞是不平等啊！可是當他們聽完我說法，他們會說：「蕭老師！原來咱們平等。」我說：「對啊！」可是等他們下週來聽經時，事相上還是不平等，他們還是要坐在下面聽講。可是等你悟了，我還是要告訴你：「咱們還是平等。」

這就是說，當你「入一切平等性」的時候，你就可以「入一切轉輪」。所以，有這個實相金剛心，你才能夠建立一切三界世間。既然三界世間是由這個實相金剛心的平等性來建立，當然三世因果也就平等，然後於平等之中來顯現異熟果報中的種種不平等，因此才有四生、二十五有的不平等差別，這樣才是眞的「入一切平等性」。

這樣子，這一段經文中總共說了四個法門，四個法門全部合起來，就是「入廣大轉輪實相般若波羅蜜法門」。而這個法門，唯有 如來能演說，唯有菩薩能依說而證——從教入宗。聲聞、緣覺等聖人們如果想要證這個法門，沒有第二條路，只有迴小向大，安分守己不怕世世生死而願意眞的當菩薩，才能次第聞熏聞修。那麼，他們想要當菩薩，有的人要從布施度開始起修，有的人要從忍辱度開始起修，有的人要從精進、禪定、般若起修，層次差別各自不同，端視往世的修學所累積的資糧如何而定。如果他往世所累積下來的那一些道糧不足以證悟實相法界如來藏心，他就得要去補足。補足了以後，次第熏習般若，終於才能證悟實相。如果往世行菩薩道時已經修學夠了，只要聽聞 佛陀一說法，就可以從阿羅漢位成爲證悟菩薩，那就不一樣了。那麼，這樣子，終究可以「**入一切轉輪**」之中，爲眾生說一切法的金剛性、平等性，然後讓眾生同樣可以「**入金剛平等性**」中。這就是想要實證「**廣大轉輪**」時應該進入的一條路，這一條路叫作「**實相般若波羅蜜法門**」。

好啦！講了那麼多，但是到底要怎麼入？佛陀還是來個一字禪：「嚂——」（讀作藍）不然我就模仿張老師唅的「嚂——」（讀作含）也可以嘛！這二者到底一樣或不一樣？其實都一樣！

接著我們再來看看我的補充資料怎麼說。先從理上來說，我要援引一段《大般若波羅蜜多經》卷五百七十八的經文來說：

【爾時世尊復依遍照如來之相，爲諸菩薩宣說般若波羅蜜多一切如來寂靜法性甚深理趣現等覺門。謂金剛平等性現等覺門，以大菩提堅實難壞如金剛故；義平等性現等覺門，以大菩提其義一故；法平等性現等覺門，以大菩

提自性淨故；一切法平等性現等覺門，以大菩提於一切法無分別故。佛說如是寂靜法性般若理趣現等覺已，告金剛手菩薩等言：「若有得聞如是四種般若理趣現等覺門，信解受持讀誦修習，乃至當坐妙菩提座，雖造一切極重惡業，而能超越一切惡趣，疾證無上正等菩提。」】

這一段《大般若經》的經文，跟《實相般若波羅蜜經》這一段經文，有沒有很相似啊？幾乎是一模一樣的。世尊「依遍照如來之相」，來為菩薩眾們宣說智慧到彼岸的「一切如來寂靜法性甚深理趣現等覺門」。這麼長一句，不能把它斷句開來；因為我眞的沒有辦法把它斷句為二句，也眞的不應該把它斷句為二句，所以唸這一句時得要先吸一口氣，不然的話，一口氣還唸不完這一句。這意思是說，智慧到彼岸是可以使人修持「一切如來寂靜法性」的「甚深理趣」，而這一個「一切如來寂靜法性」的「甚深理趣」，是可以示現出等覺位功德的法門。換句話說，想要到達等覺位，當然就是要在一切法中平等覺悟，否則如何能夠到達等覺位呢？（今天眞的口渴了（導師此時喝水）我曾經說法不喝水——整整三個鐘頭都沒有喝過水，因為忘了喝，現在終於還是想起來了。）言歸正傳，這個一切如來本際的寂靜法性，當然講的就是實相心如來藏妙義，是由這個如來藏妙義來顯現一切如來的寂靜法性；因爲一切如來本際這個實相金剛心，是離六塵見聞覺知的，那當然是寂靜法性。

可是在離見聞覺知當中，不妨有種種的功德性運作顯示出來，這就是祂的甚深理趣。而這個甚深理趣，應當要如何去達成？當然就要依十度波羅蜜次第進修才能達成，那是整整二大阿僧祇劫的事。可是想要進到二大阿僧祇劫的過程之前，事情還有很多，因爲得要先斷我見以後才有可能明心，明心之前也先得要外門廣修六度萬行。什麼樣叫作外門廣修六度萬行？就像慈濟、法鼓山、中台山，還有什麼山？佛光山！不管什麼山，都要先修外門六度萬行。這段時間要修多久呢？要修一大阿僧祇劫的三十分之六。那是多久？你們自己算算看是多少年？我不會算。

爲什麼我要這樣講？是要讓諸位先在心裡面建立一個正確的知見。譬如，當你見了某個好朋友，是以前很要好的同修，你說：「你趕快來正覺同修會！這邊眞的可以開悟。」他說：「哎呀！你別抬舉我了，我不是那塊料啦！」是不是曾經遇到這種情況？我相信你們很多人都聽過這樣的回話。這還算客氣呢，有的人乾脆就說：「末法時代了，你還講什麼開悟？你們正覺那個如來藏法義全都不對啦！那只是外道神我啦！」有沒有人遇見過？也有啊！爲什麼會遇到這些人？因爲他們還需要在外門廣修六度萬行，得修一大阿僧祇劫的三十分之五。當他們把這三十分之五的過程走完了，突然間會想起來：「我這樣子努力廣修六度萬行，可是爲什麼這些大乘經典我都讀不懂？我修了好久，怎麼都還讀不懂？」終於起心動念要去探究了。就這一念之際，正是他的第一大阿僧祇劫三十分之五的最後一刹那，他剛好跨過去了；這時是他應該進入三十分之六而精進修學第六度般若波羅蜜的時候了，你只要隨便丟一本正覺的書給他，他明天就會來報到了。

他明天自己就會來，不必你打電話再問他說：「你來不來？」都不用啦！你只要丟給他一本書，他自己就會來，你都不必再開口，因爲他們那時眞的修完前五度了。他們還得要走這麼久，好不容易進來正覺，努力修學般若好幾年才終於開悟，接著再看一看說：「我要怎麼樣完成第一大阿僧祇劫，才能開始第二大阿僧祇劫的修道過程？」把〈佛菩提二主要道次第概要表〉翻了出來一讀，心裡說：「我的媽呀！還要走這麼久！」然後心灰意懶，有一天突然想起來說：「可是我如果不走這一條路，未來世還是一樣要走，遲走早走都同樣要走這條路。」就好像剛剛弄清楚佛菩提道的凡夫們，認眞想了又想：「這條佛菩提道，不情不願還是得走；既然不情不願也得走，何不情情願願地走下去呢？就走得快樂一點嘛！快快樂樂地走，不是更好嗎？」因爲你遲早都得要走。把痛苦的時間拉長了也是走，痛苦的時間縮短了快樂地走，也是走啊！早成佛，不是早一點快活嗎？終於不得不走進來嘛！走進正覺以後明心了，眞實心既然明白了，那接下來要幹什麼呢？就是要瞭解該怎麼次第進修而到達等覺位，悟後當然就要去探究這件事了。

所以 佛陀爲這一些已明心的阿羅漢們，以及爲戒定直往、戒慧直往非阿羅漢迴心的佛弟子們，就得要說明從三賢位中如何轉入到初地去；那當然得要講般若，所以就講了很多的《般若經》。可是也許你們問說：「蕭老師！你讀過《般若經》了沒有？」我會告訴你：「我沒有讀過。」眞的啊！《大品般若》、《小品般若》，我都沒有讀過。般若系列，我讀過的只有《心經》、《金剛經》，因爲我已經宣講完了。然後現在講《實相般若波羅蜜經》，當這部經講完了，我就讀完了。眞的這樣啊！我並沒有先把經文一句一字去讀。老實說，對於般若部的諸經，我還讀不到十分之一，但是我都可以演講，因爲已經在修道種智了。這也就是說，你得要一步一步走過去；但是，你想要一步一步走過去時，得要走很久。你如果有因緣，把解脫道完成了，然後聽佛說般若系列的經典聽上十幾年；當你聽完了，你就進入第二大阿僧祇劫了（當然這只是從這一世的表相來說，其實往昔無量劫已經修過菩薩道了）。這樣聽了，有沒有覺得說：「**如果我能夠眞的遇到應身佛在人間，那就太有福報了。**」確實如此，應作如是觀；因爲佛陀的攝受是不一樣的，只要遇到了佛陀，就是一世超劫精進，是把長劫化入短劫的好機會。如果還沒有遇到佛陀的時候，有善知識願意幫忙，也一樣可以化長劫入短劫。

所以，諸位千萬要記得，不要求中品往生極樂世界，也不要求上品中生往生極樂世界；因爲上品中生去那邊要在蓮花裡面待一個夜晚——在那裡要先過晚上這半天。得要先待在蓮花宮殿中一個晚上，聽聞佛法相當於娑婆世界的半個大劫；等到明天一早蓮花開了，見到 阿彌陀佛時，人家留在娑婆世界繼續在正覺同修會中修學的人，後來遇到 彌勒佛，早就當阿羅漢又已經入地進修好久去了，現在都不知道已經到第幾地了呢，那你要走哪一條路？對一般人來說，上品中生是求不可得的，但是我們卻希望諸位還可以擁有更好的路：你可以求上品上生，去那邊聽 阿彌陀佛說完法，拿個無生法忍立刻就回來，這時已經入地了；然後五億七千六百萬年後，遇到了 彌勒菩薩成佛時，那你可能進步到第幾地？我可不知道了，種種可能都是存在的。可是，上品中生的人，當你入地時，他還住在那朵極樂世界的蓮苞宮殿裡面，享受宮殿裡的生活，都還沒有過完那個晚上的一小時呢。那你要選擇哪一種？有智慧的人自己衡量看看吧！

那麼想要進入這個階段，首先要作的是什麼？就是求證「**金剛平等性現等覺門**」，「**以大菩提堅實難壞如金剛故**」，首先就是要親證這一點。大菩提，當然要有能被稱爲「大」的理由，才能稱之爲大菩提。既稱爲大菩提，當然就表示還有小菩提，那小菩提就是二乘菩提。那麼，這個大菩提的道理，我們就不多說了，因爲明年年底《楞嚴經講記》開始要印製出來了（編案：共十五輯，已出版完畢），那個「大」字在經題中，我已經講解很多了，這裡就不必再重複。可是，我要提示一個中心主旨，這個「大」是因爲能生萬法。誰能生萬法呢？是實相心如來藏能生萬法，因爲祂具有《大般若經》中說的「金剛平等性」。那麼，這個「金剛平等性」，我們就等下週再來談吧！

《實相般若波羅蜜經》上週補充資料講到「謂金剛平等性現等覺門，以大菩提堅實難壞如金剛故」；它的眞實義有兩個層面，第一個層面說，由於實相法界這個如來藏心具有金剛性，也就是不可壞而有常住性；而這個金剛性是普遍性的，是一切有情的如來藏心同樣平等的金剛性，不論是在什麼樣的有情身中，祂的體性都同樣是猶如金剛的不可壞性，互相之間並沒有差異。沒有差異，是說同樣是金剛性，而功能差別也是完全相同的，並沒有高下之分，所以說祂有「金剛平等性」；正由於有這樣的「金剛平等性」，所以每一個人只要是證悟了，他所覺悟的內涵都是同樣的，因此才說是「等覺」——所覺悟的內涵是平等性的，這樣的證悟法門就稱爲「等覺門」。所以只要同樣證悟般若了，所證悟的內涵不會有第二種，永遠都是同一種。自古以來無量諸佛，現在十方世界的無量諸佛，乃至未來世諸位成佛時也都是如此，都是同樣平等地覺悟同一個內涵；所以般若的覺悟不會有兩種，更不可能有三種以上。

因此，以前陳履安打電話給我說：「蕭老師！你就講你的般若，我們講我們的般若，互相不要談論。」我說：「我可以同意這一點，都不談論啦！

但是如果有誰是誤導了眾生，我就得要談論。不能夠說你悟你的，我悟我的，因爲開悟的內涵只有一種。」所以我當時沒有答應他。因爲如果開悟的內涵可以有兩種或多種，那麼這兩種開悟顯然就不平等，這樣的悟就不能叫作「金剛平等性」的「等覺門」了，所現的一定是互相「不平等覺」。假使可以各人悟各人的，各人所悟都不必相同，顯然佛教中應該也有兩種或三種以上的佛，一定也會有不同階級的佛；因爲是各人悟各人的，那就不是法同一味了。所以凡是眞悟了實相般若的人，大家所悟的內涵一定是相同的；只會有深淺廣狹的差別，不可能有兩種不同的開悟內涵。

同樣的道理，爲了讓大家都可以開悟（因爲各人的根性互不相同，眾生根性八萬四千互不一樣），爲了幫助大家證悟，當然可以有八萬四千法門。可是這八萬四千法門，門門所入都是同樣的一個佛法殿堂，叫作如來藏大殿，沒有第二個大殿。至於以前那個唐明皇，煉丹服餌想要求長生，所以他建了個長生殿，結果長生殿竟然扯進楊貴妃來，所以就成了中國文學史上的一部名作。但是各類外道可以有各種殿堂，佛法中的開悟內涵卻只有一個佛殿，叫作如來藏大殿，再也沒有第二種了。所以八萬四千門，每一門都可以入；這些法門只是不同的入門方法，一旦入得門來，都是同一個佛殿，內涵完全一樣，應該這樣才能夠說是平等的。而這個金剛性，不是因爲修行才有的，所以祂的金剛性特別堅固；不因爲不修行，就使凡夫或者螞蟻的如來藏金剛性比較不堅固；而是一切有情都完全平等的，大家的實相心如來藏的堅固性都無差別，這樣才能夠說這是金剛不壞法，是「**金剛平等性**」。你如果這樣實證了，你才是眞正的金剛乘行者。

可是金剛乘這個好名稱被附佛法外道喇嘛教拿去用了，也就被污名化了。由於正統佛教裡一向少人能實證金剛法，所以都不使用它，結果被那些附佛法的外道密宗給拿去用了；但他們自稱的金剛乘裡卻沒有金剛法，都只是虛妄假有的生滅法，所以我說他們那個所謂的金剛鑽，其實是玻璃打磨出來的，根本就沒有金剛性。只有眞正證得實相法界金剛法，而且無論如何想方設法，都無法把祂破壞的，才能叫作金剛性；這樣子實證了金剛心實相法界的人，才是眞正的金剛乘弘法者。那麼，三界中或者三界外（暫時把三界外也函蓋進來，其實三界外無法，但我們就方便說「三界內外」好了）一切法中的任何一法，從來沒有誰可以找到一法能夠破壞第八識實相心，所以祂是本來就有金剛性。即使能夠集合十方諸佛威神力為一個超大的威神力，也壞不了一隻小螞蟻的如來藏金剛性；因為小螞蟻的如來藏金剛性和諸佛無垢識的金剛性是一樣的，全都無法可壞；這樣實證而且可以現觀，才能說是證得「**金剛平等性**」。這是從實相法界如來藏心體來說，而如來藏心體就是實相般若之理體；離開了如來藏心的實證，就沒有實相般若可言；因為所謂證般若、悟般若，就是找到實相心如來藏。找到第八識如來藏以後就能現觀實相法界，接著漸漸可以現觀萬法都從如來藏中出生，知道這就是一切法界的實相。有了這個法界實相的現觀，自然就會有實相的智慧生起，實相的智慧就叫作實相般若；然後由於這個實相般若的智慧，就使菩薩正在生死之中不入無餘涅槃，就已經住在無餘涅槃之中，因此具足了世間出世間法，就稱之為世出世間上上法。

在還沒有證悟的菩薩出世弘法之前，一切野狐大師們都可以亂說法；他們明明知道自己都還在走作，就可以籠罩天下一切學佛人，竟沒有人能把他們拉下台。但是一旦有證悟這個「**金剛平等性**」的菩薩出世弘法時，那一些野狐大師們只有抵制正法一條路可走；如果這一條路不想走，他們就一定要歸順於菩薩座下。可是你想，菩薩剛出來弘法時並沒有名氣啊！那麼這些大師們誰願意歸順呢？當然要暗地裡開始抵制。但是最後終究沒有辦法抵制成功，因爲這個法是堅實難壞猶如金剛的緣故。爲什麼這個法堅實難壞猶如金剛呢？因爲菩薩證悟這個實相法界金剛心以後，他現見了法界中的眞相；所以把法界中的眞相依著現觀而說出來的時候，是法界中的實相正理，別人是沒有辦法加以扭曲的；因爲在三界中的一切境界，都是依這個實相法界的眞相來成立的；如果違背了這個法界中的眞相，所說的法就會牴觸到實相。牴觸到實相，就會被有智慧的菩薩所破斥，卻是無法如理如法回應的。因爲現象界的法，從欲界到色界乃至到無色界，從出世間法的聲聞菩提、緣覺菩提乃至世出世間法的佛菩提，或者單從世間法的人道、天道來說，全部都依於這個實相法界的正理才能有生住異滅等現象。

現象界既然是依這個法界的實相來生住異滅的，當菩薩證得法界的這個實相而演繹了出來，那當然是不可能被推翻的。不管這位菩薩剛悟的時候智慧是多麼粗淺，他所說的般若正理也是不可能被推翻的。因爲如果他所悟的這個法界眞相的根本，若是錯誤或想像的，那他說出來的法義當然會跟現象界互相衝突，有實相智慧的人就可以推翻他。如果他所悟的這個法界的眞相是正確的，不是想像或悟錯了，而現象界全都依這個法界眞相來生住異滅；如果同一時代有人所悟的般若是錯誤的，所講出來的般若法義就一定會違背法界的眞相；一旦違背了法界的眞相，就一定會與現象界的事實產生矛盾與衝突；這樣一來，他憑著實相智慧出世弘法時，就可以把別人的錯誤揭發出來，救護正在修學般若的佛弟子們。如果是眞正的親見了法界的實相，他只是如實地演繹出來以後，即使是悟得很深入的上地菩薩或者諸佛來了，也不能夠推翻他；所以說「**金剛平等性**」的「**現等覺門**」是不可壞的，因爲是法界中的眞實相。既是法界中的眞實相，當然就是大菩提；大菩提既是依法界的眞實相而演繹出來的，他所演說的大菩提當然是「**堅實難壞如金剛**」。

所以即使是二十年前，應該說是十九年前（編案：這是二〇〇八年元月演述的），我剛出來弘法的時候，那時很多往世的智慧還沒有流注出來，可是那時候講的很粗淺的明心跟眼見佛性的法，至今還是沒有誰可以推翻掉。我們到今天，往世許多實證的智慧種子漸次流注出來而使智慧越來越深廣以後，自己想要推翻十九年前所說的法義，也是不可能的啊！因爲祂是實相，而實相是眞實不虛的；既是眞實不虛的實相，又是能出生現象界的根本法，那當然是沒有辦法去推翻祂的。因此說，「以大菩提堅實難壞如金剛故」，正因爲這個緣故，才可以說是「金剛平等性現等覺門」。

接著說：「義平等性現等覺門，以大菩提其義一故。」義平等，是說所證悟的這個金剛法，不論什麼人證悟了，演述出來的時候，所說的眞實義也是平等平等、沒有高下。如果要說有高下，那只是證量上的差別；但不可能把對方互相推翻，因爲其中的眞實義是相同的。假使有人出來說，或者寫文章出來說：「正覺同修會那個法是不對的。」這表示說，雙方的法是不一樣的。如果雙方的法不一樣，而實相只有一個，不是兩個或三個以上，顯然是其中至少有一個人的說法錯誤。接下來要作的事情是什麼呢？就是雙方不免要互相辨正——或者當面辨正或者寫書出來辨正。那麼，這時就沒有辦法說：「公說公有理、婆說婆有理。」更沒有辦法說：「不說也有理。」因爲實相只有一個，不可能說：「雖然我們兩方所悟的內容不相同，但是你的對，我的也對。所以你不要說我悟錯了，我也不要說你悟錯了。」那麼實相既然只有一個，而某甲說某乙悟錯了，或者某乙說某甲悟錯了，那麼一定其中有一個人悟錯，不可能兩個人都悟對，除非有兩種實相、兩種佛陀，也有兩種佛教。可是佛法中明明說，前佛後佛，佛佛道同。因爲實相只有一個，成佛就是證悟實相，然後進修到究竟圓滿，那就不可能有兩種佛、兩種實相。

所以，以前法輪功李洪志寫書出來（後來聽說其實是人家幫他捉刀的，他沒有能力寫書），那書中寫著說：釋迦牟尼佛層次不高，李洪志的層次還比 釋迦牟尼佛更高。好啦，依他的胡說，釋迦牟尼佛要改爲有上佛了，李洪志要算無上佛或者無上佛的無上佛、上上佛了？那就要請問，李洪志斷了我見沒有？根本就沒斷！不但沒斷我見，而且還落在我所裡面，根本是個異生性尚未斷除的具足凡夫。這要是台灣的法輪功協會聽了，大概又要罵我了，他們會長可是我唸高級中學時的同班同學呢。

好啦，既然實相只有一個，如果有兩個人互相評論而說對方不對，那一定是有一個人錯悟了。好，現在問題其實很簡單，如今正覺同修會已曾經歷過三次法難，都是會裡的人自己出來想要推翻正覺同修會的法義；而且十九年來也經過諸方大、小道場的嚴格檢驗，我相信各道場都已設立專門小組在私下研究，看看正覺的法義有沒有什麼問題？或者研究正覺所悟的實相般若究竟是什麼內容？但同樣都找不出毛病，那麼顯然正覺同修會的第八識妙法是眞實不可毀壞的。也有佛學教授，大概已經三年了，他曾放話說要寫書破斥正覺同修會的法；可是三年過去了，爲什麼至今連一個字都還沒瞧見呢？我想，他的字紙簍一定早就擠滿廢紙了。這意思是說，正覺同修會的法是正確的。好了，同樣的道理，只要誰評論正覺同修會的法有問題，由此道理來反證：他就是悟錯了！這是很簡單的道理。這樣子，諸位！不管你悟了沒有，只要誰評論了正覺同修會的法義，你就知道他還沒有開悟，就是尚未證悟般若的凡夫。這是最簡單的定理。

爲什麼會這樣呢？都因爲「**大菩提性**」有個「**義平等性**」。凡是有人弘揚大菩提，也就是弘揚佛菩提（因爲二乘菩提都不是大菩提）；如果有人弘揚大菩提，而他所說出來的義理無法和我們正覺同修會平等，他的法就是不具有平等性。他的法義既然不具有平等性，顯然他說的法義是外於實相眞實義。而眞實義只有一種，不可能有兩種以上，因爲 佛說「**以大菩提其義一故**」，他竟然說還可以有另外一種大菩提的眞實義，那就違背了「**義平等性現等覺門**」了。正由於「**義平等性**」，所以不管誰證悟了般若以後——也就是他明心以後產生實相般若智慧了，那麼他所說出來的義理，一定會跟另一位證悟者所說的義理完全相同，這樣才叫作「義平等性」。

可是問題來了，有人來問老趙州：「狗子還有佛性也無？」老趙州說：「有。」然後，明天不信邪又上來問：「狗子還有佛性也無？」老趙州隨興答說：「無。」這僧人覺得奇怪：「昨天師父說有，今天怎麼說無？為什麼師父您今天說無？」老趙州就說：「只因為無明，所以撞入狗胎裡面去了。」那到底狗子是有佛性還是無佛性？其實答案都一樣，不管他答有答無，其實都一樣。答有非答有，答無也非答無。說他因為無明撞入狗肚子裡面去，也不是在講他有無明。所以禪宗的公案裡面，常常這位禪師講這樣，另一位禪師聽了就說：「老僧即不然，如果誰來問了我，我就怎麼說。」他就顛倒過來說，可是二人全都對，因為他們語言背後顯示的「義」是相同的，並沒有差別。還沒有開眼的人看起來說：「這兩位禪師說的剛好顛倒。」可是，已經開眼的人卻說：「他們說的都一樣。」正因為「其義一故」，他們彈出來的弦外之音自然全都一樣沒有差別。

所以，如果妳有機會陪著兒子、女兒去聽「五百」演唱，他彈一個調子。

後天，兒子、女兒又拉了妳，去看周董的演唱，他彈彈唱唱的是另一個調子。然後，兒子、女兒問妳說：「媽媽！妳認為誰唱得比較好聽？」妳會怎麼答？妳們應該說：「我聽來都一樣。」因為妳聽到的是那弦外之音，妳兒子、女兒都只聽那個弦音。兒女們不懂，可能會說：「媽媽學佛學到腦袋壞掉了，竟然好壞都分不出來。」兒女們問妳說：「妳為什麼聽不出好壞？為什麼妳說都一樣？」妳卻說：「因為我沒有聽見。」「妳沒聽見，那妳坐在那邊，倒是聽個什麼？」妳說：「我聽見弦外之音，卻是你們沒聽見的。」就是這樣啊！所以，弦外之音亙古今、貫三世，全都同樣一個調，不會有第二種音調；因為祂是同一個法，是同一個法界的實相，不可能有兩種。所以，某甲找到這個實相，從東方講過來，可以講出實相的義理；某乙找到這個實相，他從西方講過來，也是講到實相這個義理；他們兩人，一個從東方講過來，另一個從西方講過來，表面上看來不一樣，可是內容卻是一樣的。這某甲也許以前在外道法裡面學過，後來入佛門悟了以後，他用外道法來講這個實相，也是講對啊！並且還用以前的外道法的名詞來講這個實相，所說的義理還是說得正確。

所以只要悟得眞，不論從什麼法來講這個實相法，不論各種語言文字所說的各種方式有多麼差別不同，可是明眼人一看，講出來的全都一樣而沒有差別；因爲法界實相只有一個，而祂的眞實義被說出來的時候，一定是相同的。因此，以各種方式來宣說這個法，不論從哪一個面向來說祂，都不會互相衝突，不會互相矛盾，因爲這個大菩提的眞實義來自同樣的一種覺悟。而這個覺悟的內涵是平等的，無差別的；既然如此，講出來的義理當然就一樣無差別，所以開悟實相般若的內涵不可能有兩種義理。禪師們就是因爲這個緣故，所以有時候拿外道法來說佛法，還是講對；有時候人家明明講錯了，他特地把它拿來講時又變成對的法義了。所以，宗門有一句話說：「**邪人說正法，正法亦邪；正人說邪法，邪法亦正。**」就是這個道理。因爲邪法也還是從這個法界實相心之所出生，所以邪法如果用法界實相來解釋它，就變成正法了。可是，不知道法界實相的人，講來講去都在外門繞，當然跟實相不同，正法讓他這麼一講，也就變邪法了。

所以，也許禪師哪一天心血來潮，閒得發慌時，把外道們用來質疑佛法的那一些疑問句，拿來用實相法解釋了，還是會變成正法。這意思就是說，由於平等，因此顯現出來的也是「等覺門」。這個「義平等」而為大眾說法，講出來的法門就同樣成為「現等覺門」，都成為顯現平等覺悟的法門，不會有高下之別。因為凡是大菩提所說，一定是同一種法義，不會有兩種。同樣的道理，「法平等性現等覺門，以大菩提自性淨故」；為什麼說是由於「法平等性」而能夠「現等覺門」？因為法界實相是遍三界六道、遍四生二十五有、遍一切境界中，這樣才能叫作「法平等性」。如果真實法是不遍一切處的，那祂就不是平等性了。所以在唯識增上慧學中講四種遍：遍一切時、遍一切處、遍一切界，而且還遍一切識；能夠具足這四種遍的心才是法界的實相。由於這個法是遍一切時、一切處、一切界、一切識而不中斷，才能夠說祂是實相法。

諸位還記得嗎？《華嚴經》裡面有個婆須蜜多，那婆須蜜多如果以現在的名詞，叫作高級公關女郎，這是講好聽一點。講難聽一些，便叫作高級應召女郎、高級妓女。她的夜度資很貴，如果以新台幣來講，可能一個晚上要幾百萬元、幾千萬元；如果跟她共度一夜，一個晚上花掉三千萬元台幣，但你家有的是錢，根本花不完，你要不要去？怎麼可以搖頭？你應該要去，不管你是男眾、女眾，都應該要去；因爲錢多到花不完，而三千萬元可以讓你從這一世開始永離三惡道，當然該去啊！不要省那三千萬元。不過，我想她應該有分很多種價格，因爲《華嚴經》說有的眾生去到那邊一見了面就悟了，那應該比較便宜，可能五十萬、一百萬元就解決了。有的眾生得要跟她說說笑笑才能悟，有的眾生要跟她拉拉手才能悟，乃至最沒智慧的眾生要跟她上床共度一夜才能悟，那一定是要三千萬元了。可是她幫人悟的是什麼？是實相法界如來藏。有價值啊！如果你家裡是幾百億、幾千億元的家財，這三千萬元花下去，未來世不但可以永離三惡道，而且還悟了實相法界，算是很便宜的買賣。如果一生賺不到很多億元，那就別說了，就請她說：「拜託妳慈悲一點，我只要跟妳談談話就好了；妳只要幫我證悟了，我供養您三百萬元好了。」也可以啊！

爲什麼她能夠以實相境界而這樣作？因爲實相法是遍一切的，一切境界中都有實相法。如果實相法不是遍一切境界，那就不能叫作實相法了。且不說如來藏是如此，如來藏顯示的佛性也是如此，也是遍一切時、遍一切處、遍一切識、遍一切界。當然，如果悟錯的人，就不能具足這個遍一切。譬如說，那些人說：「我們能見之性就是佛性，我們能聞之性就是佛性。」乃至有人說：「能知能覺之性就是佛性。」問題來了，等他睡著了以後佛性又在哪裡？全都不見了，那就是斷滅了，怎能叫作遍一切時？可是眼見佛性的人不一樣，不管誰睡著了，他一看，那個眠熟者的佛性還是分明顯現。不論是誰悶絕了，他一看，悶絕者的佛性還是分明顯現，並沒有中斷過；不會因為睡著了或者悶絕了，佛性就不見了，這也是遍一切。

好，如果去找了婆須蜜多要求見佛性，我看可能大概要加好幾倍價錢吧！不過，現在好像「億」已經不算什麼，因為人家億來億去，億太多了。不過，對我們一般人來說，那上億可就不得了了，只要一億元就不得了了。但我告訴你，如果你家裡有幾十億，你花一億元請她幫你眼見佛性，也是值得啦！因為只要這麼一見性，如幻觀成就，又跳過三個階位去了，怎麼划不來呢？划得來啊！對我來說，我都覺得划得來。為什麼划得來？因為佛性是遍一切時，能夠遍一切時的一定具有「**法平等性**」，因為祂遍一切界存在，十八界法中無不有祂，這就是「**法平等性**」。

以後，如果有誰再跟你說他見性了，結果一問，都是落在六識的見聞知覺性裡面，你就說：「原來你是個自性見外道！」因爲他落在六識自性裡面，自性見外道都是如此，你就用這個「法平等性」問他：「請問你這個法有沒有『法平等性』呢？」他問你：「什麼叫作『法平等性』？」因爲他連聽都沒聽過，你就說：「所謂『法平等性』，叫作遍一切時、遍十二處、遍十八界、遍一切識，你這個佛性有沒有這樣普遍存在？」他如果聰明，聽了你這麼一問，可就不敢答話了；因爲每天晚上睡著就不見了，連第一個遍一切時都辦不到了，哪還能談得到「法平等性」呢？所以那些人講什麼見性、見性的，都是胡扯啦！因此，眞正的「法平等性」一定是「現等覺門」，祂示現出來的就是平等覺悟的法門。從這個法去悟入，就可以證得「法平等性」，正因爲這個大菩提的自性是清淨的。只有平等法才可能是本來就自性清淨的，不論是從如來藏或者從如來藏所顯的佛性來說，都是本性清淨。

上了欲界天看到諸天的天主、天人，他們的如來藏或者他們的佛性，都是自性清淨的，是本來就清淨。也許有人想：「那是因爲他們修十善業，而且在人世也都持五戒很清淨，所以才清淨。」那我們換個不同境界來說吧！上一輩子破戒，出了家還修雙身法，他的眷屬並不是法眷屬，而是家眷一大堆。他不但是出了家住在寺院中還有家眷一堆，然後又謗如來藏，這該不該下無間地獄？該下了吧！因爲這一定跑不掉，破了十重戒又謗菩薩藏啊！佛說這是一闡提人；而且又再三的違犯聲聞戒與菩薩戒，下了無間地獄，那可是很不清淨的人。可是明心的人，或者明心又見性的菩薩，看見了那個地獄人，會看見他的如來藏與佛性還都是很清淨的，一點點不淨都沒有，這樣實證的才叫作眞正的「**法平等性**」。

能夠悟得這個法門，就知道從這個法平等性裡面可以顯現等覺門；因爲他所見的那個大菩提，也就是他所見的如來藏與佛性是自性清淨的緣故；而自性清淨一定是因爲祂是平等性的，才可能是自性清淨，不是修行以後才轉變清淨。如果心不平等，那不可能是自性清淨的心。爲什麼能夠自性清淨？爲什麼能夠於諸法中一視同仁的平等性？是因爲「**一切法無分別故**」。這就是下面這兩句：「**一切法平等性現等覺門，以大菩提於一切法無分別故。**」換句話說，凡是平等性的、究竟性的「義平等」、「法平等」、「金剛平等」，都是因爲祂於一切法無分別的緣故。於一切法無分別的緣故，才能夠顯現對一切法都平等看待的清淨自性。所以菩薩悟了以後，不像阿羅漢要滅掉一切法；所以阿羅漢迴小向大以後悟了佛菩提，願意起惑潤生，願意勤行菩薩道，不再逃避生死；這都是因為悟得這個於一切法不分別的平等法，而且現見這個平等法本來就是涅槃。

正因為這個緣故，所以菩薩或者迴小向大的阿羅漢們，願意一世又一世在人間受生，不樂求生天界。求生天界雖然出生時沒有痛苦，生到天界也沒有老的苦，不會像在人間四十幾歲以後跑不快了，五十幾歲以後不敢隨便就跑步，六十幾歲以後想要跑步時，他心裡面就很斟酌；到七十幾歲可得要傴僂而行、策杖而行了，這是因為人間有老，而天界沒有老這回事。在人間，特別是現在這個時節，天氣涼了稍不留神就會感冒，最怕的是流行性的感冒。可是天界沒有感冒這回事，也沒有生病這回事，死的時候也不像人間這麼痛苦。既然這麼好，為什麼不生天界，偏偏要世世生在人間？人間好多苦欸！且不說別的，光說處胎十個月就好了，母子都苦，是不是？對啊！大家都苦啊！眞是何苦來哉！自己苦就罷了，還要讓媽媽辛苦，當然也很過意不去。可是出生後就沒有苦嗎？還是一大堆，一生總是不如意事居多；所以修心養性的人有一句話說：「不求事事如意，但求無欺自安。」或者說：「豈能事事如意，但求無欺自安。」就只能這樣啊！因爲在人間，不如意事十常八九；可是菩薩卻願意繼續在人間，不求生天界；不是沒能力生天界，而是不樂生天界，純粹就是悲願。可是悲願背後的動力是什麼？就是這個「法平等性」，因爲有智慧而願意承受生老病死；愛別離等等的痛苦，他都願意承受，正因爲這個「法平等性」；而這個「法平等性」的由來，就是因爲無分別的實證。

可是幾百年來，佛法可殤！凡是談到要實證無分別時，就每天上了法座閉目努眼，坐在那邊，什麼都不分別；就坐在法座好像枯木一樣，結果卻是會動也會分別的枯木。只要有人說到：「無分別就是於諸境界中無分別，於無分別中能廣分別。」他就罵你：「明明就告訴你要無分別，你還講什麼無分別、廣分別？你講了這些話，心中不就是有分別了嗎？」喔！原來他是把白癡當作有智慧的無分別，這眞的是佛法可殤，竟然會淪落到這個地步。可是佛法中說的無分別智，是要叫人家當白癡嗎？可不是！因爲般若是講無分別智，顯然無分別之中是有智慧的，但是卻又要無分別。「無分別之中卻有智慧」，這是什麼話？這還是人講的嗎？當然不是人講的，因爲是 佛陀講的。無分別智，表示是有一個你所證的無分別法，證了那個無分別法以後，你才有了實相智慧，那才叫作無分別智。

所以證得眞實法、金剛法、平等法以後，於一切時、一切處、一切界、一切識裡面，你都可以現見這個無分別法的存在。由於親見這個無分別法的存在，所以你有了法界實相的智慧，不必離開此岸就已經到達解脫生死的彼岸，這樣才叫作無分別的智慧。所以證得無分別，不是當白癡，而是更有智慧；當你更有智慧而爲人家說法的時候，照樣是住於無分別的實相境界中。因爲轉依了背後那個無分別的，在祂的無分別之中卻無妨五蘊的自己可以廣作分別，這才是眞正的佛法。如果所證的心，能於諸法都無分別，這一個心一定是本性清淨的，不是經由修行才變清淨，而是本來就清淨的；然後無妨我們能分別的覺知心繼續廣作分別，而且是更有智慧來分別諸法，這樣才是無分別智，才叫作實證大菩提。這樣實證的人可以函蓋人天乘以及二乘菩提，這才是眞實的智慧，所以才說：「**一切法平等性**」所顯現的「**等覺**」法門，是因爲這個大菩提於一切法都無分別的緣故，才是平等覺悟的「**等覺**門」。

佛陀說了「寂靜法性般若理趣現等覺」的法義之後，向金剛手菩薩再作開示：「若有得聞如是四種般若理趣現等覺門，信解受持讀誦修習，乃至當坐妙菩提座，雖造一切極重惡業，而能超越一切惡趣，疾證無上正等菩提。」這意思是說，佛陀所說的這個法，祂的法性是本來就寂靜的，而這個寂靜的本有法，才是實相般若的理趣。也就是說，實相般若的正理、實相般若的意趣，就是這個本來寂靜的法性。所有的心都不可能是寂靜的，從眼識開始，耳、鼻、舌、身、意識、意根都不可能是寂靜的。即使是不接觸五塵，對法塵的了知也是很少的意根，祂都還不算是寂靜的。只有如來藏第八識才是眞正寂靜的，而且這個寂靜不是修定以後離開五塵才寂靜，而是從來不了別六塵，並且六塵都還是祂所生，所以這個寂靜的法性才是般若的理趣。

離開了這個寂靜的法性，用意識心來思惟整理、來壓制意識心去離開五塵，那不是般若的理趣，那是外道修制心一處的修定法門，與實相般若無關。那麼，只有這樣的本來就寂靜法性的般若理趣，才能夠說祂確實能夠顯現等覺法門，因爲這可以使眾生平等覺悟，只要他的因緣成熟了、福德足夠了，他就有因緣可以平等的覺悟。他後來覺悟出來的般若理趣，與幫他開悟的那位上師所悟的般若理趣是平等的。徒弟悟的這個般若理趣不會比師父悟的般若理趣差，師父也沒有比較高；祂是平等的，不管師父的智慧是多麼好，可是所悟的那個法性是完全平等的。

佛陀講了這個「寂靜法性般若理趣現等覺門」之後，就向金剛手菩薩開示：「如果有人能聽聞以上所說的這四種般若理趣顯現平等覺悟的法門，能夠信解受持讀誦修習次第進修，乃至到最後，他可以坐上妙菩提座。」坐上妙菩提座並不難，只要你悟了，你坐的就是妙菩提座。有很多人說：「我不敢這樣想啦！因為妙菩提座是您蕭老師坐的，我們怎敢坐？」但我不是這樣想，我的想法是每一個有情都有一個妙菩提座。這個妙菩提座人人本有，我坐的妙菩提座並不是這個座位，諸佛坐的妙菩提座也一樣不是一個座位。你看那牧羊人割了柔軟的草，鋪了給 佛陀坐，佛陀坐在那一些草上面柔柔軟軟的，就沒有什麼可以分心的，然後參禪悟了成佛了，那就叫作金剛座。後來可好，有人用石頭雕成一個金剛座在那邊；但那不是 佛陀真正的金剛座，因為當年 佛陀坐的是吉祥草，而真正的金剛座是無形無相的，是指般若波羅蜜與一切種智。

像這樣去修學而入門修行的人，到底是什麼人？正是諸位啊！方才我們講了四種「般若理趣現等覺門」，諸位聽了相信了、領會了，所以能夠「受持」。能夠「受持」以後，回去要「讀誦」，那麼「讀誦」就要看各人怎麼讀、怎麼誦了。我怎麼「讀誦」？我很簡單啦！每天吃喝拉撒，以外的時間坐在電腦前不停地作事，就是開始讀誦了。我有我的讀誦法，不知道諸位要用什麼樣的方法來讀誦祂？當你能夠讀誦，並且誦之不已、讀之不已，那麼這就叫「修習」。這樣修習以後經過很多的階段，後來終於會了，會了就是坐上妙菩提座。這時再從自己所坐的這個妙菩提座，來看三界六道之中一切最重的惡業，包括以前毀謗菩薩、毀謗妙法的惡業，到底還在不在？當你轉依了這個妙菩提座、轉依了這個實相法界，從這個實相法界的立場來看待往世所造的謗法、謗賢聖的惡業，那些惡業到底還在不在？根本不在了。

雖然事相上還在，可是實際理地根本就不在，那你就說：「雖造一切極重惡業，而能超越一切惡趣。」因爲這時候你可以用實相懺來滅罪：「來正覺學法以前，我曾上網誹謗蕭老師是邪魔外道、人妖、癩蝦蟆；可是今天坐上妙菩提座以後，我說蕭老師既不是人妖、癩蛤蟆，也不是大師、不是菩薩，因為無一切法可言。」這時一切重罪悉皆不存在了，這樣實相懺了以後，難道還不能超越一切惡趣嗎？當然超越了，從此以後不是要把曾經謗法謗賢聖的舌頭拉出來割掉，而是要用這個舌頭來轉法輪了，那就開始快步地走上邁向佛地的道路了。這時候自己沒有感覺到有什麼進步，只覺得說，悟後就是每天這樣多多少少學一點，只是每天學一點。可是你要知道，你學的每一次這麼一點，自己覺得都是只有這麼一點，然而對那一些還沒有破參的人而言，總覺得每一點點都是幾千公里之遠，這樣當然可以「疾證無上正等菩提」。

《實相般若經》中說到金剛手菩薩，密宗也來盜用金剛手菩薩的名號，他們是不論什麼都要模仿佛教。所以他們的《大日經》便叫作《大毘盧遮那成佛神變加持經》，好長！其實這根本是僞經，根本不是 毘盧遮那佛所說，但他們把外道法納進來佛門中，謊稱是 大日如來講的，大日如來就是 毘盧遮那佛。密宗都是弄一些外道法到佛門裡面來，然後把佛菩薩的名號拿來套用，矇混廣大的佛弟子們。正統佛法裡面有證什麼果，例如佛教有證得十三地的菩薩果位——從初地到佛地總共有十三地，他們密宗就同樣謊稱有十三地；名稱完全相同，但不是佛教裡的十三地的內容，就是專門矇騙不懂佛法而想要開始學佛的初機學人。所以不論你佛教有什麼，他們密宗就會有什麼，但都是用外道法來取代；不然就是用自己所想像的來代表，所以我說他們密宗所謂的佛法，自始至終是一表千里。他們不論什麼佛法都用代表的，就這樣模仿佛教、佛法。

所以「金剛手」的名號，其實不是隨便什麼人都可以使用，更不是密宗裡的任何人可以當金剛手；是要證得第八識金剛心如來藏以後才可以叫作金剛手，因爲當他一出手，誰都無法破壞他的法義，這才叫作金剛手。所以你如果悟了，看見教界什麼人在誤導眾生，看不下去了，當你一出手干預，他們都沒有辦法抵擋，那時你就成爲金剛手菩薩，要這樣才能叫作金剛手菩薩。他們密宗喇嘛教哪有金剛手？他們那雙手只能叫作齷齪手，根本就不入流。他們也眞的是模仿教，就是弄一個冒牌貨出來，專門模仿正廠的產品——專門模仿佛教的妙法，就以仿冒品賣出來；而且還比正廠的佛教正法賣得貴，還貴了好幾倍，眞的讓人受不了！可是好多人被騙了以後，當我們告訴他們說：「你們被人家騙了，你們花兩、三倍價錢卻是買到冒牌貨了。」他們還振振有詞說：「你才是冒牌貨，我們買得貴的才是眞貨。」那麼你說，眾生好不好度啊？眞的難度啊！可是你得要原諒他們，要繼續想辦法度他們，得要施設各種方便來度他們，得要讓他們瞭解已經被冒牌貨給騙了。雖然當他們知道自己眞的買了冒牌貨的時候，心中會很痛苦；但是你也得要讓他們痛苦一段時間，因爲他們得要經歷這種痛苦以後才會成長。如果繼續假意安慰他們說：「你們別難過啦！這應該也是正牌貨。」那你就是在害他們繼續被矇騙。

所以，什麼叫作金剛法門？所證的法一定是遍一切時、遍一切處、遍一切界，並且還能夠遍於一切識；在眼識乃至意根末那識等七個識存在的同時，當這七個識只要存在之時，你就可以看得到第八識的金剛性而看見了實相法界；因爲虛妄的七轉識跟第八識實相法界同時同處，而您親眼看見了，這樣才能夠說是證得金剛法性。證得金剛法性的人，他所說的義理一定是平等、平等，並且他看待諸法時也都是平等的。然後，就由這個一切法的平等性，來指導眾生怎樣去證得這個無分別法性、寂靜法性、金剛法性的般若理趣；這樣實證而且肯出來教導眾生同樣實證的人，一定可以「疾證無上正等菩提」，成佛之道一定會走得很快。我們再來看看這「金剛平等性」在別的經文裡面，又是怎麼說，《大方廣佛華嚴經》卷七：

【爾時普賢菩薩摩訶薩，於如來前，坐蓮華藏師子之座，承佛神力入于三昧；此三昧名「一切諸佛毘盧遮那如來藏身」，普入一切佛平等性，能於法界示衆影像；廣大無礙同於虛空，法界海旋靡不隨入，出生一切諸三昧法，普能包納十方法界。三世諸佛智光明海皆從此生，十方所有諸安立海悉能示現，含藏一切佛力、解脫、諸菩薩智，能令一切國土微塵普能容受無邊法界，成就一切佛功德海，顯示如來諸大願海。一切諸佛所有法輪，流通護持，使無斷絕。】

「金剛平等性」不只是一個名詞，它是有眞實法性的；因爲確實有眞實法而且常住不可壞，才能夠說是「金剛平等性」；如是實證時，才可以說是「入金剛平等性」。那麼，在大方廣部的《華嚴經》中就是這麼講的：「普賢菩薩這位大菩薩，在如來面前，坐於蓮華藏師子之座，秉承著釋迦牟尼佛的威力而進入于一個三昧中。」

蓮華藏是什麼呢？蓮華藏是一個很大很寬廣的世界，叫作世界海。無垠的宇宙中有很多個世界海，蓮華藏世界海只是其中的一個。蓮華藏世界海是一個倒三角形，這裡面總共是有二十層——上下總共二十層，越上面的世界越寬廣。在這個世界海的二十層裡面，我們娑婆世界是在其中的第幾層呢？是在第十三層裡面。在這第十三層裡面有著無量無邊的世界，每一個世界若以一個點來表示時，我們所住的這個娑婆世界只是其中的一個點，只是像針眼那麼小的一點。想想看，這個蓮華藏世界海有多大？我們這個娑婆世界，先不說同樣在第十三層裡的其他無量世界；單說從我們這個娑婆世界離開，想要去到同樣第十三層無量世界中的另一個世界去，那個距離你就無法想像了。爲什麼無法想像呢？因爲若是把我們這一點的娑婆世界放大來看，假使放大到這麼大（導師伸展手臂在空中畫了一個大圓圈），從這個邊緣經過中心點到另一邊，你用光的速度移動，要跑十萬年才能到達。這只是我們這個娑婆世界一點，就有這麼大，您想要離開這裡去到同樣第十三層的另一個世界去，二個世界中間的距離可是這個世界寬度的幾十倍或幾百倍，以物質建造的太空船要如何才能到達呢？

所以你不要懷疑說：「奇怪！我們佛教以前那一些大菩薩們，到底都跑到哪裡去了？全都不見了。」因爲娑婆世界裡面就有很多星球等著大家去度眾生，不怕沒有地方可去，眞是用人孔亟啦！善知識們全都不夠派上用場了——菩薩們老是不夠用。就好像我們正覺同修會現在的親教師都不夠用，而我們努力培養都來不及。同樣的道理，你看娑婆世界從這一端到那一端，要跑十萬光年；好啦！你把它縮小到一個針眼那麼小，在這第十三層裡的「世界點」卻是無量無邊而難以計數，那麼你想這一層世界應該會有多大？依縮小後的比例而言，大概會比這個講堂的空間還要大很多倍，是這裡一點、那裡一點、那裡一點、那裡一點，其中有無數點；所以光這一層的世界，你都數不清了。

哈伯望遠鏡所看到的這些世界，就像我們娑婆世界一樣的世界，如今也只不過看見了幾百個；光我們所住的這個第十三層都還無法全部看見，然而還有其他的十九層呢！可是，普賢菩薩摩訶薩所坐的這個蓮華藏師子座，就是二十層合起來的整個蓮華藏世界海這麼大的世界；當然，這只是一個比喻，是以蓮花藏世界海的名稱來指稱他這個三昧。但這個世界海之大，你如果想像說世界海有這麼大，很深入把它思惟以後，心裡會覺得說：「我怎麼今天老是在跟某甲計較什麼，又跟某乙計較什麼，心量未免太小了吧？」對啊！眞的是這樣啊！所以，你如果有去體會過三地滿心以上的菩薩，他們於千佛世界、萬佛世界來來去去，你說他們心量還會小嗎？絕對不小。到了三地住地心時，一心想著要到達四地的境界而想要滿足三地心的時候，他的心量還會小嗎？當然不會小！他絕對不會一天到晚在小事情上面計較，因爲他所想要的是那樣的證境，表示他的心量已經是那麼大了。

所以，如果你哪一天知道哪裡有位四地心的菩薩，那你說：「請問菩薩，我哪一天可以去拜訪您以及請法？」一定很難得到他的承諾，因爲他太忙了，諸方世界的菩薩們都在等他，他每天都要入定到其他的世界去爲菩薩眾說法，他哪有時間可以單單爲你一個人說法？請問，他好不好親近？（大眾一時沒有回應）好不好親近？一方面是他沒有什麼時間可以讓你親近，另一方面是你與他之間的層次相差太遠了，你若是眞的去問他法義，他一定會說：「你去問你的老師就好了。」因爲你如果去見他請法，眞的浪費了他的時間，他應該要度的是層次更高的菩薩們；然而他所度的眾生也還只是同樣第十三層中的他方世界裡的菩薩眾，還無法看見整個蓮華藏世界海的全貌。

話說回來，你想想看，普賢菩薩的三昧是以這樣的蓮華藏世界海的師子座來指稱，那是什麼樣的層次？你眞的無法想像。所以不要心裡面常常自怨自艾說：「**我每天誦普賢十大願王，爲什麼我求見普賢菩薩都看不見、都感應不到？**」你有什麼資格要感應到他？老實說，在人間想要遇見個眞正的初地菩薩都很不容易呢！如果眞能遇見一個初地菩薩，你就得要一天到晚唸著：「**阿彌陀佛！感恩！感恩！**」竟然還想要親見 普賢菩薩？眞的沒那麼好見啦！

普賢菩薩以這樣的智慧、這樣的心量，住在蓮華藏師子之座，但他還表現出自己無法完全作到，還得要「**承佛神力**」才能夠入于這個三昧；這個叫作什麼三昧呢？叫作「**一切諸佛毘盧遮那如來藏身**」，也就是「**一切諸佛法身如來藏身**」的三昧。因爲這個三昧是究竟圓滿的佛地功德才能進入的三昧，所以這個三昧當然是成佛以後才能進入。如果等覺菩薩想要入這個三昧，當然得要依于 佛陀的威神力來加持才能夠進入，否則他自己就是佛了。這時可以普遍進入一切諸佛的平等性之中，也就是安住於佛地的境界之中，來現觀一切諸佛的平等性。這時可以因爲 佛的加持，而暫時生起了大圓鏡智的功德，所以「能於法界示眾影像」；就是藉著佛力的加持，把大圓鏡智的功德顯發出來——於法界之中示現一切的影像，也就是把如來藏的一切功能差別都顯示出來；這時看到的是什麼？看到的就是《華嚴經》善財童子五十三參，到了最後面那第五十二參的時候見了彌勒菩薩時的大寶樓閣，是進入那個大寶樓閣之中；就是說，如來藏中的一切妙法全都在裡頭，無一不包、無一不現，這就是《華嚴經》講的那個大寶樓閣。

老實說，現在有誰眞的能夠讀懂《華嚴經》？沒有人眞的讀懂啦！如果有機會，其實應該求 克勤大師再來我們這世界受生一趟，要求他把《華嚴經》講完了才放他走人；因為他講的《華嚴經》眞是一絕，可惜現在已經沒有人能講了。如果他眞的來了，大家就要拉著他、纏著他每天講《華嚴經》，講完了才讓他去別的星球弘法。那時看他是要講三十年、四十年，就都讓他講，都把它錄下來就太棒了！可惜就是沒這個因緣。那也沒關係啊！等彌勒菩薩成佛的時候，我們那時若能當上四地以上的大菩薩，大家也得要纏著祂，求祂講《華嚴經》；那時祂也得講啊！要從人間講到他化自在天去。所以希望大家那時候早都有三地滿心進入四地心的證量，然後一路跟著祂聽法，聽到祂上升去他化自在天的最後說法，全都不要漏掉。所以如果有機會，我們也應該效法克勤大師宣講《華嚴經》，只是我的時間已經不夠用了。

好！話說回來，在這個大寶樓閣之中，表示如來藏的一切法性全部具足圓滿顯現了，那你就是擁有這個大寶樓閣了，你就是等覺菩薩了。可是畢竟還有一分顯現不出來，偏偏那一分是最有威力的一分，所以等覺菩薩得要依靠佛的加持，才能進入這個三昧來顯現出來。在這個三昧之中，「於法界示眾影像」所顯現出來的是如來藏法性大海中的境界相，也就是能夠顯現三界二十五有一切有情的身像。

「廣大無礙同於虛空，法界海旋靡不隨入」，這表示什麼呢？表示說，一切法都在如來藏法性大海中旋轉著，也就是不斷地運轉著，就如同佛像胸前那個卍字一樣，那其實是一個娑婆世界旋轉運行的縮影。就是猶如娑婆世界一般，一切法就這樣不斷地在如來藏法性大海中運轉著，這叫作「法界海旋」。正當「法界海旋」時，無量無邊的世界海諸法全都含藏在這裡頭，在這裡面不斷運作著。也就是說，一個有情的如來藏法性大海是如此不斷地運行著，整個世界海裡的一切有情的法性大海也是這樣不斷地運行著。

這時普賢菩薩依這個智慧三昧，於法界海中正在運作的一切法莫不隨入；由於都能隨入一切法的緣故，可以出生一切三昧法。在一切三昧法中，可以普遍包含容納十方法界。也就是說，一個人始從初發心到達最後佛地，就是善財童子五十三參的所有過程；在這個過程中，是要遍歷十方諸佛世界的，得要供養無量無數那由他佛，一一受學妙法然後才能成佛。可是這一切行，都稱之爲普賢行；而這樣長達三大阿僧祇劫的普賢行，其實都不外於自己的如來藏大寶樓閣；因爲你的五陰從來都在自己如來藏所顯示的內相分裡面生活，也都在自己如來藏所出生的內相分六塵裡面修道，所以遍歷十方法界無量無邊諸佛，一一親承、供養、禮拜、讚頌、受學之後終於成佛了，結果全都是在自己的如來藏中行菩薩道。所以無量無邊的普賢行，歷盡十方三世諸佛世界以後，結果竟然沒有離開過自己的如來藏心的境界中，那麼，請問你的如來藏夠不夠大？當然是夠大了！

所以，當你眞的懂得這個道理時，眞的應該讚歎：「**大哉如來藏！妙哉如來藏！神哉如來藏！**」眞的要讚歎啊！請問，這樣子，經中說 普賢菩薩的智慧是坐於蓮華藏師子之座，有沒有講得過分呢？眞的沒有嘛！這眞是如實語；只是眾生落到語言文字表義之中，把它誤會了而已。所以，不懂的人都是從事相上來解釋，就說：「怎麼可能？一個人不過這麼大，在佛前示現的普賢身不就跟我們一樣的嗎？怎麼可能坐在蓮華藏世界海師子座上？」原來他誤會了，不懂得經文背後的眞正意思。

請問：這樣是不是能出生一切諸三昧法？是不是能夠普遍包納十方法界呢？當然可以啊！因爲十方法界同樣都是第八識如來藏妙心的諸法功能啊！因此《華嚴經》中接著說：「三世諸佛的智慧光明海都從這個出生，」這完全是如實語，因此經中接著又說：「十方所有諸安立海，都能夠在第八識如來藏裡面示現，」因爲十方諸佛，不管爲了適應眾生的方便而安立了什麼樣的法海，這一些法海統統是依如來藏法界而安立的。沒有一個法海不是依如來藏而安立的，乃至現象界裡的一切諸法，例如販夫走卒、三界六道四生二十五有，一切三界中的境界，莫不是依如來藏實相心而安立，所以經中說一切諸佛的安立海在如來藏中「悉能示現」，這話一點都不過分。

但是凡夫們一定聽不懂我所解釋的這個眞實義，只有實證了實相妙心如來藏的你們，才能眞的聽懂。而這個「一切諸佛毘盧遮那如來藏身」，確實能夠成就一切諸佛的功德海；包括諸位未來佛，將來成佛時的一切功德海，仍然是由你自己的「**毘盧遮那如來藏身**」而出生。這樣你們就會顯示諸佛如來的大願海，將來你們發的願會越來越大，未來一定會不斷地提升而越來越大、越來越廣，而這個願最後會變成無盡願。這時候你就可以這樣公開地說：「**我會將『一切諸佛所有法輪，流通護持，使無斷絕』。**」

到這個時節　佛陀不必交代你，你都會發願要把它流通護持，要使它永不斷絕。因為你到這個時候，已經能夠觀察從往世一直延續到今天的過程，你就知道自己的使命是什麼了，不需要再由　佛來交代你了。假使有人出來承擔起這個重責大任，你會說：「**我就回去待在老窩裡面吃我的老米、自己修行。**」可是，如果沒有人肯出來承擔時，你會看著廣大眾生繼續被邪師誤導下去嗎？你一定看不下去！這是因為你的願使然、你的悲心使然，於是你就不得不出來「**流通**」正法、「**護持**」正法，期望了義正法不會斷絕，希望了義正法永遠不會被相似像法淹沒而失傳。為什麼你會這樣子作，以及為什麼你能夠有這樣的智慧？都是因為你證得了「**金剛平等性**」的緣故。假使還沒有證得第八識「**金剛平等性**」，就不可能證實「**三世諸佛智光明海皆從此**

生」，也不可能眞的確定「十方所有諸安立海」在這個如來藏金剛心中「悉能示現」，就是不知道這個如來藏「金剛三昧」，那你就不可能發起這樣的願心，也不可能流露出這樣的悲心。當你這樣現觀、如此確定了，就一定會出來「流通」正法、「護持」正法，期望了義正法不會斷絕，因爲你一定放不下被誤導的廣大眾生。

爲什麼你放不下呢？因爲當你有了十迴向位的如夢觀，雖然還沒有修學神通，你也會感應到一些有情；別人認爲那是陌生人，你不會認爲那是陌生人；因爲你會知道一些往世的關係：「這個人過去當過我的老媽，那個人過去當過我的老爸。那個孩子以前—雖然他現在年紀比我大—但他依舊是我的孩子，是我往世的孩子。」人家是老爺爺，你才三十幾歲，你卻說：「這個孩子現在還不懂正法，不懂眞正的解脫，竟然還在外道法裡面混。」你會這樣想，因爲他往世曾是你的兒子；雖然他現在的年歲足夠當你的老爸了，但還是你的兒子，因爲你的所見就是這樣。那時你還會坐在那邊不管，讓他們繼續流轉於外道法或者被邪師所耽誤嗎？不可能嘛！雖然你不會把他們找回來相認而亂了這一世的眷屬關係，但你心中有這一分情在，絕對不可能放任他們繼續深入歧途。這本來就是你的現量所見，而你一定會這樣去作的，不然菩薩就不該叫作菩提薩埵，得要改名叫作覺而無情了。對啊！得要叫他作「覺無情」啊！不能再叫作「覺有情」了，因爲他變成是覺悟的無情了。

那位菩薩如果是覺悟的無情，我看你就不要再追隨他了，因爲他根本不會管你法身慧命的死活；你往世跟他當過眷屬，或者當過他老爸、老媽，一把屎、一把尿，幫他拉拔大，他現在知道往世的情誼時，心中竟然沒有任何的情分存在；這樣絕情的菩薩，你跟他學法是想幹什麼呢？他竟然覺悟了以後變成無情了，那麼幾世以前你當他老爸老媽，還不如那時在他剛出生就把他遺棄算了！從世俗人的心態來講，就應該是這樣吧！對不對？是嘛！這意思就是說，一定是有情而證得「金剛平等性」才可能成爲眞實義菩薩，菩薩道上不可能有「無悲心」的菩薩，這就是菩薩法界。

可是到了佛地，或者假使你已經到了八地、九地，你見了 佛陀時稟告說：「世尊！在幾劫以前，我們是很要好的好兄弟欸！」佛陀才不跟你來這一套，因爲 佛陀不會還有這一分情執的習氣種子在，不然祂就不叫作 佛陀了，因爲已經斷盡習氣種子了，只是純依大悲心及無盡願而攝受一切有情，卻沒有絲毫情執。這就是說，「金剛平等性」的實證，一定要有實際上的義理存在；而實際上的理一定要有他的身口意行配合著來顯示。假使這位大師說：「我證悟了，可是我的徒弟們，我實在沒有辦法幫他們開悟，一個也不行，因爲他們眞的還差太遠。」明明這些徒弟們心性都很不錯，福德也很具足，他卻說幫不了他們，顯然他是在說謊。如果徒弟們心性都很好，他爲什麼卻不肯幫忙？沒這種菩薩嘛！除非他沒有證得「金剛平等性」，只是在籠罩人們，然後背地裡走作。「走作」懂嗎？就是明知自己並沒有眞的開悟，而在背地裡想方設法看能不能從善知識的著作中或經典裡面趕快悟入，卻在表面上顯示一副開悟者的樣子，那就是走作之人。

所以說，要怎麼樣去判斷什麼才是眞實法，這是當代學佛人最大的盲點，因爲都沒有能力判斷。還沒有開眼的人，如何能夠判斷一個自稱開眼者所說的法義對錯？是不是這樣呢？當一個宣稱開眼的人在說：「哎呀！那一片山好美啊！」可是聽聞者還沒有開眼，完全看不見，如何能了知對方說的是對、是錯？眞的不可能知道嘛！這就是當代學佛人最大的盲點、最大的瓶頸，還是個很難突破的瓶頸。生活在這個年代的台灣佛教徒算是很有福報，因爲我們不斷地把錯悟的說法作了辨正，於是台灣的佛門四眾漸漸有一些擇法決分的智慧了。這是對廣大佛教徒的未來很重要的事，我們不必要求他們都開悟，但是要讓他們知道什麼是錯誤的佛法——要讓他們有能力自己辨別了義正法與相似像法的差異所在。只要能夠辨別出來就能夠走上正路而不會離開正路，在將來——或者一世、十世，或者一劫、十劫，他們終究會悟入的，這就是我們眼前最重要的工作。所以，我們的任務不是幫助每一個人都開悟，而是幫助每一個人回歸到正道，遠離相似像法，這就是我們要作的事。那麼，凡是違背「金剛平等性」的就是相似像法，我們就必須要加以辨正，才是救護眾生，才是「流通」正法「使無斷絕」的「護持」之道。在《阿含經》中 世尊特別交代說：**相似像法的興盛會導致正法的滅亡，眾生將因此而開始淪墮於外道法，下墮三塗。**

可是《實相經》中這個「義平等性、法平等性、一切平等性」，在《大般若波羅蜜多經》裡面，還有一段說法，仍然是第五百七十八卷裡面的經文：

【「謂入金剛平等性，能入一切如來性輪故；入義平等性，能入一切菩薩性輪故；入法平等性，能入一切法性輪故。……入一切平等性，能入一切

性輪故。」】

在同一卷經文裡面的說法，我舉出這一小段來說明。這三個「平等性」講的是：由於這位菩薩能夠「入一切如來性輪」，才進得了「金剛平等性」中。依什麼樣的層次或者境界，才能說他是「能入一切如來性輪」？也就是說，先要瞭解什麼是「一切如來性」。「一切如來性」最簡單的說法，就是能生萬法而且同時是永住涅槃——永遠不生不死，這就是「一切如來性」。如來，無所從來亦無所去，才能叫作如來。可是，如來並不是「沒有來」之意，因爲祂從來沒有去，怎麼能叫作「來」？正因爲從來都沒有去，才能夠說是「如來」——好像是來了。所以如來就是沒有來也沒有去，但好像是來了；一定是沒有來也沒有去的才是常住法，常住法才會是眞正的寂滅法，眞正的寂滅法才能夠說祂具有諸法的功德性，這樣子實證的人才是「能入一切如來性輪」的菩薩。

一切諸法離了第八識「如來」就不可能存在，《楞伽經》裡面說：「如果菩薩能爲人說法，全都是『佛』的神力加持。」是哪一位「佛」的神力加持？就是自己的第八識如來嘛！是由你自己的如來自性佛的威神力加持，你才能夠宣說了義正法。我也跟諸位保證：「我蕭平實正是因爲我的自性佛加持，才能夠爲諸位演說勝妙的了義正法，否則我連一句最簡單的法都講不出來的。」這個自性如來、自心如來，跟諸佛如來的自心是完全一樣的，並沒有差別。當你現觀到自心如來的時候，就知道諸佛如來的實際理地是跟你一樣的，同樣就是這個第八識自心如來；差別只是諸佛如來把自心如來的所有功德都顯發出來了，而我們還不夠清淨，還有遮障，所以沒有完全顯發出來，只有這個差別。

所以，找到了這個自己的如來以後，人家問你：「生從何來？死往何去？」你說：「生從如來而來，死歸如來而去。」既然生從自心如來而生，死了以後是回歸到自心如來，然後再去受生；再去受生了以後，仍然是在自心如來裡面生老病死而利益有緣眾生，那麼你本來就沒有離開過故鄉，爲什麼還要去找別的故鄉？你其實始終一貫地住於實際理地之中，始終不曾離開本地風光，還要去找什麼本地風光呢？可是還沒有找到自心如來而看不見本地風光的人，就是得要繼續去尋找啊！還沒有找到原鄉的人就得要繼續努力設法回鄉啊！就是要像禪師那樣開悟了，然後開口說道：「雖在千里之外，不曾離家。」這樣才能夠懂得什麼叫作「一切如來性」。能夠親證「一切如來性」以後，才能夠次第擴展，尋著線頭一直往上追：「到底總共有多少如來法性？」當你悟後次第進修而具足瞭解「一切如來性」以後，就可以擁有「一切如來性輪」，能把「一切如來性輪」不斷地運轉，利樂無量無邊的有緣人，這樣才叫作究竟的「入金剛平等性」。

今天不曉得什麼緣故一路塞車，我還以爲今天我要破記錄，第一次要遲到了，好在沒有。《實相般若波羅蜜經》上週這補充資料講到《大般若波羅蜜多經》卷五百七十八的一段經文：「謂入金剛平等性，能入一切如來性輪故。」我記得是還沒有講完。關於《實相經》中的這個「入金剛平等性」，當然有很多人已經瞭解到：這一個實相智慧的實證，是經由親證金剛心如來藏而發起的。正因爲實證了金剛性的如來藏心，所以現前觀察到祂是金剛性，因爲祂是無可壞性。由於證得這個如來藏金剛心的平等性，也就是說，有慧眼於一切有情普遍觀察，全都有這個金剛心所以是平等無高下的，也不可能用某甲的金剛心來毀壞某乙的金剛心如來藏，因爲大家的金剛心是同樣平等的不可壞性。那麼由於這樣的實證，現前觀察到一切有情的如來藏金剛心都具有同一種金剛性、同一種平等性，所以必須眞的「入一切如來性輪」中，才能夠證明他已經「入金剛平等性」中；也就是說，對一切有情的如來終於有所理解了。

在實證之前，有時候聽人家講「如來」時，往往以爲是說以前曾在人間示現的 釋迦如來那個五蘊身，名爲 釋迦牟尼佛，誤以爲那才是如來。可是後來聽人家說那叫作應身或化身如來，是感應眾生得度的因緣而來人間示現有這樣一尊如來，以人類的五蘊身來示現而利益人類。實際上的如來還有報身如來與自心如來，而自心如來又稱爲法身如來。由於聽到有善知識這樣講解，所以起心動念想要如實理解如何是自心如來，就是想要瞭解報身如來與化身如來背後的實際理地到底是什麼，於是進去叢林裡面，把所有的身心都投入於禪宗來求證自心如來，或者稱爲求證本地風光、本來面目、尋找原鄉。直到實證了以後，終於瞭解原來《大品般若》、《小品般若》等所有《般若經》，那麼多的經卷都在講這個金剛心、實相心自心如來；原來所有的般若系列經典中，世尊是從這自心如來能生萬法而作爲實相來演繹、解說；開示我們說，從這個自心如來以及祂所生的一切法，始終都顯現著不墮於兩邊的中道性，這就是實相般若的智慧。

由這樣現觀自心如來的中道性而成就中道的觀行，便簡稱爲中觀。離開了中道心如來藏中道自性的觀行，就沒有中道觀行之可言，就不是眞正的中觀，只會成爲想像的中觀。實證了這個第八識金剛心便了知一切法界的實相，並且具有中道觀行的能力了，這個人就稱爲已經入了「如來性輪」，也就是對於如來性已經瞭解了。由於瞭解了如來性，所以能夠觸及到一切諸法的法性，那就是後面的連鎖反應而引發了後續的實相智慧的開展。能夠入於自己本身的如來性輪，就同時能夠入於別人的如來性輪。入了一切有情的如來性輪，也就是入了一切如來的法性之輪。這就是說，當一個參禪人實證了如來性輪以後，就是懂得這個眞理：所謂如來性，原來是依實相法界如來藏心來說實相、來說中道；因此而產生的實相般若，也就是實相的智慧。

那麼有了實相智慧時，終究會知道這個智慧還有另一個名稱；這個名稱諸位比較少聽到，但是在密宗裡面有在探究般若的人常常會講到，而他們自己卻都弄錯了，就是法界體性智。法界體性智的意思就是說，對於諸法功能差別的體性已經有了實地的親證。法界的意思，是說諸法的功能差別。諸法的功能差別，一定有一個背後的源頭、背後的支持者。就如同一台機器，它本身並沒有功能差別；但是通了電，把開關打開了，就會有功能差別開始運作了。是什麼在支持著這台機器而產生了它的各種功能？就是那個電流。而我們所有人間的有情，包括畜生道、地獄道、餓鬼道，也包括天道、修羅道；一切有情五蘊中所有的諸法，也就是色與心諸法，全都要依這個法界體性—依這個諸法功能差別背後的如來藏—在支持著，才能夠運作，才能夠有諸法的功能差別，這諸法功能差別就稱爲法界。可是法界背後的眞正體性究竟是什麼？就是具有金剛不可壞性的實相心如來藏。

假使沒有實相心如來藏，轉輪聖王就不會是轉輪聖王，螞蟻就不會是螞蟻，人類就不會是人類，乃至菩薩、諸佛就不會是菩薩與諸佛了。所以能夠親證這個實相心以後，才能夠說自己對法界的體性有了如實的現觀，才是發起了法界體性智。因此法界體性智指的就是般若智慧，就是中道的觀行所產生的智慧；然而在密宗裡面，法界體性智早就被他們胡亂解釋得一塌糊塗，根本連邊都沾不上。但法界體性智只是初悟者所擁有的根本無分別智，還談不上相見道位的後得無分別智，更談不上入地以後的無生法忍所有的道種智，但密宗不懂，竟把它高推為報身佛的究竟智慧。

眞正的法界體性智，其實只是三賢位裡面的初悟菩薩—也就是第七住的不退位菩薩—所擁有的般若智慧，是眞見道位所得的根本無分別智，只是剛剛入門而已。所以能「入自心如來性輪」就可以「入一切如來性輪」，因為一切已成之佛——現在十方世界諸佛、過去諸佛，或者未來之佛，全都依這個第八識眞實法的功能差別的體性來建立的。所以「入一切如來性輪」才能夠「入金剛平等性」，也就是擁有了實相般若的總相智慧了，才能夠完整的「入金剛平等性」中；因為菩薩摩訶薩能夠觀察蘊處界的一切功能差別，全都是依於對第八識這個體性的觀察而來的，也就是觀察第八識如來藏的體性，就一定會具足親見金剛心實相法界的平等性。

那麼回到《實相經》來說，「得入一切如來轉輪」，接著就能夠「入義平等性」。「義平等性」，是說當你有了「金剛平等性」以後，具備了法界體性的智慧——有了中道觀行的實證而有了法界實相的智慧，那麼對於諸佛菩薩所說一切般若經典裡面的道理就可以瞭解了；當你在聽聞的時候或者閱讀的時候，就可以當場作現觀。由於現觀的緣故，比對經文中的所說，你對於般若實相正義就可以如實理解，這就是般若智慧的別相智，就是後得無分別智。剛證得如來藏時，有了「金剛平等性」的智慧了，那只是總相智慧而已，只是一個大約的瞭解、整體的瞭解；可是其中有許多細部的內涵是仍然不懂的，就要靠善知識從各個層面、從各個面向來作開示，你聽聞時可以當場作現觀而更深入般若眞義裡面。或者從般若諸經裡面的開示，一面閱讀一面作現前的觀察，那麼這樣別相智就越來越圓滿、越來越具足。

這就是說，經由這樣的過程就可以「入義平等性」中。也就是說，眞想通達般若的人，是要把第二轉法輪的般若系列經典加以貫通，對其中的不同層面所說的般若義理就可以通達。通達的時候就是入地了，是對般若的眞實義，可以產生平等性的全面現觀。也就是說，般若系列所說的，諸法其實都是平等的、無二的、不差別的，因此而通達了般若別相的智慧，就懂得成佛之道的十地進修差別，這就是成佛之道三賢位的圓滿。那麼三賢位圓滿後如何入地？這裡不重複再說，請大家直接去閱讀《明心與初地》小冊子就行。

在這裡要說的是「義平等性」，譬如不生與不滅，有的人認爲不生與不滅是兩個法、是相對待的，但是「入義平等性」的菩薩所見，不生就是不滅，不滅就是不生，二者是平等一如的。不增與不減，不垢與不淨，也是如此；不垢與不淨，也是平等的。假使從不垢來看，世俗人說應該就是清淨了；可是從菩薩摩訶薩的智慧來看，世俗人把不垢解釋為清淨，是不對的，因為不垢其實就是不淨。為什麼如此呢？對一般人來說，真的不能理解菩薩這個說法，因為在他們的認知當中，不垢當然是清淨的，為什麼菩薩說不垢就是不淨？明明不垢是清淨，不淨就是汙垢，但為什麼不垢就是不淨？正是因為不垢與不淨這兩個名詞、兩個意涵，全都在說明如來藏永遠離兩邊的自性，所以不垢與不淨都是在指稱實相心如來藏。

因為世俗人如果說不垢時，就必然落到清淨一邊；可是親證實相的人現觀如來藏的時候，從來不曾看見過如來藏有什麼清淨相與污穢相。當你認為說這是一件好事，是純善而無垢，那應該就是清淨法了；可是如來藏不理會這是不是清淨法，對祂而言沒有清淨可說。世間法中不淨就是有汙垢，對如來藏來講，當某一件事情是汙垢的，可是如來藏配合著五陰在造作汙垢的事情時，如來藏心中卻沒有汙垢這件事；從祂不分別的自性而言，一切法中沒有垢可說，所以是不垢。但是，假使某甲反過來去行善，完全無私地付出，沒有任何的所求，一般人都會說這個時候是清淨的；可是某甲的如來藏並沒有自覺清淨，從來都不自覺自己是清淨的，所以這個時候又說祂是不淨；但是祂的不淨不等於是汙垢，所以祂的不垢也不等於是清淨，因此菩薩演說般若時就說：不垢即是不淨。意思是說，實相法界如來藏是超越於垢與淨的層次之上，不在垢與淨兩個世間法裡面；因爲祂是超越的，永遠都不在這二邊裡面；不管五陰要如何造作不淨業或者造作不垢業，如來藏都不斷地配合支援，可是祂自己從來不認知垢與淨。因爲祂永遠都不住在垢與淨的認知之中，所以說祂不垢亦不淨，顯示祂永遠超越於垢、淨二邊。

實相法界如來藏超越不垢與不淨，因爲不垢與不淨已經成爲一個觀念、一個理解，而這個觀念與理解是有垢淨的菩薩五蘊自己的事情，不牽涉到實相法界如來藏自己；如來藏是超越於垢、淨，也超越於不垢和不淨之上的。這個實相法界的境界很難理解，爲了讓學佛的人理解，就必須要用語言文字來說明；但是在表達這個境界的時候，聞者聽聞而產生不垢與不淨的概念時，已經不是如來藏自己所住的境界相；因爲祂不落在不垢與不淨裡面，祂是超越一切智慧與概念的。所以，對於一個實證的菩薩來說，不垢就是不淨，不淨就是不垢，這是如來藏的一體兩面，不可切割開來單說其中的一種。就好像一張最薄最薄的紙，也永遠有兩面而無法切割成只有一面。那麼依這樣的現觀，再來看不生與不滅跟另一句不增與不減，結果還是同一句。又從不增與不減來看不垢與不淨，或者繼續來看不生不滅、不來不去，其實也都是同一句。

這就是說，已經現觀而了知諸法莫非如來藏所攝，無有一法能外於實相法界如來藏，那麼就可以現前觀察到，般若諸經中所說的一切般若實相義都是平等不二，這樣就是「入義平等性」中，入了「義平等性」中就能夠「入一切菩薩性輪」。但是眞正要說，應該說是先「入一切菩薩性輪」，才是「入義平等性」中。爲什麼要這樣說呢？因爲從解說的方便，要先說明什麼叫作「入義平等性」；而其實能夠進入義的平等性，是因爲能「入一切菩薩性輪」；入了「一切菩薩性輪」以後才能「入一切菩薩轉輪」，才能證明他的「入義平等性」了。換句話說，對於如來藏所生的蘊處界諸法，它的各種法性在自己親行菩薩道的過程當中，是如何在運轉、是如何不斷地在顯現的，已經觀察清楚了。假使能夠這樣子從自己所行菩薩道的過程當中，於諸法—也就是於菩薩道的過程中所行的諸法—現前加以觀察而能夠爲人如實解說，平等平等而無差別，同樣攝屬實相心如來藏的法界中，這樣才是眞的「入義平等性」。

所以般若諸經裡面的經文，諸位如果破參以後再去閱讀，一定會發覺有兩個特性：第一個特性，是用不同的法反反覆覆地說，說完了再用另一個不同的法反反覆覆地說，說來說去都在講實相法界如來藏心的體性，這是第一個特點。第二個特點，往往有很多地方，每一句話都很長，而那些很長很長的每一句話，你都不能把它切割成兩句、三句，不然就會失眞。讀經千萬別讀到已然失眞的斷句經文。就好像你聽音響的時候，絕對不想聽到失眞的音響，道理是一樣的；因爲般若部經文中是從如來藏去說祂的某一個意象，而這個意象是親證者可以現觀的實相境界，所以不只是一種世俗意象；然後經文又提到如來藏的另一個意象，而這兩個意象是有什麼關聯性；想要這樣如實表達出來時，解說這個意象的字句就會很長；而解說另一個意象的字句也一樣是很長，當這兩個很長的字句所表達的兩個意象之間的關聯想要表達出來給大家知道時，合起來解說時就成爲很長、很長的一句，而你不能把它從中間斷句為二句。

有時我的書裡面也有這樣的情況，雖然常常都很努力加以分解為二、三句，希望讀者較容易理解，但依舊會有一句很長很長，我自己也無法拆解成二、三句；如果對表義名言不太瞭解的人，這一句可就讀不懂了，因為跟不上那一句長句所要表顯出來的法義。有時候校對的菩薩們企圖幫我斷句，但我隨後還是要再把他們加上去的標點符號取消掉，因為真的不能斷開為二句；勉強斷句會使人產生誤會，意義就被改變了。原則上，能夠斷為二句的，我都儘量把它斷句而使每一句的文字短一點，但是有時候真的沒辦法斷開。《般若經》第二個特性就像這樣，有時候往往一句經文非常長，可是被電子佛典或《大正藏》的編輯者斷得亂七八糟。所以《般若經》要從各個層面去把如來藏自身的真實法性全面說清楚，就必須要這樣講，否則就無法讓親證的菩薩們如實而全面的理解。

那麼，《般若經》中為什麼要這樣囉嗦地一直講呢？因為想要讓大眾對實相般若早日通達，所以要從各個面向來說；而這個部分是入地的基礎，這個基礎若沒有打好，想要入地是很難的。但是話說回來，如果沒有證悟如來藏，那《大品般若》六百卷，（且不說《大品般若》，單說《小品般若》，或者《金剛經》好了，那最短了），即使統統背起來，把《小品般若》也背了起來，甚至還可以倒背如流，他終究沒有一絲一毫的實相智慧，沒有實相般若可說，因為實相般若智慧生起的基礎就是親證如來藏。可是，親證之後要如何通達？在如來藏自身的體性而不牽涉到如來藏所含藏的種子——單單是在祂心體自身的體性上面來通達，就已經不太容易了。所以，佛陀針對這個部分也要演說十幾年，就是要讓菩薩們快速地到達通達位，通達位就是進入初地的入地心中。

但是在我們正覺同修會中，並不是只有讓大家自己去讀般若，同時也要讓大家熏習種智——如來藏含藏的一切種子的智慧。般若的部分，原則上你親證如來藏之後，自己去讀各部《般若經》就可以懂。所以，最好是悟後若有機會時，電視新聞不要再看了，也可以把報紙丟了，電視節目更別看了，利用吃飯時間順便看看新聞節目就可以了；菩薩關心一下社會，關心一下世界的眾生也是應該的；但是電視新聞播一個鐘頭，等它報完了你就可以離開了，把其他的時間拿來研讀《般若經》，每夜都撥出一個鐘頭來讀。那麼《大品般若》不一定要讀，《小品般若》卻一定要讀；把它讀通了，確實去作觀行；就是一面讀、一面觀行，這樣可以迅速通達三賢位的般若別相智慧。

而我們正覺因爲想要顯示正法的勝妙，必須要破斥邪說，以破斥邪說的方式培養大家逐漸有能力辨別正法與相似像法的差異所在，這樣來顯示正法，幫助佛門四眾快速生起擇法覺分。想要讓正法不被相似像法所淹沒，就必須要讓大家有更銳利的智慧，來面對相似像法或者附佛法外道的假佛法，當然必須作許多法義辨正的工作，因此我們才會有第三轉法輪一切種智的增上慧學，在增上班爲大家講解。這是因爲在這個末法時期，我們必須如此。如果再要依據佛陀那個年代的弘法順序，我們現在還得再宣講《小品般若》；要把它講完了才能安排演說方廣唯識諸經的正義，這實相般若也得先講上十幾年，那麼諸位破參開悟以後要等到什麼時候才有能力開始破邪顯正、護持正法呢？

所以，在想要復興中國大乘佛教的大前提下，我們的作法就有一些不同；但是希望諸位悟後少攀緣，不必因爲今天是某甲同修的生日，大家就來爲他作生日；明天是某乙同修的生日，又一樣去爲他作生日。佛陀在世時都不作生日了，我們一個小、小、小、小、小菩薩還要作生日，而且還要勞動證悟的同修們來為他慶祝生日，不會太過分嗎？眞的可以免了！所以我是從來不過生日的。老實說，每年的生日都不應該慶祝，生日應該要叫作母難日，為什麼每逢生日都要慶祝你媽媽當年的辛苦受難呢？應該要記得那天是媽媽最痛苦的日子，身為人子竟然要慶祝媽媽的痛苦？其實是應該感念而不是慶祝吧？同樣的道理啊！悟後應該少攀緣，別再過什麼生日了，好好把般若的別相智貫通。全部貫通了以後，這三賢位應該有的智慧圓滿了，這時具備了入地所須的般若智慧，然後再來檢討看看：除了這個智慧以外，成佛之道的修行中還須要些什麼智慧？還須要一些什麼條件？探究清楚了，努力去修行，入地就不是難事。但是最大的關卡是：有沒有下定決心。很多人是口裡說：「**我要趕快入地，我要趕快入地；我如今都證悟般若了，怎麼能不趕快入地？**」問題是，心裡面這樣想，身體與口裡所作的卻都是違背入地的條件，大部分人都是如此啦！

所以這個《般若經》的部分，你要是把它通達了，就能夠轉**菩薩性輪**，而且是轉「**一切菩薩性輪**」；換句話說，從自相來說、從共相來說，都能夠爲人解說了，這個人就是眞正「入義平等性」的人。入了「義平等性」，至少在般若的部分—不是講種智的部分—他是有了一些義無礙智的。有了一些義無礙智，通達了般若，可以住持人間的正法了，這才能夠說是「入義平等性」了。所以同樣是明心見道的人，有的人能夠從自心中滔滔不絕地說出正理，並不是從聽聞得來的，也不是藉記憶而講出來的，而是自心流露而說。但是有人同樣是實證而能現觀的，卻還是作不到，是因爲對於「金剛平等性」的本身都還沒有通達，想要通達這個「義平等性」就更困難了。所以同樣是開悟明心，不是人人都可以相提並論。假使有人說：「佛陀是證第八識明心，我也是證第八識明心，所以我跟佛陀一樣。」見了 佛陀聖像就開口稱呼說：「兄弟！」絕對不是兄弟啦！因爲連父子關係都還攀不上，眞的相差太遠了。所以，單單一個明心所得的智慧就有千差萬別。因此，自己悟了以後若是智慧不如人，就應該趕快努力，千萬不要抱怨說：「爲何我這麼笨！」因爲抱怨是沒有用的，每天打自己很多個巴掌也沒有用，而是應該趕快深入般若系列經典去努力、去理解。那麼，悟了以後也不要責備別人說：「你悟了，爲什麼還這麼笨！」只能歡喜說：「我悟了品質還不錯，因爲有人悟後一樣跟不上我。」但不應該責備別人、看輕別人說：「為什麼你悟了以後，還那麼笨！」因為菩薩有新學、久學之別。不然的話，七住位開始都是證悟的人，為什麼要分成二十四個階位呢？這二十四心的智慧可是個個不同的。當然，如果要快速完成三賢位，還有一個辦法，就是趕快去拚見性這一關，這也是個辦法，不過會很辛苦。咱們說實話，在拚見性這一關的過程中是很辛苦的，一定是要沒日沒夜努力去拚。但是如果這一關可以拚過去，三賢位的功德想要完成就會比較快。若沒有見性這一關，也可以完成三賢位的功德啦！只是比較辛苦，時間也會拉得比較長，但也還是可以啦！

那就是說，能夠證得初地的義無礙，這是很不容易的。有了入地的義無礙智以後，也就是能夠通達了此義與彼義平等——從《般若經》中所說的一切法義來看沒有不平等的，接著就可以有比較廣泛的觸類旁通的效果出來，那就可以「入法平等性」，因為一定要先攝受了那個義理，對那個義理能夠瞭解了，然後才能夠觸類旁通。能觸類旁通以後才有諸法的平等性出現。你不可能自己去演繹發展出諸法平等性，一定要先被動地攝受了「義平等性」；從被動地攝受（因為你自己不可能去理解到那麼多的法，所以要經由被動的攝受），攝受了「義平等性」以後，就可以漸漸觸類旁通，自己就可以開始在法上加以演繹，可以開始衍生出許多的法義而為大眾說明。這時所說的諸法都一樣，都是法法平等，這就是「入法平等性」的菩薩。

也就是說，有了「義平等性」（這是在善知識的幫助下，比如說《大般若經》、《小品般若》、《金剛經》等等都是善知識，或者自己所追隨的善知識），再經由不斷地領受其中的眞實義，當許多法的眞實義領受進心中之後，自己領受到後面時就可以開始觸類旁通，由每一個法都可以通一切法；也就是說，從中心點的這個法可以通到每一個法，而中心點這個法就叫作金剛心如來藏，是一切法界中的實相。當你能夠這樣的時候，你就是「入法平等性」的菩薩。

什麼叫作已「入法平等性」呢？也就是說，經由「金剛平等性」的實證，繼續進修而發起了「義平等性」，是被動性地接受諸法的眞實義，接受以後自己去作觀行，去現觀而且一一證實。證實之後就會變成自己的法，不再是佛法的知識；接下去，你就可以去觸類旁通諸法。觸類旁通以後，從一一法出發來說法時，你都可以把那每一個法函蓋一切諸法來為人宣說。這也就是說，你已經「入一切法性輪」了。輪的意思，就是不斷在運轉的意思。「一切法性輪」不斷地在轉動，就是一切法性不斷地在爲人示現，這樣叫作「法輪常轉」。

有一個品牌的車子，它的名稱叫作轉動之輪；大家知道嗎？就叫作Volvo。Volvo就是不斷轉動的輪子，他們如此強調他們的品牌；我們佛門說「法輪常轉」，那我就要不斷地轉動法輪。但你要怎麼樣能夠「入一切法性輪」？也就是說，你要怎麼樣能夠進入法性之中而把一切法性不斷地運作？而且有能力爲人顯示這個境界？你所顯現的過程就是先要「入金剛平等性」，然後「入義平等性」。有了這兩個平等性，就能夠爲一切有緣人運轉一切法性、說明一切法性，這就是已經能夠「入一切法性輪」了。這表示你已經有了「法平等性」，這就是三賢菩薩該有的少分法無礙。當然這個法無礙若是想要跟九地菩薩的四無礙來相提並論，根本就不可爲喻；確實沒有辦法譬喻，那眞是相差太多了。但是對於想要證悟實相，想要生起般若智慧的人來說，這已經是非常好的智慧了，因爲這是二乘無學聖人所難以臆測的智慧；這樣就表示說，你有了在實相般若的少分法無礙智慧了。有了這個無礙智慧，當然還要有一段過程的進修，最後才能夠「入一切平等性」。若是究竟的平等，看待一切法平等平等、無二無別，因爲全部攝歸於如來藏心中，而一切有情的第八識如來藏心平等平等。這個時候就是你自己的大寶樓閣藏成就了，要準備成佛了。

這意思就是說，要能夠把諸法通達——要把三賢位的般若實相智慧全部都通達以後，才有資格入地。這個時候已經知道要如何進入初地心，以及到達佛地的過程也有了初步的了知，所以《般若經》裡面也要講到怎麼樣修到佛地的簡單過程，但不談到一切種智的內容，只是教導大眾瞭解成佛之道的次第與條件。因此，能夠「入一切法性輪」的緣故，才有辦法「入一切平等性」。而這個「一切平等性」的實證，是由於能夠「入一切性輪」的緣故。換句話說，有了不同層次的「一切性輪」，想要到達佛地就包括如來藏所含藏的一切種子，也就是一切功能差別，而不是只在第八識自己的體性上面來用心，這樣才有辦法能夠圓成一切種智。這整個過程，我們這裡就省略不說，因爲我們的《實相經宗通》不是要講解這個部分。

這意思就是說，想要通達般若而成爲入地心的菩薩，第一個要件就是般若智慧的通達。這個般若智慧的通達，就表示對於成佛的道次第已經有如實的瞭解，才有資格進入初地往上進修。那麼，依這樣來看，禪宗開悟明心的法重要或者不重要，已經可以明白了。因爲般若所講的證悟標的，在《大品般若》、《小品般若》經中其實已經點出來了：般若智慧的實證，是因爲對於第八識「非心心、不念心、無心相心、無住心」的實證；有了這個實證，才能夠有般若實相的智慧生起。因爲所謂的法界實相，無非是在解說諸法功能差別的眞實相。而諸法功能差別的眞實相就是如來藏，不但般若系列諸經這麼講，在密教部《楞嚴經》中也是這麼講的。而《楞嚴經》並且從另一個層面來爲大家解說這個道理，所以才會詳細舉出這一類的主張：**云何五陰本如來藏妙眞如性？云何六入本如來藏妙眞如性？云何六根本如來藏妙眞如性？云何六塵本如來藏妙眞如性？云何六識本如來藏妙眞如性？云何十二處、十八界本如來藏妙眞如性？云何五大本如來藏妙眞如性？**爲什麼要這樣詳細演說呢？這也就是說，從各個層面以及從《般若經》所講的各種不同層面來解說萬法都從如來藏生的眞實義，說明其實一切法全都是如來藏的妙眞如性所出生、所顯示出來的，但也都不等於如來藏心的本身，這就是從其他許多的層次來解說。這意思就是說，眞正能進入菩薩位中的人，能夠成爲菩薩僧中的一分子，必然是要經過禪宗這個開悟明心的過程；如果不能經由禪宗這個開悟明心的過程去親證如來藏，就不可能得到「金剛平等性」，當然不懂什麼是金剛法——不可能證得《楞嚴經》中說的如來藏金剛三昧。

這個入門部分的智慧若不能得到，後面的實修部分就不必再提了，因爲全部都會成爲意識思惟想像的法，那跟實證上的修行無關。所以如來藏這個「金剛平等性」親證了以後，一定會有勝妙的觀察能力。而這個觀察的能力或智慧，不是一般凡夫所有的觀察能力，也不是二乘無學聖人所擁有的觀察能力，所以這個能夠觀察實相法界的能力就是能作勝妙觀察的智慧，就叫作妙觀察智。然而這時候的妙觀察智只是剛剛發起，所以剛明心者的妙觀察智，都只是下品妙觀察智裡的初分，這時才這麼一點點。妙觀察智分爲上品、中品、下品三種，這時只是下品智裡才剛剛生起的一點點而已，那麼請問：開悟明心後值得生起慢心嗎？當然不值得！只有還沒有開悟明心而沒有生起下品妙觀察智初分的人，才會妄自尊大，才會生起慢心。

那麼，有了這個下品妙觀察智的初分了，就會有下品平等性智的初分；同樣的，這個下品平等性智也只是初分而已，才只有這麼一點點而已，並不是擁有整個下品平等性智的全部，因爲這時候才只是剛剛進入正覺佛法大學註冊完畢而已。所以，過去幾年外面有很多人在罵：「你們正覺開悟的人眞傲慢！」其實我們正覺中開悟的人全都知道上面所說的這些道理，根本就沒有什麼慢心，只是爲了要救那些誤會佛法的人，才要破斥他們。不是因慢而破斥，而是因爲要破斥相似像法或者錯誤的佛法，顯示正法與那些表相佛法的差異點，才能夠把那些嚴重誤會佛法的人救出邪見深坑，所以我們得要這樣作。因此，破邪顯正的目的不是破斥他們，而是救護他們的一種方式。

好，現在說菩薩悟後次第進修，有了上品妙觀察智、平等性智，才有辦法漸次圓滿九地心的四無礙智；而這個四無礙智的圓滿，都要從因地七住位所證的「一乘平等性」來發起。那麼我們再舉《大方廣佛華嚴經》卷三十八的一段經文來說：

【「復次法無礙智，知一乘平等性。義無礙智，知諸乘差別性。詞無礙智，說一切乘無差別。樂說無礙智，說一一乘無邊法。」】

要由這裡去瞭解九地菩薩的四無礙智是這麼勝妙，那不是入地心的菩薩所能了知的；入地心的四無礙辯與九地心的四無礙辯，距離是相差將近二大阿僧祇劫；這是因爲四無礙智的圓滿是九地滿心的事，而九地滿心的力波羅蜜並不是那麼容易證得的。假使有人要號稱自己具有四無礙智，一定要特別說明自己這個智慧是三賢位裡所分證的四無礙智，千萬別讓人家誤會是九地滿心的四無礙智，否則那個大妄語業將來可不好收拾。

《華嚴經》裡面說，法無礙智是「知一乘平等性」。也就是說，什麼是眞正的唯一佛乘？而這個眞正的唯一佛乘裡面的一一法莫非平等。唯一佛乘，諸位都聽過，有時是因聽人講過《法華經》，有時是讀了人家的書裡面有說到唯一佛乘，可是有沒有眞的懂唯一佛乘？其實沒有眞的懂。因爲經文所說，自己沒有實證就無法如實理解；也因爲那位在講唯一佛乘道理的善知識，他自己也誤會其中的眞義了。例如說（講一點大家不愛聽的，也許不是大家不愛聽，而是有些人不愛聽；講這些會使人不愛聽的道理，以免他們聽了越聽越昏沉，所以刺激一下，讓他們心裡不高興一下，也可以警醒一下精神），印順法師是怎麼說唯一佛乘？他的說法大約是這樣：佛陀的證量跟阿羅漢一樣，阿羅漢的法就是成佛之道，所以唯一佛乘的法就是羅漢道，就是四阿含講的解脫道。般若的演說是多餘而不必要的，因爲般若所說的與解脫道說的一切法性空是一樣的道理，所以般若諸經說的都只是一些名相，因此應該判般若爲性空唯名。他的意思大約是這樣，所以他認爲：第三轉法輪的經典其實可以免了，可以不必宣講，因爲那是後人結集的，不是　佛陀金口親說的，也因爲全都是講一些虛妄法的識陰六識等理，判爲虛妄唯識；所以唯一佛乘就是能使人證得阿羅漢果的解脫道。這就是印順在《妙雲集》中表達的意思。

且不說印順所說佛法本身的對或錯，單從一點事相上來看就好。佛陀在世的時候，出家僧團是由　彌勒菩薩來代　佛率領；出家的菩薩們，不論是現聲聞相或者現天人相——例如　文殊菩薩現天人相，但菩薩僧團的行政事務上還是歸　彌勒菩薩所率領。文殊菩薩是不管行政事務的，他只管配合　佛陀弘法。爲什麼出家菩薩以及一切的聲聞聖者，都由　彌勒菩薩所統率？爲什麼不是由十大聲聞去挑一個人，來統率那些出家的聲聞跟菩薩？由這個歷史事實就看得很清楚了：如果依印順的看法，佛陀的證量眞的跟十大聲聞一樣的話，那麼　彌勒菩薩的證量應該比十大聲聞還差，就不該統率十大聲聞。

必然是如此啊！因爲不可能叫一位小小的科員來統率各科的科長嘛！一定如此啊！結果各科的科長，不是由一個科員來統率，是由上位比如主任來統率。如果依據印順的說法佛的證量等於阿羅漢的證量，那麼彌勒菩薩不如釋迦佛，證量一定是不如阿羅漢的，爲什麼可以統率所有的阿羅漢？結果佛陀入滅前授記說「當來成佛是彌勒菩薩」，不是授記給十大聲聞；而佛陀入滅的時候，彌勒菩薩還不許立即成佛。那麼，十大聲聞根本沒有被授記爲當來下生的第一尊佛，後來在演說《法華經》時被授記將來成佛，卻都是很多、很多劫以後的事。請問：印順這樣講唯一佛乘，可以講得通嗎？單從事相上就已是講不通的。

如果要再從所修所證的法上來講，那可就長篇累牘，說之不盡了，而我們現在出版的許多書本，莫不在說明這個道理。所以，如果要跟印順法師討論法義，先不要落入他的陷阱；他是預先設了一個陷阱「大乘就是二乘、解脫道就是成佛之道，就是唯一佛乘」，如果大乘菩薩開悟了以後，所證的只是解脫果，是跟二乘一樣，你就註定輸給阿羅漢了，那麼他一句話就能把菩薩撂倒了：「你們看！你們菩薩證悟了，不也是解脫道裡的四個果位嗎？」完了！你還能跟他講什麼？可是我們出來講佛菩提道，我們說菩薩明心的時候不但是初果，也是三賢位中的第七住位。這一下，他沒有發揮的餘地了，因為他對菩薩五十二個階位的內涵與建立，全都是無所知也無所證的。所以我在他死前十幾年便開始寫書辨正他，他很聰明，一句話都不講，連一個字也不回應，因為他知道佛菩提道不是他的領域。

你們看，一個名不見經傳、籍籍無名的鍾慶吉，在自立早報登了一篇文章評判印順的法有錯誤，是用諷刺的手法去評判印順。然而不但印順自己，連昭慧也一起立即寫了反駁的文章，在下個星期日的同一個專欄登了出來；因為那個專欄是〈自立講台〉，是在每一個星期天才有刊登的，他們的駁覆文章在七天後立刻就登了出來。像印順法師這麼強勢的人，為什麼我寫了那麼多書——有很多是專門為他寫的，結果他竟然沒有一句話、一個字回應我。這不是他有肚量，眞的不是他的肚量好，而是他完全沒有能力回應，否則他就不會立即回應籍籍無名的鍾慶吉居士的文章了。但是他的門徒們當然會這樣講：「我們不屑於回應蕭平實，他的程度太差了！」除了這類不相干的言語以外，便無能回應任何的法義辨正了。然而我們為什麼能夠這樣作？因為我們的領域函蓋了他的領域，而他的領域是完全不能及於我們所證領域的，而且他們擅長的領域中所謂的解脫道修證內涵，也全部都是錯誤的。我們函蓋了佛菩提道領域的正確內涵，當然已經函蓋了他們所專長的解脫道領域，並且已經照明出印順法師的全部錯誤所在；而我們另外有一個大乘法的領域，是他們所完全不知的，因爲大乘法的修證內涵都是他們所否定的。

我們就是因爲這樣，所以歷經了會內、會外的種種質疑問難以後，至今還是屹立不搖。那麼印順如此，號稱比 釋迦牟尼佛更高的那些密宗法王們更無論哉！因爲他們根本都是門外漢，連佛法的基礎名相都會全部弄錯，而且是把那些基礎名相所指涉的義理全部誤會，沒有一個解釋正確的，這已證明密宗所有的法王、喇嘛們更不如印順那些人。因爲密宗喇嘛教的所有人全都不懂佛法，所以把每一個佛法中的修證名詞全都改用世間法來代表；這部佛經裡面哪一些名相不懂，就發明一些新的世間法及解釋把它取代；密宗如此沿用佛法中原來的名相，實質上全部是世間法。從表面看來，佛教的各種修證內容密宗裡統統有，可是密宗其實統統都沒有，只有名詞與所代表的外道法內涵而已。這意思就是說，你一定要能通達諸法，可是通達諸法是很難的，因爲那是九地滿心的事，這是圓滿的法無礙智。所以，如果開悟明心以後想要號召群眾走入正法，當然可以說：「我有四無礙辯。」但是要加個破折號——三賢位的四無礙。免得成就大妄語業。

我們接著來看《華嚴經》中的這個法無礙智，說的是「**知一乘平等性**」。也就是說，一定要有如實了知什麼叫唯一佛乘，對唯一佛乘的內涵無一不知，這就是九地滿心菩薩的法無礙智。換句話說，不論誰講的解脫道、誰講的因緣觀、誰講的佛菩提道，或者佛菩提道裡面的總相、別相智慧，或者道種智的部分，這位菩薩完全無所障礙，能夠具足了知，這才能叫作法無礙智。這樣的法無礙智，可以了知的是，不論三乘菩提乃至人乘與天乘，其實全都是唯一佛乘。這是因為 佛陀說法的常規，不論誰來見 佛陀，佛一定都先從人天善法說起；四大部阿含中的千餘部經典所記載的，其實就是 佛陀度化一般人的過程。所以，阿含裡面諸位常常會讀到：「**佛為說法，所謂施論、戒論、生天之論，欲為不淨，上漏為患，出要為上。**」一定都會先解說這些次法。

如果演說布施的因果時，對方聽得進去，再為他說持戒法義內容與持戒的因果；如果對方能聽進去，表示這個人有初分的善根。看見對方能夠把持戒的法聽得下去，再來為他講修定能得什麼樣的快樂異熟果報，可以往生色界天享受定福。對末法時代某些有貪而慳吝的初學人，則是要先講持戒，不要先講布施。你若是先講布施，這一類眾生才剛一聽，心裡馬上想：「你還是要我的錢。」就是這樣想啊！然後，他不知不覺就摸摸口袋，把袋口壓緊了。這是眾生的習性，因為他對布施因果的信根還沒生起來；連信根都還沒有建立，更不要說信力了。所以先跟他談戒，談持戒會有未來世的什麼好果報。那麼戒就有很多種了，五戒、菩薩戒、聲聞戒；如果必要的話，可以把對方原來受的外道戒同時剖析而破斥了，就這樣來講。

一般而言，佛陀在世時都是先說「施論」才講「戒論」。好，末法時代先講戒論，戒講完了再講布施，這樣心中有貪但眞想學法的人就聽得進去。因為戒能夠接受的話，再告訴他布施會有什麼因果，他就會知道你不是在想他身上的錢。他既知道了，布施之論也就能夠聽得進去了，表示他的善根又有一分。再告訴他生天之論：要怎麼樣生天？生欲界天或者往生色界天、無色界天，就要講到修習十善業道或禪定等；當他也聽得進去時，表示他的心已經變清淨了，被施論、戒論、生天之論給洗滌過了，再勸導他：「**欲為不淨，上漏為患，出要為上。**」這時他若眞的想要出離三界生死苦，心地清淨了，就說他「猶如白氎、易爲染色」，就好像上等羊毛織起來的上等細緻布料，一疊一疊存放在那裡，並且都已經洗得很潔白了，這時你想要把它染上什麼漂亮的顏色都可以了。如果它烏漆抹黑的，你能把它染上什麼漂亮的顏色呢？都不行啊！所以，佛陀這時才正式爲他宣講四聖諦，演說三界苦的內涵，演說五陰如何是無常、空、無我。這就是 世尊在世時爲前來求法的外道們所說的次法與法的次第與內容，當然這只是依四阿含諸經的記載而說明的。

假使苦諦聽得進去，再爲他講述集諦、滅諦、道諦。佛陀如果有講到四聖諦的話，通常這個人最少能得法眼淨。法眼清淨了是什麼意思？是說他在解脫道中已有見地了，也就是證得初果了。然後，如果 佛陀有時間再爲他細講，也許他就能證阿羅漢果。如果沒時間，就讓他退下去，自己再去整理思惟，也許明天一早就來向 佛報告：「我自知梵行已立，所作已辦，不受後有，解脫，知如眞，我爲阿羅漢。」就在 佛陀面前自稱是阿羅漢，古時候就是這樣。現在的人說：「哎唷！膽子好大，竟然敢跑到佛前自稱是阿羅漢。」不！古時候就是這樣的，而 佛陀會問他說：「你爲什麼自稱是阿羅漢？」然後他就說出解脫的道理出來，證明他已經實證四果解脫了，佛陀聽完就確定了，於是爲他授記是阿羅漢，他便獲得解脫果的第一記。證阿羅漢解脫都是自知自作證的，佛陀當然就爲他印證了。

那麼，這意思就是說，有了這個修證的過程，有了解脫道的實證內涵，而這些法的層次也瞭解了，然後是實證菩薩的般若智慧，再來是對一切種智也通達了，這不就是五乘具足了嗎？正是人天乘加上三乘菩提。但是，不管你說到其中的哪一乘，對於諸地菩薩而言全都是一樣的，都是一乘平等性；因爲五乘之法不過是從成佛之道中分析出來，只是爲了適應五濁眾生的需要而方便施設的緣故。這是因爲五濁惡世眾生的根性千差萬別，所以須要這樣作方便施設，眾生才能次第實修而得實證。但是菩薩不論從哪一個部分的法，都可以通達諸法的一乘平等，這才是唯一佛乘的眞實義。十方三世諸佛如果沒有解說唯一佛乘的道理，就不許入滅，因爲化緣尚未圓滿，由此可見唯一佛乘的義理是不可推翻的。

那麼能夠「**知一乘平等性**」，而且是具足了知時，不是像三賢位或初地、二地菩薩所了知的，這就是九地菩薩的法無礙智。有了法無礙智就表示他對佛法的函蓋面足夠了，表示九地菩薩所知的唯一佛乘的所有法，函蓋面已經足夠了，已經圓滿了，接著才從這個證量中演說出來。也就是說，九地時的法無礙智是由一法通一切法，一一法全部都是唯一佛乘的法。這是圓滿法無礙智的事了，是於諸法圓滿；然後由這個諸法圓滿之中，將所有諸法裡的一一法都來爲人解說；也就是對三界萬有一一法的眞實義無所不知，這就是義無礙智。

那麼，義無礙智，這時候說的是什麼呢？是說諸乘的差別性。九地菩薩具足了知人乘跟天乘有什麼不同，天乘與聲聞乘有什麼不同，聲聞乘與緣覺乘有什麼不同，而聲聞緣覺乘與菩薩乘又有什麼不同，對於諸乘的所有差別性無有不知。所以，不論什麼人從哪一個層面提出了質疑，這九地菩薩都有辦法解說，令對方生起信解，這樣才是眞正佛菩提道中的義無礙智。那麼這時五乘之法沒有一法而有不知，因爲對諸法所有的差別性全都通達了，對於五乘或三乘諸法都能夠眞實了知了。能眞實了知的時候，爲人表達就完全沒有問題了，這時就有了詞無礙智；因爲對於人天乘以及三乘菩提，都知道其中的相同處以及不同處，就能夠爲人解說五乘法義的全部內涵，也能爲人說明為何五乘、三乘全部都匯歸於唯一佛乘，因此他的詞無礙智就能為人解說「一切乘無差別」的道理。

人乘、天乘、聲聞乘、緣覺乘、佛乘，這五乘其實就只是一乘；對菩薩而言就沒有五乘可說，五乘只是從唯一佛乘裡面，為五濁眾生的不同根器度化的需要，去加以切割出來、分離出來，專為某一些人的特殊需要而說；所以對於一個即將進入十地的菩薩來講，沒有五乘的差別可說。但是他因為一切法已知，而且一切乘的差別已知，所以他能夠為人深入具足解說「為什麼五乘會有這些差別」。乃至於有人講到基督教如何如何時，菩薩會說基督教是佛教裡面的人乘與天乘中的某一個小部分。真的可以這麼說，為什麼呢？因為不論《新約》或者《舊約》，菩薩拿來為人演說時都可以通達，因為那只是人間與欲界四王天中的事，全都函蓋在人乘與天乘中，並且還不具足天乘中的欲界天內容。菩薩並且可以把他們都不知道的自己不通的地方，也幫他們指正出來，真的是這樣啊！

至於說諸乘的差別性，這就不是我們今天要談的；因為這個題目太大了，講不完啦！成佛之道所有的過程就是在講這一些，可是有一個特性，就是你知道諸乘的差別性了，就可以把三乘菩提一一鋪陳出來給大家看，沒有人能夠出來破斥你；因爲你說的是如實語，你是親證了諸乘的無差別性。一切入地菩薩都能夠如此，沒有這個能力就沒有辦法成爲入地菩薩，只是不像九地菩薩那樣具足四無礙辯。所以入地菩薩，只要經典還存在，就夠他弘法了，你不必幫他註解，他自己會去註解出來。他如果還要你註解給他讀以後才能懂，他就不是入地菩薩了。正因爲他可以通達諸乘就是一乘，並且能夠通達諸乘之間相同相異之處。既然通達就能爲人解說了，能爲人解說就表示他有詞無礙智，他就能夠具足地表達出來。

有了詞無礙智的時候，會不會恐懼說：「哪一天萬一有誰要叫我上去那個法座爲人説法，我可受不了，我寧可坐遠一點。」會不會這樣恐懼？不會了！因爲他已經能夠爲別人說一一乘的無邊法了。當你有能力——因爲你有法無礙、義無礙、詞無礙了，那時上座說法應該是快樂的事，心裡爲什麼還會有壓力呢？對不對？一定是如此嘛！因爲法樂無窮，怎麼可能上座說法時心裡面會擔心、害怕呢？那眞的沒道理啊！可是有一種人是會的，而且每一次要上座說法之前，他都得要準備一大堆文字；等他準備一大堆文字都寫好了，上座以後他就一個字又一個字唸下去，那他上座說法時，心中一定是有壓力的。可是我們從來沒有這個問題啊！如果我要講的這些都寫在面前這些紙上，那我今晚講到現在，應該是要翻頁幾十次了；然而我們沒有，二小時的講經時間，就只是這麼一小段經文，只把撫尺稍微移動二、三公分的距離而已。

要能夠這樣說法時才是眞正勝妙的法，因爲眞正勝妙法是在宣講時可以由講者自己現觀的，是一面看著眞實法而一面講出來的；而諸法也是可以互通的，並且是每一個法都通到同一個中心點來，所以不會有說法前後矛盾的狀況。如果所說的法產生了前後互相矛盾，或者有時候所說的法互相沒有關聯性，成爲平行線而永遠沒有交集點，那就表示他的法是破碎的、分離的、混亂的，沒有中心體系啦！這類說法的具體的代表者是誰呢？（有人答話，聽不清楚）對！印順法師就是具體的代表。這不是我最早這樣說他，而是他的師父太虛法師早就說過的，太虛法師並且把他對印順的評論落實到文字上，說他把佛法割裂到變成支離破碎了。所以，太虛法師眞的是印順的知音，他是印順法師的第一個知音；後來才有我來繼續當印順的知音，因爲最瞭解印順法師的人是我。

這意思就是說，當你能夠為人說一一乘無邊法，就表示你已經可以樂說無礙。所以，每到了週二晚上講經就是我享受法樂的日子，每到了週末增上班上課就是我享受法樂的日子，都是這樣啊！正因為要講經，所以我才要去讀那一部經，我還沒講的大多是還沒有讀過的，講完了我就讀完了。這就是說，學法要怎麼樣去抉擇，這是非常重要的事；千萬不要混混沌沌、迷迷糊糊地盲從，盲從下去結果會是如何呢？前面那個拉著繩子在指引後面跟隨者的人，他自己是還沒有開眼的，他只是一面探索一面拉著走，後面與他綁在同一條繩子的人就盲目跟著他走。當他走到了三惡道懸崖邊而且掉下去了，第二個跟著掉，第三個也跟著掉，越掉越多，整個一捆人就全部都掉下去了。這就是現代的佛教，好在我們現在丟了拯救的繩子下去，看有幾個人願意被拉上來。這也是無法勉強的，如果他們不肯上來，我們就用擴大機多罵幾遍：「你們為何這麼笨？我們站這麼高，你們還在那坑底下，這樣還看不出高下嗎？為什麼還不趕快上來？」就更大聲地多罵幾遍，每罵一遍就會有幾個人願意拉著繩子上來，就能救得幾個人。因為末法時代的眾生很遲鈍，必須施加針砭。你若不扎他，他不覺得痛，就不懂得要爬上來。你用喊的不太有用，得要用針刺他。

然而這裡所講的，我引述的《華嚴經》這一段經文講的是什麼？原來都是在教導大家說：應該要瞭解唯一佛乘。把這唯一佛乘分析爲人天乘與三乘，成爲五乘法；但這五乘法，其實本來還是唯一佛乘。要把唯一佛乘的整個函蓋面以及所有義理自己弄通達，也要能夠爲人表達；加上自己有那個悲願，不是爲名爲利，而是爲了正法的久續流傳，爲了眾生的法身慧命，願意義務去作，才能叫作樂說無礙的人。如果上座說法時準備了一大堆資料，心裡面想的是：「**我今天講得不錯，應該有很多人來供養我吧！**」那就不是四無礙辯的實證者了。那叫作處處障礙，因爲不但障礙了眾生的法身慧命，他同時也障礙了他自己的道業。像那樣的人，我都很難忍受。我不是這一世才這樣，我每一世都很討厭這樣的人——上座說法的目的是爲了名聞與利養。不幸的是，我這個習性很難改，不是有一句話說「江山易改，本性難移」嗎？眞的不容易改，我所看見的，九百多年前狐疑、猜疑的人，這一世當上大師了，還繼續對人、對法狐疑猜疑。九百多年前寡言沉默的人，到了這一世仍然寡言沉默。九百多年前好誇大口的人，到這一世仍然如此，都沒有改變。而我這種個性也還是一樣，也沒改變（大眾笑…）。有時候眞不知道說，我到底是應該改變才好？或者不要改變才好？諸位有智慧，爲我想一想吧！這意思就是說，眞要學法時就一定先要有智慧去作抉擇——要先爲自己建立決擇分；不能盲從迷信，一定要先作抉擇，不要單聽人家一面之詞就完全信受。

好！講到這裡就拉回到平等性智來說，因爲這一段經文講的都是平等性。這個平等性智慧的根源是從妙觀察智而來，可是妙觀察智的顯現與出生，卻是要從親證實相心如來藏而來；因爲所有還沒有親證第八識如來藏的人，都沒有勝妙的智慧可以觀察諸法平等。必須是親證第八識如來藏的人，才有勝妙智慧可以從如來藏實相法界的現觀，觀察到諸法眞的平等，所以還是得要回歸到禪宗這個開悟明心來。那一些六識論者，也就是應成派中觀的印順派法師居士們，他們一向否定中國禪宗；可是禪宗在佛教界的勢力太大了，因爲中國佛教若不是禪宗，就是淨土宗；而密宗不是佛教，所以中國佛教裡就是兩大宗派爲主要。那麼他們想要公開否定禪宗，會招來多麼大的反抗勢力？所以印順也不敢明著否定禪宗，但他就用變相的方式來誣指說：「中國所傳的野狐禪。」就是暗示說，禪宗的禪都是野狐禪，只因為禪宗的證悟沒有次第性。可是沒有次第性，都因爲它是智慧法門，不是禪定法門，所以不會有次第性。世間禪定的修證法門才會有次第性，智慧法門怎麼會是有次第性的呢？譬如說有的孩子，你教他說「一加一等於二」，他始終不會；他有一天突然想到：「啊！一加一就是二嘛！這麼簡單，我以前爲什麼不會？」他只是一念之間就會了，並不是說一加一等於二的智慧，得要累積一點以後再累積一點，累積到最後十分具足了才知道那叫作二，並不是這樣。

所有的智慧法門都不是次第禪觀所能達成的，可是佛菩提道卻必須要這個一念相應慧，要由一念相應的智慧出現而悟入了，才有後面成佛之道裡的般若、種智等次第進修可說，才有成佛之道的內涵可言；所以禪宗是成佛之道的入門，若還沒有悟得禪宗所證的第八識本來面目，就只能永遠都在外門廣行菩薩六度萬行；這證明禪宗的實證眞的很重要。

我們大概是在十年前吧？那本《宗通與說通》是什麼時候出版的？是二千年？喔！那就是八年前。我們八年前爲什麼要寫《宗通與說通》？就是因爲佛教界各說各話，因此我們要把各宗在佛法中的實質定位清楚，讓大家知道：眞正想要修學佛菩提道時，不論你學的是法相唯識或者要學天台宗講的禪定，或者你想要學律宗，或是想要爲人演說法相唯識宗的法義……等，依於見道實證爲前提而言，在此之前，你都要經過禪宗這一著。但是禪宗的這一著，只有禪宗裡才有嗎？不然！因爲禪宗這一著，也可以在其他各宗裡面存在。（我們早期禪三都是只用禪宗這一著，可是我們這幾年有一點改變了，有時候我們用玄奘那一著，不用禪宗這一著，一樣可以度人證悟），誰說這個明心開悟只有禪宗裡才有？法相唯識宗裡本來就有。

例如古時玄奘菩薩並不是禪宗的人，卻比禪宗祖師所悟的佛法更深妙百倍。但是法相唯識宗裡證悟的人，與禪宗裡證悟的人所說的法，爲什麼可以互通而不會衝突？因爲所證都是同一個法，而這同一個法可以有很多種方法去證悟祂。也就是說，佛法八萬四千法門，這所有的法門都指向中間這一個法；既然四面八方都指向祂、都可以證得祂，那你用什麼法門不行呢？什麼法門都可以用啊！只要能使人悟得實相法界如來藏妙心，這其實就是禪宗的法；所以不論哪一宗，只要是能幫人悟得如來藏的那個部分，都可以叫作禪宗。所以禪宗的妙義不是只有在禪宗一宗裡面才有，在別的宗派裡面也有，至於唐初時期的法相唯識宗裡面更是有的。

假使有人學密宗，說他想要證悟如來藏，那也可以啊！我就教他去持〈準提咒〉，不管那是不是僞經所說的咒；只要有眞的善知識指導，持外道咒時也可以悟入啊！不然持〈大悲咒〉也可以啊！假使有人說：「我不喜歡持眞言，我喜歡打手印。」那也可以啊！我就教他打手印，密宗裡面的手印如果覺得還不夠，我再發明幾個給他打，這也可以啊！一樣可以幫他悟入實相心如來藏啊！眞的如此！因爲理通了就四通八達了，因爲所有的法都從這個理衍生出去，因此還是要從禪宗這個法入手。那麼密宗裡面有沒有眞能使人開悟的宗派呢？（有人說：沒有。）有！例如覺囊巴就有眞正的如來藏妙義，古時的覺囊巴這一派裡的祖師，就有人是眞正證悟第八識如來藏的，就是提出他空見的篤補巴．喜饒堅贊，他是表面上跟著弘傳雙身法，但實際上卻是否定雙身法而弘傳如來藏他空見；所以傳到多羅那他的時候，不容於達賴五世，派遣了薩迦派與達布派，借用清朝及蒙古的軍隊穿著二派的喇嘛服裝，在二派辯經輸了以後就來把覺囊巴的寺院，一所又一所搶光了，覺囊巴就消滅了；從此以後，密宗裡再也沒有佛法中所說眞正的般若密法，只剩下外道的雙身法因爲見不得人而稱之爲密法了。所以眞要說起藏傳佛教，覺囊巴才是眞正的藏傳佛教，其他四大派都不是佛教，不該稱爲藏傳佛教，只能稱爲喇嘛教。

話說回來，禪宗這個法不是只有禪宗裡有；因爲這個法是可以遍布在正統佛教的諸宗裡面，問題只是諸宗的創宗祖師自己往往還沒有實證，或者一代、二代以後就失傳了，譬如古時的法相唯識宗。到了現代，則是連禪宗自己都失傳了。可是佛法並不是只有禪宗裡才有，因爲禪宗裡最多就只是那三關；而古時的禪宗祖師，他們的證境往往不只是禪宗的那三關，因爲他們是從法相唯識宗裡轉生而在後世進入禪宗的，分宗分派就沒意義了。

所以，我們同修會剛成立那三、四年，有一位師兄一直在要求我，應該建立一個宗派。我說：「**我不要建立什麼宗，我只是要回復佛教在佛世的原始風貌。**」如果我當年聽他的話，今天可就慘了！因爲如果當時依他的話建立爲禪宗，今天增上班的課程也就別上了，因爲那不是禪宗裡應該講的法，卻是悟後應該要隨即努力修學的增上慧學。我們不要成爲某某宗，我們是整體的佛教正法；因爲我們正覺法義的本質就是這樣，所以我們不是只有禪宗的那三關。禪宗那三關在同修會裡面，只算是第一階段應修的妙法而已。如果只有禪宗這三關，說句老實話，正覺同修會今天沒辦法保有這個局面，了義正法的勢力也不可能像今天這樣鞏固；正因爲我們的實質不是只有禪宗，我們是擁有整體的佛法。可是禪宗卻是整體佛法的入手處，外於禪宗的開悟明心而說他們能夠進入或實修佛菩提道，無有是處。既然如此，當然現在也要回歸到禪宗來講；不是爲已經明心的菩薩們，是爲還沒有明心的菩薩們。

那麼，我們就來看與《實相經》這一段經文有關的禪宗裡的宗說的部分，《圓悟佛果禪師語錄》卷九：

【「大眾！釋迦老子道：『以大圓覺爲我伽藍，身心安居平等性智。』諸人既欲安居，還識得平等性智麼？若識得去，人人具足、箇箇圓成，乃至動靜施爲，悉皆在大伽藍中與他諸聖把手共行，與他諸聖同作佛事。且作麼生識得？去三條椽下、七尺單前，各宜照管。久立。」】

這還是我師父講的，他有一天向大眾開示說：「大眾啊！釋迦老爸這麼說：『以大圓覺作爲我的寺院，我的身心安居於平等性智之中。』諸位既然想要學釋迦老爸成佛，當然得要像釋迦老爸這樣子安居。諸人既然想要這樣安居，當然先得要有平等性智才行啊！因爲身心得要安居於平等性智中。可是諸位還認得平等性智嗎？如果有一天終於能夠認得了平等性智，看見平等性智是人人具足，也是個個都本已圓滿成就的；乃至動中靜中，出坡、下田、劈柴、燒水等一切施爲，全部都在這個大寺院中與所有的聖賢牽著手一起共行，並且一切時刻都已經跟一切聖賢同作佛事。可是到底諸位要怎麼樣能夠識得平等性智？」於是克勤大師就指出了一條明路說：「你就去三條椽下、七尺單前，各人照管好吧！下去休息吧。」

三條椽，知道嗎？椽就是横亙屋頂的大梁。以前蓋房子，四面牆壁砌好了都得先上大梁；就是在屋子左右兩側的正中央，在最高點的地方放上一根横的大梁；然後在大梁兩側各放上一根大梁，總共就是三根大梁。梁在古時就說是椽，屋瓦下都有這三條椽；因爲房子都一定會蓋起兩側高牆，寺院的大寮往往是建成南北向的横面長方形，大殿大約是東西向。然後把大寮分成兩邊長連床，可供僧眾安單；右邊是東單，左邊是西單。每一個人都有七尺單，也就是說每一個人的床鋪是七尺長。三條椽下有七尺單，也就是每一個僧眾都有七尺床。克勤大師最後吩咐說：「每一個人在三條椽下的七尺長床鋪前，就都有這個平等性智，你們各人自己去照管好吧！大家都累了，可以下去休息了。」

日本的寺院裡現在還有這樣的規格，至少在他們的曹洞宗寺院中都還有。這斜頂房子下面共有兩排床鋪，這邊牆壁安一排長連床，那邊牆壁也安一排長連床；修行的時間，大家就在各自床鋪靠走道那一邊的前端打坐；他們叫作只管打坐，認為就是在修行禪宗的禪。我說他們那個叫作只管妄想，因為他們沒有辦法只管打坐；古人說只管打坐，是證得禪定的人才能夠只管打坐，才一坐下去就是一念不生，那才能叫作只管打坐；接著就住於其中去注意定境中的演變，要觀察著怎麼樣去轉進，那裡面都沒有語言文字，那才叫作只管打坐，他們哪懂只管打坐。

言歸正傳，這個平等性智眞難識得，好多人都說：「你們正覺同修會都不平等，一天到晚講人家悟錯了。」可是我說：一天到晚講人家悟錯的人，才是平等者。是因為別人所見的都不平等，卻自以為已證眞平等，我們才要出來講。可是咱們不斷地說他們所證的不是平等，都沒有平等性；講得口乾舌燥，甚至我們有的同修還講得上火氣了，就是為他們著急說：死後會下地獄。結果他們全都無動於衷，眞的叫作「皇帝不急，急死太監」，正是這個寫照。所以救護眾生時還眞是麻煩！眾生們都把平等性智給誤會了。在早期還有人評論我們說：「法法平等，聲聞菩提跟佛菩提也平等，你爲什麼要貶抑阿羅漢？」我說：「我沒有貶抑阿羅漢，我很讚歎阿羅漢。但問題是阿羅漢在菩薩們面前確實沒有說話的餘地，因爲阿羅漢的自住聖境，菩薩們知道；可是我們菩薩的自住聖境，阿羅漢們都不知道，他們要來跟我們講什麼？」除非我說：「好啦！就看在你不懂佛菩提的分上，我就只跟你談聲聞菩提。」除非是這樣，否則他們哪能開口？

我如果要說佛菩提，他們能開口嗎？眞的開不了口。這不是不平等，而是因爲法不平等，不是我心不平等或證量不平等。眞的不是我心不平等，因爲我們的所證是有平等性智，而阿羅漢們的所證沒有平等性智。好在那一些不迴心大乘的阿羅漢們都入涅槃去了，所以沒有人會來跟我抗議；也因爲佛世的大部分阿羅漢都已被 佛陀授記成爲菩薩了，如今都在各個星球弘法度眾生，他們更不會跟我抗議；因爲他們跟我都是同參，怎麼會來抗議我？他們也都成爲菩薩而實證平等性智了，還向我抗議什麼？會抗議的都是聲聞種性的凡夫們，至於古時實證解脫果的阿羅漢們，也都已經入滅去了，所以沒有人可以來跟我抗議了。這是眞的啊！所以我不怕人家來找我抗議。而且不管誰，只要他悟了，他講的當然會跟我一樣，又怎能向我抗議呢？除非他悟錯了。

可是這個平等性智好不好證？不好證。假使平等性智容易證，《景德傳燈錄》以及《續傳燈錄》；我告訴你，再續十部《景德傳燈錄》也記不完實證的祖師公案。可是爲什麼就只有《景德傳燈錄》跟《續傳燈錄》呢？《五燈會元》爲什麼就只有那麼一部？因爲平等性智眞的很難實證，自古已然，不是現代才如此。老實說，現代是比古時候容易證，都因爲我太老婆。但我爲什麼要這麼老婆？因爲我需要用你們。所以如果不想被我用，我就不想幫他的忙，我的原則很簡單。而我用了你，不是爲我的利益，是爲正法的久續流傳，是爲了大家的利益。願意被我所用，才有資格繼續往上爬，不然憑什麼我要一直不斷地把佛法中的黃金、鑽石塞給你？我這裡並不是白鐵店，我這裡是黃金鑽石店，而且我給的都是頂級品。所以一定是要肯讓我用，而我用你也沒有白用，我也相對給你越來越多的法。所以，誰要是被我感應到他是個聲聞人，我連一眼都不肯瞧他。可是話說回來，什麼叫作菩薩？是不是要留長髮、戴寶冠、胸配瓔珞、臂上還有寶釧，而且天衣飄飄，才叫作菩薩？不是啦！穿得再高級，我也不當他是菩薩，要那個心是菩薩才行。能夠利他更多就能利益自己更多，本來就是這樣行菩薩道的。

但是這個平等性智的實證，不是用意識思惟，不是用文字訓詁去作思惟整理、分析判斷，而是要從親證實相心如來藏來發起妙觀察智，才能夠眞的下手實證，是要這樣才對的。得要這樣子實證了，才算眞正入了門。可是禪宗的入門眞的不容易，因爲禪宗祖師們手頭都很儉。手頭不儉的，中國禪宗歷史上只有兩個人：一個是大慧宗杲、一個是雪峰義存。我現在比大慧宗杲更奢，可是這個公開講的畢竟不能像禪三期間那樣子白，那我該怎麼演說這個般若密意呢？我還是請 克勤大師來說：「三條椽下、七尺單前，請諸位各自照管好吧！」他說「各宜照管」，這麼講完了，接著就說「久立」，請大家回寮去，他就下座去了。他這個「三條椽下、七尺單前」，到底是個什麼物？無妨請 世尊來講一下吧！世尊講什麼呢？嗌——！（長呼）

經文：【爾時世尊復以一切如來大善巧方便相，為諸菩薩說最第一廣供養諸佛實相般若波羅蜜法門，所謂：「發菩提心，即為大善巧方便廣供養一切諸佛。救護眾生，即為大善巧方便廣供養一切諸佛。住持正法，即為大善巧方便廣供養一切諸佛。」】

講記：上一段經文中 世尊是講「入廣大轉輪相」，這一段經文是講「最第一廣供養諸佛實相般若波羅蜜法門」，但是在說法的時候都是「為諸菩薩說」。除非是在這一段說完了，然後才會再為金剛手菩薩另外講一些話來吩咐，所以「為諸菩薩說」以及為單獨的某一位菩薩說，二者的開示內涵是有所差異的。那麼這一段是「為諸菩薩說」，所說的是「最第一廣供養諸佛實相般若波羅蜜法門」。是用什麼相來說這個廣供養的實相智慧到解脫生死彼岸的法門呢？是用「一切如來大善巧方便相」來演說的。這當然就跟前一段有所不同了。前一段說的「入廣大」三字，也是「一切如來」的境界，是說「一切如來入廣大轉輪相」，是偏在法上來說的，是希望諸菩薩可以得到這個法義；但是接下來這一段經文中說的是法供養、眞實供養、究竟供養、第一供養，講的是菩薩攝受佛土時應該要有的條件，也就是去獲得「一切如來」

的「大善巧方便相」。這意思就是說，如來為諸菩薩宣說這一段經文，是希望菩薩們有種種方便善巧來攝受眾生；而攝受眾生就是攝受佛土，攝受佛土就是對一切如來的廣供養、第一供養。那麼在廣供養之前，在作第一供養之前，當然要先有「大善巧方便相」；如果沒有「大善巧方便相」而說能「廣供養諸佛」，能作「最第一廣供養」，那就是在說笑話了。但是對諸佛如來的「最第一廣供養」，而且是用「實相般若波羅蜜法門」作為前提來作的供養，當然是跟度眾生有關。因為佛陀以度化眾生為第一大願，所以度化眾生時當然應該要有種種的方便善巧。菩薩入地之後修行十度波羅蜜，為什麼到第七地還要廣修方便善巧？一樣是這個道理。這就是「為諸菩薩說」，不是為某一菩薩說，當然是希望大眾都可以聽聞。

這個「實相般若波羅蜜法門」是什麼？佛陀開示說，就是供養一切諸佛。一切諸佛當然是包括三世一切諸佛，供養三世一切諸佛就是「最第一廣供養諸佛」的「實相般若波羅蜜法門」。

這個「廣供養一切諸佛」的「般若波羅蜜法門」有三種，第一種說：「發菩提心，即為大善巧方便廣供養一切諸佛。」這裡講的「發菩提心」究竟是講什麼？這裡講的「發菩提心」是爲諸菩薩講的，而且是用 如來的「大善巧方便相」來講，當然是要諸菩薩在攝受眾生時應當如何觸發眾生發起菩提心。假使有人能夠促使眾生對諸佛如來發菩提心，那麼這位菩薩就是「大善巧方便廣供養一切諸佛」。

度眾生是第一重要之事，當然前提是依正確的佛法來度眾生。諸佛的通願是四宏誓願，諸佛同樣都在因地發過這個願，乃至成佛仍然不捨四宏誓願。而四宏誓願，第一個願就是廣度眾生，所以度眾生是第一重要之事，爲度眾生當然就得要讓正法久遠流傳；使正法久遠流傳則是爲了利益眾生，才需要去努力，否則不必爲了正法的流傳而讓大家付出很多的精神與勞力，所以度眾生是最重要的。可是度眾生時，首先就是要幫助眾生對諸佛如來生起菩提心，這當然不是七住菩薩的發心，七住菩薩的發菩提心是證悟實相心如來藏。這個發菩提心是世俗發心，就是在意識的層面上來發起對於諸佛如來的淨信而願意修學佛法，這就是第一種「發菩提心」。

幫助眾生「發菩提心」爲什麼就是「大善巧方便廣供養一切諸佛」呢？因爲眾生將會因此而開始走上成佛之道了。其實眾生的發心是有許多因緣與層次存在的，我們可以列舉幾種來說；如果眞要具足講出來，那是講不完的。一般來說，學佛之後當然眞正會發心，至於是爲了出離生死或者爲了智慧而發心，這就不一定了。通常而言，一般人都是從行善開始的；有時候去聽一點經典，聽說要行善，所以跟著去作善事。學佛以前在外道法中聽說要行善，就去作一些善事，這是很普遍的現象。但是行善之後，終於有因緣聽到「修道」二個字。當他聽到修道二字時當然要問：「是修什麼道？」善知識就會說明。那麼依各人的不同因緣而親近不同的修行團體，就會修很多種的道；外道善知識講的也是道，道家講的也是道，在佛門裡講的也是道。所以各種不同宗教各有其道，互不相同；只有一貫道是一貫想要公開竊取別人的教義，他們從來沒有自己的道，他們自己只有「一貫盜」。

那麼既然說有道，一般沒智慧的人遇到什麼道，就修什麼道；通常不會去弄清楚道有多少種，所以就有人間道、天道及導致未來世會下墮三塗的密宗邪道。那麼有智慧的人之所以會發菩提心，通常是因爲他有世俗智慧，想要先弄清楚：**到底有哪一些道？各種不同的道之間有什麼異同？其中的差異或者相同在哪裡？**後來終於有因緣弄清楚了，因爲接觸到眞正善知識了，但卻是從行善作爲起因而來的。由於行善的因緣而來的人，當他以前行善之時，接著就會有一些親朋好友因爲聽到善知識說了一些佛法，開始修道了，他也跟著開始修道；可是修了很久以後，他想：「我每個週末、週日，都去幫窮苦老人家洗澡、打掃環境、洗衣服、送食物給他們，師父說我這樣就是修道；那我修了很多年的道，爲什麼都還不懂得什麼叫作道？」等到有一天終於忍不住了，去問他的師父說：「師父啊！我聽您講經說法這麼久了，爲什麼我都還不懂佛法？爲什麼遇到一個從正覺來的同修，我就什麼佛法都不會講了？眞正的道是什麼？」師父說：「他們也是道，我們也是道；道不同，不相爲謀，你就不必管他。」但是眞的能不管嗎？我不認爲。所以有智慧的人就要問清楚：「爲什麼雙方的差異這麼大？爲什麼你可以懂《般若經》，我卻不懂？爲什麼你能斷三縛結，我卻不行？」他當然得要去弄清楚。

由行善的因，使他想要求得解脫與實相智慧。他在以前行善時就已歸依了三寶，發起了四宏誓願，這就是最初步的發菩提心；但只是世俗名言所說的發菩提心，不是發起勝義菩提心，他就這樣子被人教導而自以爲是在修道了。可是到後來覺得各道場說的道大不相同，並不是像《道德經》講的：「道可道非常道，名可名非常名。」對於生從何來，也還是不清楚。所以說：「無，名天地之始。」原來道家說的道是不能講的，說眞正的道是講不出來的；如果想要形容要弄個名稱來呼喚它、來定義它，來指稱天地萬物之始，全都不行，只能以無名來說了。但那不是佛道，那是道家的道。道家的道要從太極下手實證，可是太極究竟在哪裡？始終只有理論，沒有人眞的找到，連老子自己也找不到，所以《道德經》才要說：「道可道非常道，名可名非常名。」才會說：「無，名天地之始；有，名萬物之母。」可是他這樣子講出來時卻已不是太極了，最多就是從現象界中來說兩儀生四象，演變到八卦以後才有六十四卦，但太極究竟是什麼？始終弄不清楚，無法實證。這就是說，有的人爲求智慧而發菩提心，始終弄不清楚佛道是什麼，終於有一天覺得忐忑不安，就懷著一分好奇踏進正覺同修會來，終於弄清楚：原來眞正的道是這個模樣。然後聽說什麼時候辦理三歸依，趕快就來歸依三寶了，這就是在正覺法中眞發菩提心了。這也是發菩提心，所以我們每年得要辦一次三歸依，年年都要代 佛說三歸。

有的人又不一樣，有的人發菩提心是因爲受苦，不然就是身體病痛始終好不了；再不然就是家裡好幾個人出了問題都拖累他，讓他無端受苦；他一個人好好的，可是要承擔那麼多人的病痛苦果。或者因爲營生，結果事業失敗，一肚子愁，不曉得要放到哪裡去。那眞是苦悶得不得了，很想一死了之。這類人所在多有，本來就在計畫怎麼樣一走了之，反正死了一了百了；他不曉得未來世還是得要還人家，只是延到未來世去還債。但他不懂，正在計畫怎麼樣去自殺，結束這一生；後來朋友說：「你既然有勇氣去自殺，爲什麼不殺徹底一點、死透一點？」他好奇地問：「什麼叫死透一點？難到死還有死不透的？」朋友說：「有啊！你如果沒有死透，下一輩子不過是投胎再來，那時得要還更多。」「啊？原來是這樣子。」他嚇了一跳。好啊！終於耐不住那個好奇，央求朋友一定要把道理講清楚。朋友就說一些道理給他聽，才終於懂得，原來死還有死得透跟死不透的不同。「那我一定要死透，我絕對不要死不透。」好啊！忍不住就問：「哪裡可以讓人死透？」「到正覺來啊！」喔！終於懂了，於是他也發菩提心了，是因爲受苦而發心；如果不是受苦，他發不了心。

受樂而發心，那是大菩薩的事，受苦而發心則是一般人的事。什麼人是受樂而發心？悉達多太子啊！那麼多的後宮嬪妃，父王照顧著不讓他受苦，他都還是要發菩提心。但是一般人不可能，所以大多是因爲受苦而發菩提心。有的人更不同，有的人是病到很嚴重、痛到受不了；但他從平時耳濡目染中得來的印象，知道有佛可以依靠，當他忍受不了時就呼喚：「阿彌陀佛！您爲什麼不來幫我？」當他大聲喊過了以後才想說：「我爲什麼會開口求阿彌陀佛？」連他自己都不知道。原來身邊有親朋好友一天到晚嘴裡唸著：「阿彌陀佛！阿彌陀佛！救苦救難。」原來他被熏習了，自己並不知道，這時終於因爲受苦才想：「趕快去極樂世界，我不要在這裡投胎再出生，苦得要死。」可是想要去極樂，總得先歸依三寶，要先歸依 釋迦牟尼佛，他就因爲這樣子而發了菩提心。這樣的人也有，菩薩就觀察因緣而作出種種方便施設，讓眾生藉各種因緣而發起菩提心，能夠這樣子，才叫作「大善巧方便相」。

菩薩要懂得施設很多狀況來讓人家發起菩提心，觀察眾生的因緣如何而施設方便法，使眾生願意去「發菩提心」。但是這些發菩提心的善巧方便，都是因爲眾生身邊有許多親朋好友，菩薩就是這樣一世一世跟很多的眾生結善緣；結了善緣以後當眾生有需要時，菩薩開口說了，眾生便聽得進去了。

所以，有時候是因爲親朋好友在學佛，眾生接觸到了，覺得說：「**我這位親友才不過三年不見，爲什麼說起話來，這麼有智慧？**」他就因此發起了菩提心，願意走入佛門來行菩薩道，這也是發菩提心。那麼另外還有的人又不一樣了，有一句俗話叫作附庸風雅，正因爲社會上到處都有人在說佛法如何又如何，他想：「**學佛已經成爲一股風潮了，我如果不跟著學佛，那我不就落伍了嗎？**」他怕落伍，所以也跟著人家學佛。那麼學佛之初，首先就是要歸依三寶；歸依時發了四宏誓願，就是「**發菩提心**」。從這樣的事相來看，應該說各大山頭對眾生都有一分貢獻，因爲他們把台灣帶出一個學佛的風潮，這是很好的。十幾年前我就曾經讚歎各大山頭，說他們接引初機有很大的功德；我們從來不否定他們這個功德，我們只是說他們傳的法錯了，耽誤了眾生的道業。所以學佛「**發菩提心**」的風潮應該形成，這事情很重要；能夠使整個社會形成學佛的風潮，這也是菩薩該有的方便善巧。

有的人「**發菩提心**」時眞的很單純，只是因爲好朋友或者親戚來說：「**我們年紀一大把了，再活也沒幾年，爲什麼不趕快去歸依三寶，有三寶作個依靠？**」因爲聽人家說三寶最吉祥，那到底歸依是什麼意思，他其實也不知道，心想：「歸依大概就是投靠，以後死時有佛作個依靠。」那也好，就去投靠，至少臨命終的時候有 釋迦牟尼佛可以依靠、有大菩薩依靠，對自己也沒什麼損失。看到 觀世音菩薩那麼慈祥，自己爲什麼不去歸依呢？好啊！那就去了，就跟著發起四宏誓願了，這也是「發菩提心」。這也是一種方便善巧，讓人家有一個依靠。確實也有一些人今世是不可能學佛的，他只是當作信仰，那就說要歸依佛門、歸依三寶。其實他不懂眞正歸依的意思，在他而言，歸依就是依靠；將來捨報要走的時候有個依靠，那也好嘛！菩薩就設這個方便讓眾生來依靠三寶。那麼爲了讓眾生依靠，當然菩薩就得巧設方便，在三歸依的時候一定要教眾生跟著唸：**眾生無邊誓願度，煩惱無盡誓願斷，法門無量誓願學，佛道無上誓願成**。來歸依 佛陀的人就在儀式中乖乖跟著唸，當他跟著唸的時候只要知道這四句的意思，那就是發願完成了。他一面唸著一面就完成那個意思了，因爲是跪在 佛前唸的，他的心中也並沒有抗拒；那這樣子，他唸了四宏誓願也就歸依完成了，那也是「發菩提心」。

所以說，有很多很多種的因緣發菩提心，各不相同；甚至於有的人也許在很急難的時候大喊一聲「歸依佛」，那也算是發菩提心。他發了菩提心，將來到底是與聲聞菩提或佛菩提相應，那就得看他的種性了。所以發菩提心有許多種的因緣，各不相同、說之不盡。可是菩薩必須要爲眾生施設種種的方便善巧，來幫助眾生發菩提心，像這樣子去作。乃至菩薩未離胎昧之前，每一世的發菩提心也都一樣，都是屬於「廣供養一切諸佛」，因爲發了四宏誓願，那和聲聞菩提、緣覺菩提的發心是完全不同的，再也不會成爲自了漢，永遠是佛種性的菩薩，將來會度化許多人一同走上菩薩道；在他三大阿僧祇劫廣行菩薩道的過程中，將會有許多有情被他所度，可以紹隆佛種永不斷絕。所以如果自己發心之後還能夠廣設方便，有無量無邊的善巧讓眾生也能發起菩提心，就是「大善巧方便廣供養一切諸佛」。

我們正覺有時度人是直接從外道中度進來，爲什麼能夠這樣？也是因爲這個「大善巧方便廣供養一切諸佛」，就是用「實相般若波羅蜜法門」讓外道直接進正覺來，轉變成爲眞正的菩薩。因爲在外道法中凡是學五術（就是修學五種術業，叫作山、醫、命、卜、相。不過修學相跟命這二法的人比較難進入正覺來，因爲佛法跟宿命觀不同，所以學算命的人想要眞的學佛時往往會有一些障礙；因爲當他爲人算命時是以宿命的觀點來說的。然而學佛的人不是信受宿命的人，所以五術中若是屬於爲人算命的，往往與佛法比較難相應），他們其中也會有很多人對於方外之術、方外之學很有興趣，所以佛教的書籍流通出去時，他們也有許多人會有興趣讀一讀。可是讀來讀去，讀了十幾年、二十幾年，有的人是讀了三十幾年，發覺各道場說的佛法都是千篇一律，沒有辦法使人眞修實證。爲什麼說是千篇一律呢？就是他們說來說去總是苦集滅道、十二因緣、八正道、緣起性空，除了這些以外可就沒有法了。

所以他們跟著學習苦集滅道、十二因緣、緣起性空、八正道之後，心想：「我懂佛法了，佛法全部就是這一些，再也沒有別的了。」我相信在座諸位，這一世剛學佛的那一、兩年也是一樣：「佛法我都知道了，就只是這樣啊！」其實不只是一、兩年之內會這樣認爲，還有許多學佛三十幾年的老修行人也是這樣子認爲。直到有一天聽說有個正覺同修會，佛教界常常有人會加以批評，因爲好奇的緣故就把同修會的書拿來讀：「怎麼裡面說的佛法都不一樣？」才知道說：「原來佛法之中有這麼多是我們還不懂的。」

我們這些書流通出去以後，那一些在研究佛學或者研究哲學的人，不管他們是外道或者內道，終於有一些人願意眞的「發菩提心」了。本來只是把它當作一門學問來研究，後來發覺佛法是可以實證的，心想：「我有機會遇上了，爲什麼不學？多少人千里行腳求個入處，一生喝掉了多少漿水錢，穿掉了多少草鞋錢？到處求師訪道而不能得；我如今遇上了，爲什麼不趕快修學？」所以即使他還在外道中，也馬上捨了外道身分，就走進正覺而歸依三寶，也有不少這樣的人。所以，要如何爲眾生廣設方便而使眾生發菩提心，眞的很重要；例如諸位常常去發我們印的小冊子等等，這是在救護眾生啊！救護眾生之後，他們深入理解了以後，將來也會發菩提心；這也是一種幫眾生發菩提心的方法，所以有很多的方法、很多的施設，都可以達到方便眾生發菩提心的因緣。

幫助眾生發菩提心，其實也就是幫助自己發菩提心；因爲進了佛門而想要實證，不是那麼簡單的，要能夠實證是很困難的；實證了才是眞實的發菩提心，因爲這時是發了勝義菩提心，可就是眞正的「大善巧方便廣供養一切諸佛」了。禪宗在中國一千多年來，證悟的公案不過一千七百則，扣掉那些祖師們每一個人的幾世受生輪轉而有的不同名號，那麼一千多年中，如果每一世都讓他活一百歲，到現在有十幾代了，那一千七百則公案的祖師人數除以十五好了，剩下有多少呢？人數可就大幅度降低了，顯而易見啊！每一個祖師世世在人間不斷地受生下來，十五代就有十五個名號，那麼祖師們的人數究竟剩下多少人？至於禪宗典籍中所沒有記載的證悟祖師們，你把一千七百乘上兩倍、三倍、四倍好了，除以十五以後，算算看還能有多少人開悟？所以在中國地區一千多年來的佛教，眞正開悟的人都叫作稀有動物，全都是異類；因爲他們說法跟想法都與一般法師不一樣，眞是稀有動物啊！你想，開悟有那麼簡單嗎？這麼少的人，在那麼廣大的土地上，一千多年來就只有這麼少的人開悟，所以悟入實相般若這件事情，眞是求之而不可得。既然咱們遇上了，爲什麼不「發菩提心」來好好學呢？若能把這種理爲他們講清楚，當他們想通了這一點，當然也要趕快來學，這也是一種「善巧」。

所以有很多的「善巧」，你要自己去施設；假使自己沒有能力施設，遇上了有善知識已經施設了，咱們就趕快去幫忙，把這一些「善巧」給用出去，那也是累積自己證道的福德資糧。有了足夠的福德資糧，何愁將來不悟？大乘菩提與二乘菩提的最大不同就是福德資糧；在二乘菩提中的證悟，所需的資糧不必很廣大；可是在大乘菩提的證悟，資糧必須要很廣大；越往上走而想要證得更高的智慧與果證，所需的資糧則要越大。所以諸地菩薩出來弘法時都不收供養，爲什麼不收呢？因爲供養收得越多，自己的資糧福德就越減少，想要往上面去實證時，該要怎麼去證呢？所作的事情都是在損壞自己往上進修實證的福德。廣收供養就是把自己要往上進步的福德給虧損了，虧損給誰呢？虧損給自己這個不超過一百歲的五蘊。那麼到底他是有智慧還是沒智慧呢？

有的人當面罵我傻：「你這個人，那麼辛苦一天到晚爲佛法在作事，不收錢財，又不收人家寶物等供養，那你圖個什麼？」我說：「我只圖個正法久住，以外都不圖什麼。」「哎呀！你這個人眞傻！」可是你如果從道業來看，傻瓜才是聰明人。因爲廣收供養的結果是虧損了往上升進的福德，然而損失了那些福德，只是給這個不滿百歲的五蘊受用，但這個五蘊卻是無常之法。每一世都在虧損廣大福德給不滿百歲的五蘊，這樣要修到什麼時候才能成佛呢？他修菩薩道的三大阿僧祇劫，每一個大劫就是整整一個大劫這樣過。那傻瓜蛋菩薩都不受供養，只是義務地付出，爲了正法的未來而弘傳，爲了眾生的法身慧命努力去作，能把一大劫濃縮在一年、一月、一日、一分、一秒鐘內過完，他會很快成佛。到底誰才是聰明人？我還真不知道。

所以「聰明人」三字也有不同的定義，我定義說，像我這樣的傻瓜才是真正聰明人。我定義說，我努力把跟著我學習的人拉上來，希望大家都跟我一樣悟入實相，才是真聰明。人家說：「你為何這麼傻？你都把妙法放手出去，未來誰還會恭敬你？」我說：「我如果還要求恭敬，不是跟凡夫眾生一樣了嗎？」那就是在虧損福德。所以他們認為我是傻瓜，我卻認為我是聰明人，他們才是傻瓜——那些聰明人全都是傻瓜。這意思就是說，藉著利樂眾生的過程，也是讓自己在發菩提心的層次上面步步高升，這也是「大善巧方便」。所以發菩提心的層次其實是有很多的，不應當把它侷限在一己之私，而應該從整體的眾生——三界一切眾生，他們未來是否能夠順利成佛來設想，那當然就要施設種種的「善巧」。

基督教、天主教在這上面就很聰明，以前台灣民間一窮二白的時候，美國那邊不要的衣服送了來，大家都好高興，把衣服改了以後就有好衣服穿了。過期的全脂奶粉送來台灣分發，大家都好歡喜。那時候還有一種物品，叫作 butter，就是牛油；美國人怕胖而不敢吃，所以送來台灣。那時台灣民眾吃得好歡喜，因爲那時台灣人沒什麼機會可以吃肉，有牛油就可以使大家獲得許多能量而可以生存得更好，或者更有力氣可以工作；所以台灣的天主教就在那個時候大大發揚起來，政府就撥了許多公有地給各地教會，才會有現在各個鄉鎮都有教堂的現象，這就是他們施設怎麼讓人家去信受他們的「善巧」。

我們同修會現在也就開始撥出一部分資源來走這條路，要用「善巧」讓會裡的大眾有一個善法的共業存在。就是說，大家除了護法的善淨共業，還要有布施有情的善法共業，所以我們設了獎學金，也要設一些貧窮救助金，先從小地方開始作；而我們也有透過社會局去作一些救濟弱勢者的善事。這一些都是用大家護持的錢財去作，要使你們大家都跟我有這個善法的共業，未來還要有更多善業淨業的共業把大家綁在一起，未來世就會因此而常常相遇，與正法的緣就能世世維持。也就是說，這一些共業所得的福報，於未來世是要我們大家一起去實現的，未來世我自己一個人是無法實現這些福報，而你們自己個人也不行；但是未來世當大家聚在一起時，就會實現這個福報，這也是共業。我要這樣把大家和我綁得更緊密一點，未來世就會繼續在一起行道。這是從世俗法上和佛法上，把我和大家的福德聯結在一起的「善巧」。

我們這樣去作，也可以使人家發菩提心，人家一看就會想到：「這佛教正覺同修會在弘揚佛法，也能在世間法上幫助我們；而且現在景氣這麼差，眞是雪中送炭。」而我們都是找窮苦的人家幫助，我們可不要錦上添花。那錦緞已經夠漂亮，你再增加一朵花給它，其實也漂亮不到哪裡去；可是那窮苦人家，你送上一把炭，可就不得了；他買不起，那炭對他卻是很重要的，生活燒飯取暖都可以。我們作的這些事情，也是把大家綁在一起的善法共業。這就可以使那一些受過幫助的人，對佛教有信心：「原來佛教正覺同修會對我們沒有什麼要求，這樣的佛教是無私的，沒有所求的。」他對佛教建立了好感，未來世如果法緣成熟了，他就走進佛門了，他也就願意「發菩提心」了。所以「發菩提心」的因緣是非常多的，你要怎麼樣去廣設「善巧」而實行它，是你學佛過程中遲早都要面對的定課。這是「最第一廣供養諸佛實相般若波羅蜜法門」的第一種，就是自己「發菩提心」，也幫助眾生一起「發菩提心」。但是，「發菩提心」的最高層次，就是自己精進修學而入地，也就是發起十無盡願了，這才是最高層次的「發菩提心」，但還不究竟；最究竟的「發菩提心」，是自己入地以後，還得運用各種「善巧」，幫助大眾在悟後努力進修，能夠和自己一樣也發起十無盡願而入地。

第二種是：「救護眾生，即爲大善巧方便廣供養一切諸佛。」救護眾生當然也有不同的層次，先從一般的層次來說，有人專門餵養流浪貓，有人專門收養流浪狗，因爲看見牠們覺得可憐。這樣救護眾生，用這種方式作爲「供養一切諸佛」，是不是「大善巧方便」？好像是。但是請問這一些阿貓阿狗什麼時候會「發菩提心」呢？顯然要再經歷一段很長很長的時間，因爲牠們大部分是從地獄經過餓鬼道上來的，如今終於來到畜生道，這還只是花報。以前的正報受完了，現在是餘報；現在的餘報不曉得要再受幾千世或幾萬世才能回來人間。也就是說，如果是一隻貓，牠要回到人間可能還要死過幾千回、幾萬回或幾十萬回。牠在那麼長的時間裡要繼續當貓，如果牠的每一世貓身都沒有壞掉，累積起來將是一座大山。請問，牠什麼時候才能回到人間開始學習佛法？還很早呢。然後，未來世牠終於回到人間時，前五百世可能還有盲聾瘖啞的餘報，又如何修學佛法？如何「發菩提心」？所以要等牠們

「發菩提心」，那是還要很久的。像這樣子「救護眾生」，算不算是「大善巧方便廣供養一切諸佛」？現在終於有人說「不是」了。

還有的人去作種種救護眾生的事，譬如救護保育類動物……等，這當然也是「救護眾生」，但不是「大善巧方便廣供養一切諸佛」；他當然也是以「救護眾生」來「供養一切諸佛」，這沒錯，但不是「大善巧方便」來「救護眾生」而「供養一切諸佛」。所以我們不作救護流浪動物的事，那一些事已經有人作，就讓他們繼續去作；他們也作得很高興，我們不要去跟人家搶。台灣佛教界也有一些法師專門在作救護流浪貓、流浪狗的事，就讓他們去作，我們不要跟他們爭；因爲那事情容易作，他們愛作就讓他們作。我們要作的是什麼呢？是救護人類眾生。

可是救護人類也有層次的不同，台灣後山的慈善團體也在努力救護人類，也作得很有成績——雖然有很多人看到不公的私心現象而提出了評論。她們早期救護什麼樣的人類呢？鰥寡孤獨。她們以前到處去救濟，作得很好。然後也開醫院，但是這個就有因果了；因爲建醫院的錢是從眾生募集來的，後來開業了，救眾生病的時候卻是要收掛號費，這個有沒有道理？大家都沒想到這一點。又譬如說，向眾生募集了很多錢財，蓋了佛教大學，這個佛教大學的錢是向眾生募集來的，當眾生要來讀佛教大學時，註冊時還要繳學費，住在學生宿舍裡也得繳住宿費，你們覺得有沒有道理？好像有人還認為「有道理」，因為你們很多人沒有搖頭否定。但我認為是沒有道理，因為你建校的錢不是自己拿出來的，是勸募得來的；既然如此，應該眾生來讀這個佛教大學時是免費才對，然而卻是收費的。

以前我還沒有破參之前，就認為這樣子不對。有人要辦佛教大學，我當年也去護持；因為那時候，我也是想：「開悟大概是不可能的，那是聖人的事；辦佛學教育也好，不失為一條路，至少可以把佛法給流傳下來。」所以也去贊助。可是後來聽說學生入學是要繳費的，我就不再贊助了，因為錢是從所有的眾生那裡募集來，不是自己賺錢來投資的，怎麼可以向眾生收費呢！這個沒道理啊！同樣的道理，醫院的興建經費若是向眾生募集來蓋的，也繼續接受眾生捐錢來營運，就不應該向眾生收費。即使現在有健保，至少掛號費應該都由醫院負擔，除非是用自己私人的錢拿出來建醫院。

但是不管他們作得對不對，畢竟也是「救護眾生」。只是他們將來要自己負那個因果，不必我們來負，所以我們也甭爲他們白操心。但是以那樣的方式「救護眾生」，被救護的眾生要等到什麼時候才會眞正「發菩提心」呢？機會很渺茫。因爲眾生想：「我來這裡看病，是自己付錢的，不是接受你的救濟。即使你的醫院叫作慈濟，事實還是一樣，我是自己付費來看病的，不是來接受你救濟的；爲什麼你叫我歸依三寶，我就得聽你的話歸依？沒這個道理！」眾生一定是這樣想的。

那麼他們這樣子「救護眾生」，想要讓眾生「發菩提心」是不容易的，只會發起迷信心。像這樣的「救護眾生」當然也是「救護眾生」，層次稍微拉高了一點，已經是到了救人類的階段，不是在救流浪貓、流浪狗了；可是爲什麼不能把層次再拉高一點呢？譬如說，我們懂得密宗的教義是什麼內涵，它的表相與內涵，我們都懂；我們眼看著很多人去學密以後妻離子散，不然就是丈夫被人家拐跑了，這種事情所在多有，並不是少少的一件、兩件；若是妻子還沒有被喇嘛拐走的人，他也是暗地裡被喇嘛戴上了綠帽子；這些並不是個案，而是因爲他們的教義完全邪謬所致。我們看見了，想起來都好難過。眞的好難過，哪一個男人願意戴綠帽子？眞的沒有人願意。

你們看電視新聞或報紙報導的社會新聞，有些男人起瞋心殺人，是因爲妻子幫他戴了那頂綠帽子。我們明明知道密宗的雙身法弘揚開來會這樣，那我們該怎麼辦？坐視不理、視而不救嗎？那還能叫作菩薩嗎？那叫作無慈無悲。所以應該要救護學密的人們，因此我們一直不斷地去流通那一些口袋書，不是爲了要他們來正覺學法，而是要他們瞭解密宗的本質，然後可以避免家庭破碎，家中的兒童或少年就不會失去依怙。我們的目的只是這樣而已，我們對那些學密的眾生們完全無所求，從來沒有想要他們來正覺學法，這樣也是「救護眾生」，但這個層次就稍微高一點了。

也就是說，讓眾生先把走入邪道的因緣斬斷，他們未來進入佛門眞發菩提心的機會就大幅度提升了，這樣才算是有「大善巧方便」來「供養一切諸佛」。因爲「一切諸佛」四字就表示是三世諸佛——過去諸佛、現在諸佛、未來諸佛，被救護的眾生正是未來諸佛。至於現在諸佛，看到這娑婆世界地球上將來會大量、大幅度地推廣正確的佛法，諸佛全都歡喜；那麼被救護的眾生就是拿到那些揭發眞相小冊子的人，他們都是未來諸佛。他們回去因爲好奇而讀一讀，本來想，讀過就算了、就丟棄了；結果發覺裡面還有其他內涵，終於弄清楚佛法的基本道理，也瞭解密宗不可告人的祕密了，哪一天聽到有親朋好友要去學密時，他馬上會出來講：「你要小心呵！」為什麼要小心、學了的後果將會如何，他們就會講，他們也就是跟著在「救護眾生」了。那時他們「救護眾生」的功德就也同時算上你的一分，因為是從你去流通那些小冊子而引發出來的，這也是你的「大善巧方便廣供養一切諸佛」。

可是這樣子還不夠，雖然說密宗的內涵眞的不了義，它的落處、它的定位、它的外道本質，我們全都知道，如今佛教界也都知道了，所以我們作了堪稱「大善巧方便廣供養一切諸佛」的事業；可是這層次仍然不夠高，我們還要再寫書，深入而全面地為眾生分辨清楚，把眞正佛法流傳出去，讓眾生可以如實斷我見、斷三縛結——至少成為「初果向」，不再落入常見外道、斷見外道境界中，為他們以後修學佛菩提道種下因緣，這層次又高了一點，這也是「救護眾生」。這個「救護眾生」的層次高而難作，可是功德更大；因為很多人未證言證，成為因中說果，而我們有能力讓他們瞭解自己是因中說果（因中說果是客氣的說法，如果眞要說白一點，叫作大妄語；因為還在因地就自稱自己是在果地了，那就是大妄語）；我們能夠把這個事實有根據而且如理解說出來，眾生可以離開因中說果的大妄語業，這也是「救護眾生」，這是更高層次的「大善巧方便廣供養一切諸佛」，功德與福德更大。

但是，若想要這樣救護眾生，前提是自己必須要先證得聲聞果，否則怎麼能夠知道別人是因中說果？又如何能知道應該怎麼「救護眾生」？當然這個也是「大善巧方便廣供養一切諸佛」，是用「救護眾生」來「供養一切諸佛」。那麼層次如果再拉高一點說：「這不過是聲聞道而已，緣覺道你懂嗎？」譬如眾生不信，向我們提出質疑，我們就把因緣法提出來與大眾談，就把眞正的因緣法在書中寫了出來：十因緣、十二因緣、二者的互相關係。現在佛教界就有好多老修行人終於懂得：要修行十二因緣法得要先懂十因緣，才有可能實證。喔！終於懂了，這樣因緣法的實修便可以成就，這層次又拉高一點了。可是這樣「救護眾生」也只是二乘菩提果的層次，畢竟還到不了大乘法中的實相般若，我們就繼續弘揚實相般若，說明只要去參禪證如來藏時就會悟了般若，這個證如來藏又該怎麼證。我們有許多方便善巧幫助很多人開悟般若，當佛弟子們有了般若智慧以後，就是我們把他們從聲聞緣覺道中拉上來，或者直接從異生位中拉上來，這是層次更高的「救護眾生」。用這個最高的層次來「救護眾生」，得要有「大善巧方便」才能夠作得到，這就是「大善巧方便廣供養一切諸佛」。

但是這樣就滿足了嗎？還不滿足。因爲證悟了，距離佛地還是很遙遠；且不說距離佛地，距離初地都還是很遙遠呢！那該怎麼辦呢？應該要設法幫助大家取證三果。取證了三果才有資格談到要如何入地的事，因爲入地所須的三個要件裡面（入地有三個要件，還要再加上一件事情，那一件事情就是要在佛像前勇發十無盡願），那三個要件裡面的第一件就是永伏性障如阿羅漢，那就是七種三果人之中的頂級三果人，解脫的心境猶如阿羅漢；但不要證阿羅漢果，免得死後就入了無餘涅槃。但菩薩想要進入初地心時，至少要先證極品三果；證三果的道理，我們得要幫助大家瞭解，所以把它寫在《阿含正義》裡面。入地前還得要有無生法忍——至少要有初地的初分無生法忍，那無生法忍要怎麼生起來？初分的無生法忍就是三賢位中應該修學的般若別相智，也就是般若中的後得無分別智的圓滿。這一些我們現在也正在講，我講《金剛經》、《實相經》，就是講後得無分別智，這也得要具備。可是想要入地時，單單這樣就夠了嗎？還不行欸！應該要有的智慧與福德，這兩個是一個都不可欠缺。智慧是指什麼？智慧就是指剛剛講的般若智慧的圓滿，也就是後得無分別智的圓滿，圓滿以後便成爲初地的初分道種智。

可是想要完成這個地步的道業，先求眼見佛性是會比較快的，因爲比較容易通達三賢位的智慧；也因爲見性後對於法的觸證的層面會比較廣，也比較容易觸類旁通，所以還要施設十住位的眼見佛性，就得爲大家解說眼見佛性智慧的實證，在修行過程中應該怎麼作？然後那福德的部分又要如何去修集？修集見性所需福德最快的方法，就是「救護眾生」，於是大家爲正法去努力。

有很多的科目可以作，都能達成「救護眾生」的目的；譬如在《正覺藏》的編輯上面應該怎麼作？在流通學報、電子報上面該怎麼作？在發各種小冊子、流通書籍、救護眾生上面該怎麼作……等。有的人智慧比較行，就請他出來任教直接弘法，鞏固正法的勢力，擴大正法的根基，使相似像法的勢力減弱，天眾便能增長，阿修羅就會減少，忉利天人見了都很歡喜，這也是修集福德。我們把福德分門別類來施設，可以讓大家都有得作，這其實就是救護自己這個眾生的好法門。也就是說，「救護眾生」的事情可以有很多個層次，都能快速修成大福德；但是這三個條件也得要圓滿，才能夠有資格入地，否則沒有機會入地。因爲第一大阿僧祇劫，明心了才完成三十分之六而已，後面還有三十分之二十四要完成；明心進入第七住位，這一段時間比較短，後面那一段——一大阿僧祇劫的三十分之二十四——可就很長久了；而我們就是要提供這樣的機會，讓大家都能快速修成大福德而早日入地，也就是要把這一方又一方的許多大福田開闢出來，讓大家都有機會種。

當然也許有人講：「我們學佛以來種的福田眞的種太多了，還要你同修會提供？」我們說：「當然要。」因爲很多人種了福田以後長出來的稻穀，有的是可以吃的、香美的；但有人種的田卻是發臭的，甚至是有毒的，互相混雜在一起，將來收穫的果實能吃嗎？世間的各種「福田」能照單全收都去種嗎？不行欸！可是我們開闢的福田完全無毒，並且多而香甜貞實。貞實就是飽滿而沒有任何有害物質的意思，都不必再費心思去挑選有毒的部分丟棄。所以我們提供這些福田，也是給修學正法的人們一個機會。當大家都在正法福田裡下種，不是在相似像法的假福田裡下種時，未來就會與正法的實證相應，這樣也是在「救護眾生」。如果反過來，我們能夠讓某一些毒田越來越少，我們用很多肥沃的泥土去把毒土換掉，或者用能夠消毒的泥土把毒田的毒性中和掉，是不是更好？是！所以說「救護眾生」有很多層面與方向，但是能夠從最高層次來作是最好的，行有餘力就開闢不同種類的福田，擴及到比較低的層次來取代其餘的毒田。**我們的目的不是在排擠別人，只是要「救護眾生」，讓毒田漸漸地減少**。像這樣子，眞實的救護眾生、全面性的救護眾生，才是「**大善巧方便廣供養一切諸佛**」。

第三個部分以「**住持正法**」作爲「**大善巧方便**」來「**廣供養一切諸佛**」。那麼「**住持正法**」比起「**救護眾生**」，當然是更高層次的「**大善巧方便廣供養一切諸佛**」。也就是說，如何令正法久住、法輪常轉、人天安樂，就是「**住持正法**」的目的所在。住持正法爲什麼人天都會安樂？因爲正法只要繼續流傳，相似像法的勢力就會逐漸減弱，修羅眾、魔天眾會因此而減少，所以天界也就安樂。天界都不希望修羅道的勢力增廣，也不希望魔天的勢力增廣；所以如果有人以眞正的正法在弘揚，壓抑了本質是世間法的相似像法的增長，天人們都會額手稱慶。可是，西藏密宗的四大派如果繼續大力弘揚，天人們都要震手跺腳大呼：「**魔眾增長！修羅眾增長！**」就是這樣子啊！

其實西藏只有一個宗派是眞正的藏傳佛教，就是覺囊派；其餘的紅、黃、白、花四大派，全都只是喇嘛教而不是藏傳佛教；因爲那些人自己，以及他們所教導的信眾們，一開始就認定識陰六識常住，落入常見外道中；他們修學到最後也都以雙身法的樂空雙運誤會爲報身佛的果證，其實都與佛法的修證不相干，努力實修的結果就是死後進入魔眾去，正是《楞嚴經》講的生爲魔民、死爲魔子的範例；因爲他們都是以婬欲爲道，一生努力精修雙身法樂空雙運，當然就是走到魔的境界裡去。

如果他們一生都很努力去布施，但是卻同時廣傳雙身法，結果就是死後生到魔天；因爲努力布施，福德大，大的異熟果一定先報，死後就往生魔天或阿修羅眾中，所以魔眾、修羅眾增長，諸天可就震手跺腳了，所以「**住持正法**」的時候人天額手稱慶。末法時代多數大師自以爲是「**住持正法**」，其實卻是住持相似像法；諸天知道眞相時，當然會震手跺腳，怨嘆眾生福薄、人天消滅。當天眾增長而修羅眾、魔眾減少時，天眾就不必恐怖要與修羅眾戰爭，因爲天眾戰爭時也會斷手斷腳的，雖然後來會再變現回來，但也是很痛苦的；所以他們都不希望阿修羅眾勢力增長，免得阿修羅眾覺得自己勢力很大，就會來跟天眾征戰，這就是「**住持正法**」時人天額手稱慶的原因所在。所以「**住持正法**」非常重要，但是「住持正法」時應當要怎麼樣住持，才能夠稱爲「**大善巧方便廣供養一切諸佛**」呢？這當然得要有方便、得要施設次第。我們弘法將近二十年（編案：這是二〇〇八年底講的），因爲我們開始弘法時也沒有什麼企圖，只想找個可以紹繼這個第八識正法的法師，把法傳給他繼續流傳下去就行了，卻沒有一位法師成器。現在是有計畫而沒有企圖，因爲已經知道各大山頭都不可依靠，要他們捨離相似像法而仰仗他們「**住持正法**」，根本是不可能的；因此只要他們不壓制正法，我就很歡喜了。

我這樣說，是因爲我們在大陸想要出版宗教類書籍時跟在台灣完全不一樣，在台灣，你只要把申請書傳眞了過去，國家圖書館就發國際書號給你，不但不必審核，而且完全免費，你就可以自己印製了。在大陸可不行欸！你要先給宗教單位審核，就像台灣四十年前的警備總部新聞局一樣實質審核。當年警備總部的新聞局，你想要出版書籍時，每一本書都要取得一本局裡的核准號，都有一張核准證書，印書時要在書後把那張核准的證書照相製版印在版權頁；大陸現在還如此在審查，仍規定要有宗教類的核准書號才能出版，並不是國際書號。

而且，他們是由一群沒有實證的人，來審查我們實證的菩薩們寫的書籍內容；問題是實證的菩薩寫的佛法書籍內容，一定是負責審查的凡夫們讀不懂的，也一定與眾多凡夫法師們寫的內涵大大不同的，當然就很難被核准；而且凡夫大師們的勢力很大，也會異口同聲抵制而請求審核的宗教單位不發宗教類書號給我們，所以我們在大陸印書的成績很差，將近百本書籍之中能夠印出去廣利大陸學佛人的數量，只有那麼幾本，眞是少得可憐。然而因爲大陸很多人想要正法書籍，於是抱怨說：「**你們正覺都不照顧我們，你們都輕視我們內地的學佛人。**」有不少人寫信來抱怨。其實我們沒有輕視他們，因爲我們往世還有很多同修在大陸，一直想要接引他們回到正法之家，所以我們沒有輕視過。問題是：在那邊沒辦法順利出版。因爲我們出版了二本、三本，台灣和大陸的大法師們很快就去向大陸宗教局說我們的法義有問題，群起壓制，就不讓我們出版。所以我說，只要大法師們不打壓正法，我就很高興了，不能期待他們「**住持正法**」。

那麼關於「**住持正法**」，即使是在台灣，我想要「**住持正法**」時，能不能漫無章法、橫衝直撞呢？也不行啊！有一位法師說：「我在佛教界向來都是橫衝直撞，我什麼都沒怕過。」那當然很好啦！可是遇到了正覺同修會說出來的正法時，妳能不能依「法」提出來討論看看？完全不行啊！因爲正覺同修會的正法不可能讓人家橫衝直撞的，必須要據理依教來辨正的。她們可都辨正不了啊！橫衝直撞的辦法，遇到正覺同修會是沒有用的，她只能對各大山頭橫衝直撞。我們剛開始弘法時說得很簡單，只把《禪—悟前與悟後》、《念佛三昧修學次第》、《無相念佛》印出去，當時我們覺得有這樣三本書就夠了，沒有想印出更多的書。那時候我們的心好單純，認爲這樣就夠了，都沒有想要再寫什麼書；甚至於第一本書《無相念佛》剛寫出來的時候，我就說，這可能是我這一世唯一的一本書，沒有想要再寫第二本。誰想到後來被逼得沒辦法，必須辨正法義了，於是欲罷不能，結果得要一本又一本地印出來，現在有六、七十本了（編案：本書印行時已有百餘本了），這也是「住持正法」。

我個人就有這麼多本了，還有其他老師們一樣得要繼續再寫更多書。爲什麼我們要這樣作？因爲後來發覺各大山頭都不可依賴，得要靠我們自己來

「住持正法」，只好在後來開始有計畫地講經、印書了。因此，我們就開始有一些計畫：哪一些書要先印出去，哪一些書隨後才印出去。所以才會有《宗通與說通》印出來之後，才把一年前就準備在那邊的《邪見與佛法》拿出來印；我們得要有一個次第性，才能順利「住持正法」。

剛開始，我們並沒有通盤計劃；那時先講禪，禪講了沒有人要信：「正覺那個禪大概跟以前那一些自稱開悟的人所講的都一樣。」後來發覺說：「正覺講的不太一樣欸！是主張要悟得第八識如來藏，這跟離念靈知、放下煩惱的禪不同欸！」可是心裡面又想：「你不過是懂這一些啦！你還能懂什麼？」就亂批評、亂抵制正法。那沒關係，我們就慢慢來，再寫一點跟唯識有關的法義也好啊！然後他們讀了，想一想：「蕭平實喔！書讀多了，經論也讀多了，所以他很會寫書。」原來蕭平實只是因爲經論讀很多，所以很會寫書。原來蕭平實不是悟了才會寫書，他們是這樣講的，那不然，該怎麼辦？我們就來講一點經論好不好？別人講不了的，我們都能講啊！所以把《起信論》請出來開始講，終於有一些人觀念稍微改一改了。

然後，我們再來強調：成佛之道不是一悟就成佛了，並不是明心就完成了，還得要眼見佛性。「喔？什麼眼見佛性？佛性無形無色，怎麼可以肉眼看見？豈有此理！」不服氣，就寫文章開始罵起來了。沒關係！我們就證明確實可以眼見，因此又有書本印出來解說。然後有很多人在網站上講：「那個密宗害人不淺，如何、如何、如何……不過小弟我沒有那個力量，我捅不起那個超級大馬蜂窩，那個留給高人去作。」正好有人說：「蕭平實是不懂密法的，他只知道顯教的法。」好嘛！我們就來扮演高人，所以三個半月寫完《狂密與眞密》，並且把它印出來。

當時有好多密宗喇嘛、上師、仁波切不服氣，放話說要來論法。甚至於還有一個喇嘛，屬於法王級的，他的名字我就不公開講了；他的名字之中有一個冷熱的熱，我就不講他的全名，他們打電話說要來論法；結果約定時間到了，連一通取消的電話都沒有，就直接爽約了。有的是在電話裡面講：「我哪一天要來跟你辨正，如何、如何、如何、如何……」我們義工同修聽了說：「好，我幫您記下來了，請您那天記得要來相會論法。」後來發覺對方來電的目的，只是拿著電話在講給他的徒眾聽而已，只是想要讓他的信眾誤以爲是正覺的人不敢與他當面論法；事實上，他根本就不想來，當然也是爽約了。

後來聽人說，在網站上說不敢捅密宗馬蜂窩的人，又貼文說：「**不曉得這蕭平實是什麼人物？竟然也懂密宗。**」我當然懂啊！怎麼會不懂？我在西藏住過一、二百年，我還會不懂密宗？然後接下來有人放話說：「**他啊！他不懂阿含啦！他對大乘的那些法都懂，就是不懂阿含，他對阿含有什麼辦法講？**」實證大乘菩提的人，智慧是函蓋聲聞解脫道的，怎麼可能不懂阿含部的解脫道？好嘛！我們就寫《阿含正義》讓大家瞧一瞧。於是有這一套書籍印出來利益佛門四眾。我們總是要隨順這些因緣來寫書、印書，有一些書是應該先印出來的，就先印出來；不應該先出版的就留在後面印製，得要有一個順序，我們就這樣一步一步去作，才是有「**善巧**」的「**住持正法**」。

那麼最後剩下什麼呢？剩下的就是般若中觀；這個部分我們就得現在來講，所以接著講《金剛經》，而且是宗通，讓大家先聽一聽，以後整理好了印出來讓佛教界去讀，看我們講的《金剛經》跟人家有沒有一樣？（編案：共九輯，已全部出版。）當然完全不同，這就是眞正的般若。所以剩下的是中觀，好嘛！我們就來出一套《中觀金鑑》。是「金鑑」哦！也就是說，從此以後所有人講中道的觀行時，都要依憑這一套書爲準，這才叫作金鑑——黃金寶鑑。就是說，這一套書是中道觀行的黃金寶鑑，所以我把孫老師這書命名爲《中觀金鑑》；讓他們瞧一瞧眞正的中觀是什麼內涵，這樣子就把全面性的佛法整個函蓋起來。

這就是說，你要有什麼樣的「善巧」觀察因緣來弘法；而且你是要有全面的函蓋性，不可以只是侷限性的佛法。你對全部佛法具有函蓋面而完整呈現出來，這樣才是眞正「**住持正法，即爲大善巧方便廣供養一切諸佛**」。有了這樣的「**大善巧方便**」，用來「**廣供養一切諸佛**」，期望可以再延續正法三千年，這是我的期待。所以這一世如果把它作好，大概三千年內我就不必再出頭，由你們自己去「**住持正法**」，我未來世混在大眾之中隨順因緣默默去作就好了；等未來情況變壞了，有需要的時候我再來出頭。

我這個人不喜歡強出頭，因爲現在正法的局勢實在被逼到沒辦法了，所以我是打鴨子上架不得不出頭。我們正覺本來也不想出頭，但是佛教道場被外道法滲透到這個地步，古天竺「密教興而佛教亡」的故事已將快要重新上演完成時，我怎麼能坐視不管呢，於是我們今天開始了中國佛教復興的大工作。當你能夠把正法用各種「**大善巧方便**」而「**住持**」下去，就表示你已經

「**大善巧方便廣供養一切諸佛**」了。因為當你這一世把幾乎斷絕的正法延續了下來，並且把它作了一個總整理（我們這一世作的就是總整理，是把佛教界導歸三乘菩提正法的工作），就可以讓正法再久續流傳下去，就是「**大善巧方便廣供養一切諸佛**」。

我們能夠這樣作，憑的是什麼呢？就是依般若而出生的「**大善巧方便**」。特別是有一個題目從古到今不斷被翻炒，當代佛教界不斷地炒作這個題目，學術界也加進來翻炒：有的人說佛法中講的是只有六個識，有的人說是七識，也有人說應該是有八識、九識、十識，近年來還有附佛法外道發明第十一識。眾說紛紜，害得末法時代的今天學佛人都無法實證佛法；我們如今就再一次把它拿來大炒特炒一番，然後把它吃掉，再也沒有六、七、八、九、十識的冷飯可以炒了。我們是從聖教及實證的現量與比量來說，把這個問題定於一尊：**人類總共就是八識心王，少一個識便不是眞佛法，多一個識也不是眞佛法**。如今我們把它定於一尊。

其實祖師們也講過：「**一心說，唯通八識**。」如果要講眾生只有一個心的話，這個說法只許講阿賴耶識一心，細分為八識心王，才能講得通。可是他們都沒有發揮這個正理，當然也是因爲沒有實證而無法發揮出來；那我們就把它發揮整理出來以後，從此大家都說：八識心王的法義才是佛教的正法。我們這一世把它定於一尊，從此以後大家都別再爭論六、七、八、九、十識，更不用再創新無窮盡的更多識；全都別爭論了，就是八識心王的正理。要能夠這樣讓正法可以住持於人間，才能夠說是有「**大善巧方便廣供養一切諸佛**」，因爲諸佛見了或者知道這件事了，都會很歡喜。未來諸佛知道這正理了，就可以確定自己成佛之道應該怎麼走，可以按部就班修證，很清楚瞭解自己現在走到哪裡，接下去該怎麼走。這樣正法就可以久續地住持下去，這樣就說你有了「**大善巧方便廣供養一切諸佛**」。

這樣子，大略來說就是對一切諸佛作三種供養：「**發菩提心、救護眾生、住持正法**」。如今一般學人供養諸佛都是供養過去佛或者現在佛，總是供養不到未來佛，因爲他們所謂的供養只是在財物布施、無畏布施上面，只是救濟眾生而不是供養未來佛。也無法依這三個法門來對已成之佛作供養，所以最多的供養就是每天在佛像前擺上食物、瓜果、淨水等，然後奉上香禮拜供養。但那是物質上的供養，福德仍有限度。如果能夠作法供養，福德就無可限量。法供養就是幫眾生「發菩提心」，就是「救護眾生」，就是「住持正法」；這三個若是能作得到，你就是作了最上的法供養。法供養的功德無量無邊，這才是進入正覺同修會以後應該要作的事，不要再去效法凡夫大師們在世俗法上作文章。能夠具足這樣的三種供養就稱為廣大供養，這樣供養才是圓滿的供養；因為對未來佛的道業，你也幫上了一分力氣，未來的因緣果報可就很難以思議了。

眾生無始以來莫不是互相糟蹋或者互相幫忙，無始劫來都是這樣子，所以結怨結得很多，同時善緣也結下不少。你如果能夠依 佛陀在這上面所講的「**一切如來大善巧方便相**」上面來用功，一定是跟眾生都結善緣。或許有人想：「**我們救護眾生的時候，不是要跟密宗的喇嘛們結惡緣嗎？**」對！表面上是結了惡緣，但是當他們廣修雙身法而下了地獄以後，他們會突然想起來：原來他們正覺以前發給我的那些書中講的還是對的，他們原來是在救護我。那時他們就懂得懺悔了，最後不就是結善緣了嗎？原來惡緣還是善緣。

為什麼他們要下地獄？因為他們不斷地婬人妻女，具足根本、方便、成已三罪，難道不必下地獄嗎？並且又自稱是佛門裡的出家人，而且樂空雙運以後還自稱成就報身佛果了，又是以外道法取代佛教正法，他們的衣食住行又都是人家供養的，對社會沒有一絲一毫貢獻，卻同時在戕害眾生的法身慧命，那當然得要下地獄。並且他們都謗佛，指稱 釋迦如來只是化身佛而且層次很低；他們又都說雙身法才是佛法，從來都不認同眞正的佛菩提道；可是 佛陀從來沒有說雙身法是佛法，他們竟然栽贓到 佛陀頭上去，然後用外道法取代佛法，結果還是最嚴重的破法者，當然死後得下地獄。你如果把正知正見寫了，讓他私下去讀一讀，未來二十年後可能便會救了他們；也許這一世不一定救得了他們，但他們有些人謗法壞法的惡業若不嚴重，也許下一世就能救得他們了。

好多喇嘛們聽見蕭平實三個字就先罵翻了，可是他們那些喇嘛們之中，有很多人都有一個鎖起來的箱子，裡面裝得滿滿的，都是蕭平實的書，然後每一頁、每一頁在畫重點。這是眞的啊！大陸有一位學正法法師明心的因緣，就是因爲幫喇嘛上師整理書箱，結果發現這麼多蕭平實的書，隨意抽出一本來就剛好是《邪見與佛法》；隨意翻開那本書，正好就是說她的師父悟錯了的那一段文字，她說這就是因緣。就這麼巧！從我的十幾本書裡面抽出來那一本，翻開來剛好講的是她師父元音老人不對。這種事情不是只有她一位，而是有很多位，可見有很多佛弟子都是被 世尊所護念的。所以，當他們私下願意讀的時候，我們就有可能救到他們。

雖然不一定這一世能全部救得了他們，也許他們此世還是不信正法，繼續造惡業毀謗，下一世去地獄時，他們突然間猛醒過來，就懂得懺悔了，就可以提前離開地獄了，那我們還是有救了他。所以，怎麼樣施設各種方便善巧去「**救護眾生、住持正法**」，真的很重要；這個「**善巧**」若能夠用到很徹底，那就是「**大善巧方便**」。能夠這樣來「**救護眾生**」，也讓眾生「**發菩提心**」，可以這樣「**住持正法**」而讓正法久住，「**即爲大善巧方便廣供養一切諸佛**」。

好，經文講完了，接著來看補充資料。從事相上來說，《阿含經》裡面也有說到「**發菩提心**」的事，說到「**發菩提心**」來努力修學佛法，就可以具足五根——信、精進、念、定、慧等五種善根，前提是「發菩提心」。也許有人想：「**《阿含經》中講的不都是二乘菩提嗎？你爲什麼說它叫作修學佛法？**」我的意思是說，其實《阿含經》裡面有很多經典本來就是大乘佛法，只是二乘人沒有親證大乘法，所以他們聽聞了大乘經典以後「念心所」不足

——因爲沒有「勝解」大乘佛法所以無法憶持，只能針對他所聽得懂的、跟解脫道有關的部分生起「勝解」而有「念心所」，所以結集下來就變成阿含部所講的解脫道法義；但其實阿含部有許多經典，本來就是二乘人聽聞大乘經而結集起來的，所以我仍然說它是「阿含」，「阿含」就是佛法成佛之道的意思。大家來看《雜阿含經》卷二十六，佛陀云：

【「何等爲信根？若聖弟子於如來發菩提心所得淨信心，是名信根。何等爲精進根？於如來發菩提心所起精進方便，是名精進根。何爲念根？於如來初發菩提心所起念，是名念根。何等爲定根？於如來初發菩提心所起三昧，是名定根。何等爲慧根？於如來初發菩提心所起智慧，是名慧根。」】

這段經文是從電子佛典節錄下來的，它有漏了一個字，就是念根的部分少打了一個「念」字，我把它補上了。在《雜阿含經》卷二十六中，佛陀這麼開示五根。五根就是信根、精進根，以及念、定、慧根，總共五根。爲什麼稱之爲根而不是力？五根與五力不同，五根是表示說有這個根，未來它可以生長出苗來，但是目前還沒有生長出來，所以沒有功德力用——還沒有力量可以作用所以還不是五力。如果生長出來以後就有力量而有功德，那就叫作五力。同樣是信、進、念、定、慧，但是分成五根，那是前面的階段，後面根苗長了出來以後就變成五力。

什麼是信根呢？是說進入佛陀聖法中的弟子們，在　如來這裡發起了菩提心而得到了清淨的信心，這叫作信根。也就是說，如果修學佛法，但是不於如來所發菩提心，那就沒有信根。所以，外面有很多人努力在讀同修會的書，說：「這才是佛教眞正的正法，四大山頭無足道哉！」好，努力讀，他也想要證。問題是能不能證？往往是自以爲證了以後其實並沒有證，因爲他們的智慧還沒有發起——沒有抉擇分、沒有法眼淨，於佛菩提的妙法之眼還不清淨；所以，他原來所歸依的教主—不論稱爲什麼天尊或上帝或老母娘—根本就沒有開悟，甚至於都還具足我見，他們也看不出來，顯然是沒有慧眼的，當然是悟錯了。

爲什麼會這樣呢？因爲沒有信根，他們不是眞的「於如來發菩提心」，所以沒有對如來生起「淨信心」而生起「淨信心」。能夠「於如來發菩提心」來努力修學，才能夠發起信力。對如來沒有信力而要得到如來的開悟密法，無有是處，他們所謂的開悟一定誤會；就算有人明講送給他們而知道密意了，也是沒用的，他們的實相智慧是發不起來的。一定是「於如來發菩提心」而不是於外道天神「發菩提心」，這時面對　如來而得到的清淨心才能稱爲信根。也就是說，眞正「於如來發菩提心」之後才是具足信位；若是依舊歸依外道、天神而發菩提心，是對外道、天神所發的，不是眞正發起菩提心。

接下來，什麼叫作精進根？有根才有苗，有苗生長大了才有力。什麼叫作精進根呢？是「於如來發菩提心」的時候所生起的「精進方便」，才叫作精進根。換句話說，歸依了三寶、歸依了　佛陀之後，就開始有了「精進方便」，知道要精進修學了，這就是有精進根。什麼叫作念根呢？「於如來初發菩提心」的時候所生起的正念，叫作念根。也就是說，他初歸依三寶，心心念念就想著：我要怎麼樣護持三寶，怎麼樣實證佛法。這叫作念根，念就是記憶的意思，常常掛在心中，這叫作念根。信根強的人，精進根就會跟著強；精進根強，念根也就會跟著增長，所以有互相關聯的關係。

有了念根，表示他將會有定根；定根的意思，是說「於如來初發菩提心」而生起的決定性——心得決定；心得決定就是三昧、就是定，絕不改易而定下心來，就叫作定根。即使有人告訴他說：「某一個宗教比佛教更瞭解宇宙實相，你爲什麼不來學？」他根本就不動心，絕對不會離開佛教，因爲他已經心得決定了。心得決定的人，若有人想要欺矇他，必須假藉佛教的名義、假藉佛法的名稱，才有辦法欺矇他。有定根的人，反而有時候會被西藏密宗給騙了，因爲他們講的也是三寶、也是佛、也是佛法，又說喇嘛就是佛教的僧寶。所以若是不想被附佛法外道所矇騙，還得要有慧根，有了慧根就不會被騙。那什麼叫慧根？「於如來初發菩提心所起智慧，是名慧根。」也就是說，於 如來所發心，這個發心是對佛法有一些正確的瞭解了，所以這個發心有些不同；當他有了正確瞭解之後就會有一些法義上的抉擇分生起來，就是有基本智慧生起了。

現在問題來了，有一些大山頭的堂頭和尚暗中在修雙身法，請問：那些堂頭和尚座下的徒弟們，有沒有「於如來初發菩提心」而生起一點智慧呢？他們是有發心而沒有智慧。爲什麼呢？因爲他們爲信眾辦理歸依法會的時候，並不解釋三歸依的道理。他們不告訴你：表相三寶是什麼，勝義三寶是什麼，歸依三寶應該歸依什麼樣的三寶。他們並不告訴你，結果有好多人在大山頭已經歸依三寶了，有的人並且增上歸依好幾遍了，但問題是依舊沒有慧根；這是因爲都沒有被作正確的教導，對三歸依的眞實道理還不懂，所以沒有慧根。這不是經文講錯了，而是那些傳授三歸依的大師們自己也沒有瞭解三歸依的眞實義。所以有許多已經歸依三寶的佛教徒，心得決定說：「我一定要修學佛法。」結果人家西藏密宗來了，說他們那個外道法也是佛法，他就跟著走入外道法中而自以爲是在學佛。所以，心得決定還得要有慧根配合才行。這五根等五個法是互相關聯的，要這樣才具足五根。

有五根而繼續修學之後，才能夠發生五力，轉變信、進、念、定、慧等五根爲五力。有了信力才能夠爲別人說明什麼是眞正的佛法、什麼是眞正的三寶，因爲他自己已經深入理解而確信不疑。如果沒有信力，爲人家講解的時候，自己心裡面都是半信半疑，如何能夠如實而且很篤信地爲人說明？所以先有五根以後才能夠有五力，五根如果不具足，慧根起不來，光有定根也沒有用；因爲決定要修學佛法了，可是還沒有智慧去區別什麼是假佛法時，信力就起不來，到最後終於喪失信根。所以他跟著大師南征北討，甚至大師出國時他也都跟著去，三十幾年下來以後他能有什麼實證呢？完全沒有！所以到最後，且不說他的念根、定根、慧根，連信根都消失了，心裡面想：「佛

法的實證是不可能的。」然後就回到世間法去了。我們鄰居也有這種人，從此再也不學佛法了！本來一家人都很虔誠，後來全都不學了，全都回到世間法去了。

這就是說，慧根是非常重要的；但是慧根的發起要有因緣，因緣不足時還發不起慧根；但是慧根的發起，還得要有前面四根作支撐。如果對三寶的信不具足，就沒有辦法發起信根。對三寶的信是很難具足的，有的人有信根但是發不起信力，因爲他對佛陀有信心，可是對佛法沒有信心，對僧寶更沒有信心，總是說：「**已經是末法時代了，有什麼實證的聖僧可以教我們實證？不可能啦！信一信就好了，你可別信得那麼迷，你那麼努力在修什麼？**」竟然說努力修行的人叫作「迷」！對啊！有很多人被人家這麼講著。進了正覺同修會以後好努力用功，結果人家竟說：「**你去學就多多少少學著吧，何必那麼迷？**」他們是這樣講的。可是進了正覺同修會的人都不會「迷」，因爲進了正覺同修會是要學習實證的智慧。在會外才會有「迷」——不論大師去哪裡，他拼了命都要跟隨。如果大師不錄取他——不讓他跟著出國去遊歷，他就一次捧了三百萬、一千萬元去護持；大師不好意思遺漏他，就錄取了他，他就可以跟隨了；只要能跟隨大師就行，能不能實證佛法並不重要，那才叫作「迷」。

在正覺同修會裡永遠沒有這種事，同修會裡面都是要學智慧的，每一步都要確認：每學一個層次，成績出來了，就要確認對或不對。所以在正覺同修會裡面沒有「迷」，因爲都是可以依據聖教量、現量、比量來加以驗證的。能夠這樣子驗證，才能夠說這是具足有信根、信力。即使自己還沒有親證，至少有親朋好友或者眷屬已經先親證，證實這個實證的說法是眞的，這樣信根才算具足；因爲這時已經於法有信根，於僧也有信根了，當然對 佛就有具足的信根了。所以，於 佛有信根是剛開始，接著談到佛法的實證，就該於法、於僧也要有信根，所以五根的層次是有差別性的。同樣的道理，精進根也是一樣；如果於 佛有「精進方便」而得精進根，是於 佛陀得淨信所以願意精進；問題是：「佛是佛，我是我，佛的證量遙望而不可及。」第二個問題是：「法，到底內涵如何？我不知道。」第三個問題是：「這時候有誰能教我實證呢？末法時代還會有什麼證悟的菩薩能教我親證嗎？我不相信。現在都已是末法時期了，哪裡還會有證悟的菩薩？那些宣稱開悟的聖人都是假的啦！」於是精進根又不足了。

所以「於如來」生起了五根，這只是剛入手；接著還要於法、於僧同樣要有五根。於三寶的五根具足了，才能夠談到五力。有了五力就不一樣了，就是開始進入實證的階段。所以說，「發菩提心」的意涵很廣，從歸依三寶時的「發菩提心」，當時發了四宏誓願也是發菩提心；乃至發起「救護眾生、住持正法」的心，也是「發菩提心」——努力學法是為了實踐這兩個法，也是「發菩提心」；乃至最後終於證悟了，也叫作「發菩提心」。甚至於十迴向滿心位，從《華嚴經》裡面把十無盡願抄錄下來，在佛像前胡跪發起十無盡願而進入初地，也是「發菩提心」。既然「發菩提心」的層次差別萬端，那應該要怎麼樣去眞實「發菩提心」？這就不容易了。能夠眞正「發菩提心」就能夠「救護眾生」，隨著「發菩提心」的層次不同而作不同層次的「救護眾生」；能作不同層次的「救護眾生」，就能夠住持不同層次的佛法。能夠完成這三點，就是「大善巧方便廣供養一切諸佛」。

應該說今年還是去年？如果從天氣來講，應該說是今年吧？到現在才有了冬天的氣氛，終於開始冷下來了。有一位西洋的文學家或者什麼人講過：

「冬天來了，春天還會遠嗎？」所以大家不要嫌天氣冷，應該說春天就快要回來了。《實相般若波羅蜜經》上週講第十五段經文的事說部分，講解了事說的第一個部分「發菩提心」，現在要講第二個部分「救護眾生」，因爲經文裡面有說：「救護眾生，即爲大善巧方便廣供養一切諸佛。住持正法，即爲大善巧方便廣供養一切諸佛。」這是三種「大善巧方便廣供養一切諸佛」中的後面兩種。前面的第一種是「發菩提心」，「發菩提心」就是「大善巧方便廣供養一切諸佛」，可能有人還是覺得經文說的稍嫌誇大；但我要說明的是，其實「發菩提心，即爲大善巧方便廣供養一切諸佛」，一點都不過分。因爲上週我也講過，「發菩提心」有很多種的層次差別。「發菩提心」這個涵義是佛教界所忽略的，十幾年來，我們也常常說到世俗層次的「發菩提心」，譬如說歸依三寶、發了四宏誓願，這是最粗淺的。

可是如果講深一點的，或是最高層次的「發菩提心」，那可就絕對不簡單了，在《大般若波羅蜜多經》卷四百七十二裡面有這麼說：「云何當學初發菩提心乃至第十發菩提心？」在這一段經文裡面怎麼解釋呢？這裡面說的是從初地的「發菩提心」到十地的「發菩提心」。諸位想想看，這樣的發心容易不容易呢？發起初地心，那是不容易的事情，因為這樣的發心得要有道種智，且先不談大福德等等。而在獲得道種智之前，一定要通達般若別相智，就是要了達從七住心位到第三十心最後的十迴向位的別相智，進一步要了達初地到十地過程的次第內容，這個並不容易欸！所以不同的「發菩提心」，且不說五地、十地等等，單說初地菩提心就很難了。因為初地的入地心，條件是必須具備實相般若通達位的智慧，也就是要有極少分的道種智，還要有入地所須的廣大福德，還要再加上永伏性障如阿羅漢，換句話說最少得要證得頂品的三果。然而證三果的境界，就是離開欲界，能夠遠離欲界愛；已經斷了欲界愛的現行，才有辦法永伏性障如阿羅漢；最多就是欲界愛的習氣種子流注，但是不會有欲界愛的現行了，所以這個並不容易。

因為在正覺同修會內跟會外不一樣，在會內該學的智慧絕對夠你學，盡此一世也學不完；可是在會外就沒得學了，也就是說，沒有實證的機會，更沒有悟後進修的妙法。但是在會內學得困難的法，會外更是困難；即使是永伏性障如阿羅漢，這個在會內很困難，在會外則是更困難，所以這樣的「發菩提心」絕對是不容易的。發起初地菩提心，一直到發起十地菩提心，這些都叫作「發菩提心」；這當然是發勝義菩提心，而且是最高層次的發心，這個是最難了。所以說，第一種發菩提心是「大善巧方便廣供養一切諸佛」，絕對當得上；因為這樣的「發菩提心」可以利樂人天，而且普天之下沒有人能夠從法義上來挑戰你，也沒有人能夠從證量上來挑戰你。在世間法上面可以挑戰你的人當然很多，譬如說我來跟你比比腕力、比比耐力、比比跑得快慢，或者比比誰講話大聲；可是在佛菩提上、解脫道上，沒有人可以來挑戰你的。所以這樣的發菩提心，絕對夠資格是「大善巧方便廣供養一切諸佛」，因為能利樂人天而令正法久住。

那麼，第二個「最第一廣供養一切諸佛」則是「救護眾生」，第三個是「住持正法」。也就是說，這兩個要以前面的「發菩提心」為基礎。有勝義「發菩提心」實證般若作基礎，自然就有能力真的「救護眾生」，也有能力真的「住持正法」。而「住持正法」與「救護眾生」，其實這兩個是平等的，但是都要依前面講的「發菩提心」作為基礎，因為那個「發菩提心」講的是發勝義菩提心。既然有了初地到十地這十個發菩提心的證量了，有這個智慧了，當然也就有這個勇氣與悲心來「救護眾生」。假使有人說：「我們早就證得十地法王的果位了。」可是，突然間冒出了一個蕭平實出了書說：「你根本什麼都不是，只是個凡夫。」他們還再硬撐著說：「我們絕對是十地法王，但是我們不屑於跟蕭平實對話，因爲他程度太差了。」其實都是不敢來論法，這樣的人還能「救護眾生」嗎？顯然不能，他連救自己都沒辦法了，因爲他也是要被別人救的人，何況能「救護眾生」？因爲他自己也跟眾生一樣，落在種種邪見裡面，連三縛結都沒法斷除，更不要說什麼證實相，所以他沒有辦法「救護眾生」。

至於「救護眾生」得要先有能力「住持正法」，有能力「住持正法」的人就有能力「救護眾生」，有能力「救護眾生」的人也一定有能力「住持正法」，而這兩個條件都是依剛剛講的發初地到十地菩提心作基礎，至少要有初地心的智慧作依憑，否則往往會被外道所破，不然也會被自己座下的新學弟子生疑退轉加以破壞，就無法建立正法於不墜之地。也就是說，在佛門中，智爲先導；進得佛門來，不是爲了每天作義工、救濟貧窮，大家嘻嘻哈哈地混過每一天。進得佛門就是要求證智慧，去救濟貧窮利益眾生，那只是爲了求得般若及解脫的智慧而去修集的資糧。那只是資糧，不是學佛想要的目的。就好像你想爬到二樓去，得要打造一支樓梯，但不能把那個樓梯當作自己所要的目標，辛苦打造的那支樓梯只是自己要上二樓去的工具。所以去利樂眾生、救濟貧窮、照顧鰥寡孤獨，都是在修集見道所需要的福德資糧；去護持正法、爲正法作事，也都是在修集福德資糧。而修集這一些福德的目的，都是爲了要證悟佛菩提與解脫三界生死等二種智慧，所以智慧是進入佛門首要追求的標的。

講到這裡，智慧跟修定的分際就得要分清楚了；好多人不懂禪，根本原因就是在這裡。他們誤會了禪而走錯了路，把禪宗的般若禪當作是修定，所以一天到晚都在打坐；你叫他不打坐，他就跟你發脾氣。但是打坐能出生智慧嗎？打坐是修定，永遠都是要求一念不生、要求入定。假使能入定，一入定就是三天三夜，出了定以後還是癡呆，因爲沒有智慧生起；台灣話叫作「哮呆」(讀作浩呆)，就是這樣啊！一念不生時什麼智慧都起不來。而且三天三夜過完了，出定的時候才發覺這腿又痛又痠，還得要好好地、慢慢地處理它才能下座；可是智慧依舊出不來，何苦來哉！無生法忍下至聲聞法解脫三界生死的智慧，都不是從修定得來的，全都是智慧。乃至於諸佛菩薩與眾生感應，那也是智慧的能力，不是從修定得來的能力。所以只要有智慧，進了佛門就算達到了初步的目的。

如果進了佛門還一天到晚要打坐、要求一念不生，智慧一定永遠起不來。且不說什麼智慧，光是禪宗公案拿到眼前來：「請問師父，」或者說：「請問老師！這一則公案講什麼？」「喔！這種老掉牙的東西，現在是什麼世紀了，人類都上太空了，還拿這個來問！」還要罵人，對不對？可是他們罵得沒道理，因爲實相就是第八識金剛心，祂是實相所以永遠不會變的。而且不管祂多麼老，永遠都不會掉牙；因爲祂沒有牙齒，怎麼會老掉牙？如果會老掉牙，就表示實相是會改變的才會老掉牙，才會說公案到了二十世紀、二十一世紀就不適用了。會改變的就不是實相，永遠不改變的才是實相，那麼一千多年來的中國祖師公案，或者二千五百多年前印度釋迦牟尼佛傳下來的公案，也只不過二千多年而已；而禪宗打從天竺到中國，所有的公案都指向第八識金剛心——實相法界。可是實相法界第八識如來藏打從無始劫以來，祂就是一向如此，未來也永遠不變，那麼指導人家取證實相心的禪宗公案，怎麼會老掉牙？即使再到無量劫之後，祂也還是不變；所以禪宗祖師們的證悟公案，自然是通無始劫前，也通無量劫後，因爲公案中所指涉的標的心如來藏永遠不變，當然禪宗公案便永遠歷久彌新。他們每天從早到晚打坐求一念不生，想要時時刻刻保持離念靈知，智慧永遠不能產生出來，他們進入佛門坐斷了兩條腿也是白搭，都沒有智慧可言。

所以進得佛門最重要的是求證智慧，既然求的是智慧，可就不要再迷信了。不管誰講的法，不管他們名氣是大是小、道場是大是小，也不管他們是在家、出家，只管他們說的法對不對，只管他們說的能不能符合我們從五陰十八界現量上的檢驗？能不能符合實相法界現量及聖教量的檢驗？能不能符合依聖教量及親證現量演繹出來的邏輯—也就是比量—的檢驗？你們只管這個就好，不要管對方年紀多麼輕或多麼老。假使哪一天出了個三歲娃能夠講得勝妙法，你一定要高興才對，千萬別輕視他，因爲這表示他早就離開胎昧了。那個娃兒一定不是三地以內的菩薩，至少是要三地滿心以上才有辦法這樣子；所以你不要瞧他是個三歲娃兒就輕視他，要趕快納頭便拜；只要他肯收你爲徒，你這一世就不愁唐捐其功，而且道業一定突飛猛進。

所以不要管對方是什麼表相，只管他說的法是不是符合三量？是不是有智慧？他是不是能夠「住持正法、救護眾生」？只管這個就好。如果能「救護眾生」、能「住持正法」的人，遇到某一件事情是他應該作的，可是他被威脅就退縮了，請問：他是不是眞「發菩提心」？是不是眞能「救護眾生、住持正法」？我不認爲。因爲眞「發菩提心」的人既能「救護眾生」也能「住持正法」，他是不會把一世的生命看在眼裡的。所以不管人家怎麼威脅，他會繼續作下去；他有能力「救護眾生」也能夠「住持正法」於末法之中，他就應當如此。你想，能夠這樣作得到，是不是人間極頂困難的事？正是如此啊！但諸位進了正覺同修會都應該發這個心：「將來末法時代不管外道勢力、邪魔勢力多麼強大，我還是要繼續『救護眾生、住持正法』，心中無所畏懼。」如果能作得到，這表示你絕對是有「大善巧方便」而能夠「廣供養一切諸佛」，因爲這是對諸佛最大的法供養。「諸供養中，法供養最」；法供養是最好的供養、最上供養、無上的供養。

以「發菩提心、救護眾生、住持正法」來供養一切諸佛，是眞的能夠全部供養到的，是「廣供養」，是最大的供養。然而對一般人而言，這一種勝義上的「發菩提心」眞的很難；已「發菩提心」了，想要再以後面二個來供養一切諸佛又更加困難。爲什麼「救護眾生」難？爲什麼「住持正法」難？我們正覺同修會就是現成的例子。自從我們開始弘法以來，《禪—悟前與悟後》印了出去，剛開始印的是這麼厚一本，是七百多頁的贈閱本；當我們印出去好心贈送給佛教界以後，好多大道場私下就開罵了，說我們大妄語。後來有一家大書店認爲這書太好了，建議我們把它改爲書局版；然後我們同時出版了《眞實如來藏》。那本《眞實如來藏》，說老實話，我二十幾天就寫好了，速度好快。

當這樣開始作了以後，諸方的抵制就來了；我們在書中並沒說諸方悟錯了，但因爲書中的法義明白宣示要證得第八識眞如才是開悟，這間接顯示他們都沒有開悟，當然就會私下抵制我們。直到最近幾年，他們終於無法在法義上面口頭抵制了。所以我們當年「住持正法」，剛開始時眞的是篳路藍縷、胼手胝足。以前在中山北路那個地下室剛開始時，我是校長兼工友，鋪地毯等事情，包括漏水，我都自己處理。來到這裡時，這邊也會漏水，我也是自己處理，結果現在都沒有再漏水了。你們看，眞的很辛苦！可是你光「住持正法」也不行，因爲眾生不知道你是不是眞的正法。但是自然會有人幫助我們證明，所以他們就寫文章或者在網路上對我們提出質疑；這些人之中，罵我們自性見的質疑最多，主要是印順派的人，他們說：你那個法是如來藏外道，是外道的神我，是自性見。他們這樣大力質疑，其實是幫助我們；因爲本來沒機會寫那麼多書，他們提出質疑時我們就有機會再寫了，就可以一本比一本寫得更深入。只要他們提出的問題夠深入，我們回答的就夠深入。然而這是要有深妙智慧作憑藉才能作到的，所以說「住持正法」難！

後來我發覺：我們想要與他們和平共存是不可能的。因爲局面必然如此，當你說的開悟內容跟他們講的不一樣時，他們堅持開悟的境界是離念靈知、是覺知心放下了煩惱、是覺知心的直覺，而你的開悟是第八識離見聞覺知，是連煩惱都不存在的如來藏心。這時，你吹你的號，他吹他的號，可是調子完全不同啊！他們當然會說你吹錯了，否則就得承認自己的錯了。既然他們要抵制，要繼續誤導眾生，想要使我們無法「住持正法」、無法續佛慧命，我們就得開始「救護眾生」了。這是因爲有好多人被作了錯誤的印證，陷害了很多人犯下公開大妄語的大惡業，我們一定要救那些人在死前懺悔滅罪才行。

不過有一個大山頭比較聰明，自從我們開始弘法以後，他們就沒有再印證什麼人開悟了；後來在月刊上宣稱有印證十二個法師明心見性，但那個印證是在我們弘法之前的事，只是在後來披露出來，可是也都經不起檢驗。不曉得另外一個常常在印證徒眾開悟的大道場，現在還有沒有再印證徒眾開悟？但是不管他們有沒有繼續爲人印證，其實我們已經救了很多他們的徒眾離開大妄語業。那一些人後來讀了我們的書，自己會去檢點，發覺所悟不對時，自然就會找來五個、八個人，同在 佛前懺悔，就滅掉大妄語業，死後就不必下地獄，我們就是救了他們。即使他們嘴裡不讚歎我們，我們還是隨喜的，畢竟他們不用下地獄了。只要他們離開大妄語業，我們就很歡喜了；讚不讚歎我們，那不是重要的事，我們從來不在意。

從我們的例子看來，證明「**住持正法**」極難！極難！因爲你所說的法跟別人不一樣；別人都宣稱開悟了，證得是離念靈知等意識心；他們的法跟你不一樣，而你也宣稱開悟度人，教的是親證第八識實相心的眞如境界，完全不同，他們當然不認同。開悟時所悟的內涵會有兩種標的嗎？不可能啊！因爲實相只有一種，怎麼會開悟所證的實相有兩種呢？所以雙方一定會有矛盾出現，衝突即不可免，因此你要「住持正法」就有困難，因爲他們不容易瞭解你所證的眞如。他們連粗淺的聲聞道都證不了，何況極甚深的佛菩提道？所以他們爲了名聞、利養，一定會私下裡不斷地抵制你，想要使你所悟的般若正法無法弘傳，鞏固他的法眷屬；那你就必須要不斷地寫書，寫出來以後大家讀多了，理解了，才會漸漸信服。不管你寫的書是不是一本比一本勝妙，只要那些書疊起來比我這個人體高，大家就會相信了，這叫作著作等身。眾生大多相信這一套，但我們目的不在這裡，而是要把幾百年來沒有被寫出來的經典中的眞實法，如實地呈現在大眾眼前。並且我們講的、寫的，還要有足夠的函蓋面；函蓋面如果不夠，眾生也不會相信的，那就得要有很寬廣的實證面。「住持正法」之難，就在這個地方，既要有深度還要有廣度。

那麼光是「住持正法」還不行，還不足以顯示正法之異於相似像法或者異於邪法的所在，結果還是要回到以「救護眾生」爲目的而作的各種摧邪顯正的事業。所以當年許多人勸我說：「老師啊！你不要一竹篙打翻整個佛教界。你這樣全面對佛教界辨正法義，沒有一個人是你讚歎的開悟聖者，那你會四面楚歌欸！」有一位同修說：「我們以前在軍隊學政戰的時候，」政戰懂嗎？就是政治作戰，「要怎麼作呢？要拉攏某乙來打某甲，再拉攏某丙來打某乙，然後拉攏某丁來打某丙，最後才由自己打掉某丁。要先作了第一件事才能再作第二件事，不可以把甲乙丙丁四個人一次全部都打擊。」我說：「你講得當然有道理，可是我的時間不夠。如果我得要像你說的這樣，把某甲山頭悟錯的地方舉出來，要先聯合某乙山頭來推翻他。且不說某乙山頭不肯與我合作，我一個山頭如果需要弄上十年，四大山頭我要弄上幾年？我沒有那麼多時間，正法的弘傳和眾生的救護，不能等待那樣久的時間。」然後我說：「不必管別人怎麼樣打壓我們，只要我們這個法是正確的，好比一個譬喻，」我就講一個譬喻給他聽，我說：「如錐處囊，」好像一支鑽子處在一個布囊裡面，「它遲早會穿出布囊來的，誰也擋不了，一定會穿出來的，不怕人家努力遮蓋我們的正法。」所以我們還得要把握時間，速度還要夠快；這樣一面摧邪顯正「救護眾生」，同時「住持正法」而把勝妙法寫出來，既有深度也有廣度；這樣子兩件事配合著一起作出來，功德就很快成就了，才能夠有今天這樣的三乘菩提正法勢力的鞏固。

如果我要一個一個慢慢去辨正的話，我得要活上一百六十歲，才可能完成「救護眾生、住持正法」的大業。既然無法活上一百六十歲，爲什麼我們不要全面去進行呢？所以我就沒有聽他的話，繼續作下來。現在最後一個階段的中觀或般若的法義，也已開始在《正覺電子報》連載了，不是嗎？那麼函蓋面已經有了，我們就是從淨土宗、禪宗開始，也從密宗的外道法開始作法義全面性的辨正，然後也把阿含道（其實不該叫作阿含道，應該叫聲聞道、解脫道）也寫了出來。我們既有般若，也有種智；而禪宗道場最敬佩的就是公案的拈提，我也寫了七輯。第八輯寫了一點點，是寫第七輯時多寫了五、六則，後來發覺寫多了，就擺著不想再寫了，讓它成爲殘稿。

這就是說，「救護眾生」是很困難的，因爲當你「救護眾生」的時候，要先有心理準備，就是準備挨罵。以前還有人登報罵我癩蝦蟆精，還有罵人妖……等，罵得很厲害！又罵我沒有神通，所以不是眞的開悟，罵我的同一個人竟然又登報罵我是妖精變化出來的，那我究竟有沒有神通？我也不知道，只有罵的人自己才知道。眞的是什麼樣的話都會罵出來，所以如果有人罵我邪魔外道，那是等閒之事；你想要「救護眾生」時一定要作法義辨正，那你就要有這個心理準備。就好像你發了大心，伸手去水裡要拉那一條快溺死的狗，你先要有心理準備——要被牠咬一口。因爲牠不知道你的善意，以爲你要抓了牠、宰了牠。我們救護眾生的時候也是一樣，他們會以爲你是要剝奪他們的名聞與利養，不知你是要救他們免下地獄，所以一定視你爲寇讎，不會當你是好朋友。

他們無法體諒你是這麼慈悲要救他，甚至於我們挨某一個比丘尼的告，還想要度她開悟般若，但她完全不領情，眞的想不到吧？所以說「救護眾生」是很難的，你要有那個心理準備——隨時會被他們咬。因爲他們剛開始時都無法接受，心裡面很困擾也很氣憤：「我在佛教界混了一、二十年，好不容易才戴上了一頂開悟聖者的帽子；現在這頂高帽子，你竟然硬生生把我摘掉了；是可忍，孰不可忍？」那麼等而下之，就是說：「我們師父道場這麼大、名氣這麼大、徒眾這麼多，難道還會輸給你一個蕭平實？名不見經傳的蕭平實竟然敢批評我師父！」哇！氣得不得了，他們都只看見你評論他們的表相，不知道這實質上是法義辨正，也都不知道你是要救他們。

所以說，「救護眾生」是很難的，「住持正法」也是很難的。這是因爲末法時代的怪象就是「百萬將軍一個兵」，那百萬將軍都是假將軍，而你這個眞正的兵只有一個人，卻要去降伏那一百萬假將軍，你當然很辛苦。他們既不會打仗，連軍事術語都不懂，而你這個兵什麼都懂，那你要去收服他們眞的很難，因爲他們個個都自己掛著將軍的名號，所以很不容易。但是因爲不容易，而你能夠作得到，那才叫作有「大善巧方便廣供養一切諸佛」。如果「發菩提心」是容易的，如果「救護眾生、住持正法」都是容易的，就稱不上是「大善巧方便廣供養一切諸佛」了。所以要作到這三點眞的很困難，但是如果能夠作到這三點，你想要入地也就不難。

這也就是說，它們是相對的；如果一天到晚爲自己的利益在設想，別說要入地，想要超過十住位都很難。所以在次法上面如何去用功，其實是進入正覺同修會裡面最難的事，因爲在同修會裡面學法容易，可是在次法上面我通常不太想講，有一些同修們會嫌我囉嗦。這一年來，是因爲增上班的課程法義裡一直都在講次法，法倒是比較講得少，所以想一想，也是該要講一講了，否則未來我該離開的時候 釋迦老爸見了說：「你這小子，該講的次法你都沒有教，這是你的過失。」我只好滿臉通紅了。上輩子就已經挨罵了，這一輩子捨壽時難道還要挨罵一次嗎？不了！所以我得要講一講次法了。講了以後如果有人不聽，那是他家的事；至少我有講了啊！我捨壽時可以交代了，不會挨罵就行了。如果講了，人家不聽，佛陀就不會責備我了。

可是次法眞的不容易全部作到，所以你要怎麼樣去作到全無私心地一直去奉獻、一直去作？爲眾生、爲正法該作的就去作，不管它有多麼難。「救護眾生」那麼難，你幫助他們，還要被他們咬，你也得咬著牙讓他們咬。等他們咬了以後而被你救上來了，發覺你都沒有傷害他們，並且還從口袋裡掏出食物給他們，他們就知道是誤會你了，然後他們也得救了。這樣是誰得利了呢？看來你是吃虧了，被咬了還把食物送給人家；然而其實是你得利，因爲他們就是你將來成佛時的佛土，你已經攝受了佛土。所以不要從表面上去看事情，單從表面上看都是錯誤的；因爲「發菩提心」是爲了自己的道業，「救護眾生、住持正法」看來是爲眾生，但是卻回頭幫助自己的菩提心增上、福德增上，結果還是利益了自己。就好像澳洲土人那個迴力棒一樣，丟出去以後還是回來他手裡，只要你有能力接住，原來還是你的。所以這三件事並不容易，很難、很難、很難，但是你得要「救護眾生」，因爲你如果不救，那一些誤導眾生者座下的所有徒弟就跟著犯錯了。但是「救護眾生」時不可避免的，你一定會挨罵，甚至吃上官司；這時卻沒有一個道場會出面爲你講話，眞是吃力不討好。

以前我弘法的時候，還打過一個妄想說：「這麼好的法，有哪一個寺院想要得，我就送給他，我就可以退隱了。」因爲我家還有老米可以吃，不必依靠別人。沒想到送上門去，人家還不要，還嫌你這個米臭，那你怎麼辦？所以後來想一想：求人不如求己，乾脆自己來作。想要仰賴別人來「住持正法」，眞的不可能啦！所以只好褲管撩起來，入泥入水自己來幹，要寄望別人是不可能的。不過，諸位跟著我捲起褲管，不怕泥濘這麼作下去；接著是未來很多世，是享受一千年、二千年、三千年的正法快樂，沒問題啦！未來的正法若是鞏固的，我也有好處啊！我下輩子就不必出來辛苦弘法，由你們去弘揚就可以了；我可以繼續隱居起來，或是在會裡當個低調的親教師，因爲我還有自己的道業等待進修。

但是我得要在這一世努力把「廣供養一切諸佛」這個大福德累積起來，福德若不夠，想要往上提升，門都沒有！所以爲正法去住持、爲眾生的道業去救護他們，其實也是爲自己，最後都回到自己身上，絕不會唐捐其功的。

只有愚癡人才會笑我說：「你這蕭平實眞笨！出錢出力又不受人家錢財供養，什麼供養都不接受，那你在幹什麼？」我說：「我不幹什麼，我為我自己。」「你明明都為別人。」我說：「不！我是為我自己。」因為只有這樣作，才有廣大的福德增長上來。幫大家「發菩提心」，而且繼續「救護眾生、住持正法」，作到了「大善巧方便廣供養一切諸佛」，這個福德最大，大家就在這一方無上福田一起種植福德，未來世的收穫絕對很可觀。這就是說，進了正覺同修會，你要思考怎麼樣作到這三點？得要把它列為目標去作。作得到這三點，你就是能夠「大善巧方便廣供養一切諸佛」的菩薩摩訶薩。

諸位以前有沒有覺得說，那經上寫的菩薩摩訶薩，讀了以後想：「哇！好羨慕。」有沒有？對啊！很羨慕！那可都是菩薩摩訶薩呢！現在輪到自己有機會當摩訶薩了，既然有機會，為什麼不拚一拚？應該提起精神、發起廣大心量去拚。而且我們又不是沒有現成的例子擺出來，從明心、見性、牢關、入地、道種智都鋪陳出來了，三乘菩提的實證也為大家預備好了，並不是沒有啊！你們要怎麼樣去證得？那就要努力去拚。如果這一世把未來三千年該修的道完成，就是化長劫入短劫，那不是可以心裡面高興地說「善哉、善哉」？

應該這樣嘛！也許第二天想：「**這還不足以形容我的心境。**」就應該進一步說：「**妙哉！妙哉！**」應該這樣快樂地學佛，不要老是學得愁眉苦臉，一天到晚愁雲慘霧，家裡也跟著你氣氛不好、氣壓好低。所以你學佛以後應該讓家裡的人快樂，這個目標在哪裡可以完成？就在正覺同修會。

接著回來說「**菩薩摩訶薩**」，以前好羨慕這個身分呵！因為這身分的背後代表著實修實證，那咱們就來看看「**菩薩摩訶薩**」是什麼樣的內涵。能夠「**發菩提心**」來「**救護眾生**」，是成為大菩薩的條件之一，在《佛說佛母寶德藏般若波羅蜜經》卷上有一首偈這麼說：【**云何得名摩訶薩？得第一義眾生中，斷眾生界諸邪見，是故得名摩訶薩。大施大慧大威德，佛乘最上而得乘，發菩提心度眾生，是故得名摩訶薩。**】

什麼是眞正的佛母？實相般若就是佛母，因為一切諸佛都依實相般若這個智慧而成就。如果不是證悟了實相般若，根本沒有機會可以成佛；因為他的法身慧命還沒有出生，成佛的種子還沒有出生。證悟了實相法界如來藏心以後，能夠觀察如來藏的眞如法性時，實相智慧才算是出生了，就能眞的開始行菩薩道而邁向成佛之道，所以實相般若才是佛母。什麼樣的人－當然也包括神、天人、鬼神—可以稱爲大菩薩？「摩訶」就是大，「薩」是菩提薩埵的簡稱，所以摩訶薩就是大菩薩，就是覺悟而成爲大心的有情。什麼樣的有情名爲大菩薩呢？是說已經證得第一義諦的這一些眾生之中，他有能力來斷除眾生界的種種邪見，就可以稱爲大菩薩。請問，於第一義—也就是證悟如來藏而生起實相智慧之後—他若還沒有辦法斷除眾生界的種種邪見，算不算是摩訶薩？很顯然不算！因爲這段經文中說的摩訶薩的條件有兩個，是把第一義證得了以後，還要能斷除眾生界的種種邪見，才能稱爲菩薩摩訶薩。可見這個摩訶薩還不容易當喔！所以證悟之後得要繼續努力，不要得少爲足就說：「**我知道了，如來藏就是祂嘛！我一天到晚跟祂在一起，我知道了。**」可是當別人說出錯誤的說法時，他卻沒有能力去簡擇以及把它破除，就是沒有能力「**救護眾生**」，那就不算是菩薩摩訶薩了，最多只能夠是得第一義眾生。

所以誰反對我破邪顯正，我就說他不是菩薩摩訶薩；他只是得第一義的眾生，還稱不上摩訶薩。這樣子說，有沒有道理？有嘛！因爲這不是我講的，這是般若系列的經典說的，不是我杜撰的。所以我如果破斥了哪一位誤導眾生的大師，有人心中生起了不好的心情，就在心中叨叨唸唸的：「你看，又在講別人了。」我就說他不是菩薩摩訶薩，說他只是證得第一義的菩薩，其實只是眾生，仍然不是摩訶薩。因爲菩薩摩訶薩要有這兩個條件才當得起，即使認同了，還沒有能力作，便不叫作摩訶薩，何況是反對的人？所以我說的有道理。當摩訶薩的條件有二種，第一種就是悟後還要能夠斷除眾生的種種邪見。

那麼邪見可就很多了，《阿含經》中講有六十二外道見，還有講到九十六種外道見。當代佛門中最大的邪見是什麼？是要把握自己、要當自己。請問：自己是什麼？自己是五陰我、眾生我。那不正是大邪見嗎？對啊！所以只要有誰教導徒眾們說：「我們要把握自己，要當自己。」那你就破斥他：「原來你是個常見外道。」他爲何是常見外道，你就把道理寫出來，條分縷析辨正清楚，讓他無法反駁。他的徒眾們看到你寫的文字了，就會趕快拿去問：「師父！人家在罵你欸！」其實不是罵，而是法義辨正，但他們通常都會說是罵。師父拿來一看：「這個不理他啦！」其實心裡早就知道自己應付不了，無法提出反駁。現在都是如此啊！當你寫出般若妙義來，有人買了那些書送過去給他的師父；他的徒眾們也私下流通：「那個某某人又在罵師父了，這一本書說的，你看看有沒有道理？我們得想辦法把他扳倒。」結果越讀覺得越有道理，就逼著師父：「師父！你要承認阿賴耶識、要承認如來藏。」只好承認了，不然怎麼辦？否則徒弟要造反了。那麼，他們不就被救了嗎？要能夠斷眾生的邪見，才算是菩薩摩訶薩。

如果有人說：「我不想當菩薩摩訶薩，我只要當『得第一義諦的眾生』就行了，難道這樣不行嗎？」我說：「行啊！隨喜啊！」我也隨喜啊！我都隨喜。這儒家不是有一句話嗎？鐘鼎山林，人各有志，不可強求。希望到廟堂作事的人，就讓他去作；希望永住山林淡泊名利的人，你也不能強求他，那就大家隨緣嘛！只要他們一世又一世能增上就行了。當他覺得說：「我這一世走上這麼一步就夠了。」我也隨喜，畢竟他這一世眞的前進了一大步。這一大步，眾生再趕十輩子也趕不上，那我也可以隨喜，這也沒有關係。對另外一種有志問鼎的人，也就是想要問鼎菩薩摩訶薩位的人，很好啊！想要當菩薩摩訶薩，我們就說：一定要同時能夠斷諸眾生邪見。斷諸眾生邪見爲什麼是成爲菩薩摩訶薩的條件之一呢？正是因爲「救護眾生」；「救護眾生」

就能使正法的住持更加鞏固，就是「**住持正法**」；因為會有更多的眾生對正法瞭解了，真的瞭解了就會認同，認同了就會支持；大家支持了，正法的勢力就比以前更鞏固；那他努力「**救護眾生**」時，當然有資格稱為摩訶薩。所以原則上不想當摩訶薩的人，我當然隨喜；可是如果大家都立志要當摩訶薩、要斷諸眾生邪見，我就不只隨喜了，我是大歡喜。

接下來，還有什麼樣的菩薩摩訶薩是比這個層次高一點？《佛母經》中世尊開示說，還要有「**大施大慧大威德**」，要這三大。首先得要作最大的布施，請問三種布施裡面，什麼施最大？（眾答：法施。）是法施嘛！財施、無畏施不算是最大的布施，法布施才是最大的；當然這有個前提——不是以錯誤的法來布施。這大布施還不單單是口頭講了就算，還要把它留下文字記錄，使它流傳於後世；這是要讓大家未來世重新受生再來時還可以複習，一複習了以後說：「**原來我上輩子悟過，我知道是什麼了。**」那種子一下子就引發出來了，這才叫作大布施。千萬不要像以前有一個同修——當然他很早就走人了，他向我說：「**老師啊！你寫那麼多書幹什麼？印那麼多書送給人家，要花很多錢欸！**」竟然跟我講這個話。哎呀！真受不了欸！因為咱們「救法護眾生」都嫌作得不夠，他竟然還嫌我印那麼多結緣書，怕我跟眾生作「法布施」花錢，眞是奇怪的想法。

所以大布施很重要，一定要讓正法可以留下來，最重要的就是留下文字記錄，讓大法、妙法、勝法的記錄一直都存在；未來世大家重新再來時，縱使還沒有離開胎昧，但是讀過幾本也就重新悟入了，就知道般若佛母了。至少我是個現成的例子，而且我這一世的師父傳給我的法都是錯誤的，我所讀過他的著作都是誤導我走向反方向的，但我把他的教導全部丟棄以後，還是可以自己悟出來；何況我們如今留下正確法義的這些書本，大家這一世眞的悟過了，未來世只要重新一讀也就會開悟了。所以未來世讀蕭平實書以後能夠開悟的人會有很多，就是你們諸位，這樣作了才能叫作大布施。如果光是口頭上講了，縱使他眞的悟了，但是沒文字記錄他所證悟的妙法，未來世就利益不了人了。所以大布施一定要徹底去作，書該印就印，不要怕花錢。譬如說，現在我們印那些關於密宗的口袋書，流通量好大，很花錢，可是我們得要繼續流通，不要因為每個月有那麼多錢花出去，就覺得不捨，千萬不要這樣想。

「救護眾生」免得再落入密宗的常見與邪淫破戒的邪法之中，這是很重要的。當然，那些人離開密宗時大部分是不會來同修會學法的；一百個人之中如果有一個人會來同修會，那就得稱歎說「善哉、善哉」了，大部分人都是不會來正覺的。但我們破密的目的不是要度他們進入正法，只是要救護他們，避免他們再落入邪淫業，死後免得墮落三惡道，這樣就夠了。這不但是法布施，也是無畏施，讓他們知道眞相以後可以確實懺悔，捨報時心中可以無所恐懼，因爲懺悔以後知道自己這一世沒有問題了，一定可以繼續往生善處，這也是大布施。救護眾生不墮三惡道，這個布施也算是很大。

除了大布施以後，再來是要有大智慧。也就是說，你要有很多很多的智慧，函蓋面要夠、深度也要夠，讓眾生可以信受，然後才願意依教奉行，並且可以在你所說的法上得到利益，這個很重要。假使我們一直維持著以前剛弘法時那幾本書，就只有《無相念佛》、《念佛三昧修學次第》、《禪—悟前與悟後》、《眞實如來藏》，別說佛教界認不認同我們，可能諸位之中百分之八十的人，到今天都還沒進正覺來；爲什麼呢？因爲我們演繹的佛法函蓋面還不夠，深度也不夠。到今天，可以說台灣佛教界百分之九十幾已經認同我們，但是嘴巴上面要繼續批評；他們都知道這是正法，心裡面認同，但是如果嘴上也認同起來以後，徒眾們可能都會跑光了，他們還能住持什麼山呢？就是因爲這個緣故，我全都接受；設身處地爲他們想一想，他們爲了維持山頭，也不能不那樣子。

當然，如果他們之中有人能夠改弦易轍說：「**正覺同修會的法義是正確的，雖然我是大法師，也是這個大山頭的堂頭和尚，沒關係，我不執著面子，我也去正覺學法。**」這就是第二位印宗法師了！印宗法師，就是幫六祖惠能剃頭髮的那一位。並且我說，能夠進入正覺學法的這位大法師，遠勝過印宗法師；因爲那時候六祖身上擁有佛缽、祖衣作憑藉，而且從北方的消息傳下來南方，傳說這個傳承者來嶺南已經十幾年了。所以如果有這麼一個法師，我說他比印宗法師還要偉大，只是難得其人。

但是有的人對大智慧不很信受，他們喜歡的是有境界相的定境，因爲大智慧不容易顯示出來。大智慧，你一定要能夠顯示出來才能救護眾生。以前有人說：「**我們同修會講來講去，都在智慧上修行，都沒有禪定。**」我問：「**是誰講的？**」他們就不敢再講了。我當然知道是誰講的，他也已經退轉離開了。

說到禪定，在當代全球佛教界中，沒有誰能比得上正覺同修會的；你們普觀佛教界，誰有禪定的證量？所以他們私下流傳說：「我們去某某山學禪定啦！他們那邊有在教禪定。」我就請問：「那個山頭堂頭和尚有證得禪定嗎？」他們就閉嘴了，因爲眞的沒有證得，他連看話頭的功夫都沒有呢。我就說：「現在佛教界有得禪定的人是誰？是蕭平實；那些大山頭的堂頭和尚們，沒有一人是證得禪定的，你們要去跟誰學禪定？」那只能叫作愚癡。所以我常說正覺同修會是黃金百貨公司，我什麼貨都賣，全都是黃金作的，絕對沒有破草鞋。只是傳授禪定的時間還沒有到，我們暫時不傳罷了。

這就是說，你想要能夠究竟利樂眾生，就得要有大智慧，所以不但要住持大乘法，你還得要同時幫二乘人把他們的二乘法給住持著，這樣才能夠說你是大智慧者。以前常常有人講：「蕭平實只懂禪，他懂什麼中觀？」「他只懂禪，他對密宗是不懂的。」於是年年都有人講出不同的說法：「他不懂阿含。」「他不懂唯識。」「他不懂禪定。」……講得好多喔！那我們就一種又一種寫出來，讓他們看看到底懂不懂。不懂密宗？包括密宗法王不懂的，我都把它寫出來了，他們以前也不知道啊！譬如說，他們最引以自豪的說法：

「我們放出去以後還可以收回來。」我書中明寫著：「你們根本沒那個功夫。縱使眞有功夫，收回來時還只是在膀胱裡面，不是回到原處，等一下尿急了，還是一樣丟掉了。」以前當代的所有密宗法王們，沒有一個人知道這一點，但我早知道了，因爲三百多年前就練過了，我還會不知道嗎？所以我一聽他們的說法，就知道他們根本是自欺欺人；欺人也就罷了，還自欺，叫作愚癡到頂。所以大智慧不容易有，但是當你有了以後要怎麼樣顯示出來？你得要有次第性的一步一步把它顯示出來，讓眾生瞧一瞧，最後只好嘆一口氣：「哎！我還眞服了他。」心中服了以後，他們就可能願意好好學，最低限度不要再亂罵造口業了，所以大智慧很重要。

這樣，大布施、大智慧，有兩個大了，接著是第三個大——大威德。你們都覺得說：「這蕭平實很好相處，什麼威德都沒有看見。」那是因爲你們跟我都是家裡人，家裡人要講什麼威德？家裡人無話不談，何必講威德？應該互相之間見了面都很歡喜才對。譬如說，你們這些當爸爸的，小時候兒子、女兒見了你都害怕；有沒有？不太敢親近你；可是等他們長大了，知道原來爸爸都是爲我好，這時候他們不再覺得你有威德，他反而覺得你好親近。可是這時並不表示你的威德不在了，別人看見了你，還是覺得你很有威德。

所以假使哪一天我該作的事情作完了，（當然不可能全都作完了，我是說假使啦！）我說：「我該出門去散散心、去四處遛達遛達了。」於是明天要到某甲山，後天要到某乙山，都事先通報了過去。結果明天到了某甲山，後天到了某乙山，他們一定都沒有大人在（大眾笑…），我一定見不到想要見的人。有一句話叫作「顧人怨」（台語），都是這樣嘛！何以至此呢？因爲人家怕我；且不說什麼種智、禪定等等，單說：「這蕭平實萬一突然弄出一個現成公案來，我怎麼辦？」沒辦法應付欸！其實我見了外人，從來都不會這樣。以前我曾經去南部，拜訪過一位法師。我們開設新講堂時都不曾去拜過碼頭，但我有一回去拜訪一位法師，我不但沒有爲難人家，還包了紅包供養他，還頂禮他，害得我們悟圓理事長也得跟著我一起頂禮他；現在想起來，還眞的不好意思，竟然要開悟的聖僧跟著我頂禮還沒有悟的凡夫僧，眞的很抱歉呵！

但是不管我怎麼樣的隨和恭敬對方，對方還是會懼怕；永遠都是怕，不管他們名氣多大，他們永遠都會怕，跟我說話時嘴角都會顫抖。所以我就想：「何苦讓人家恐懼害怕？菩薩不是應該要作無畏施嗎？爲什麼還要去給人家害怕？」沒道理啊！所以我就打消將來老了四處去拜訪各大山頭的想法。那麼談到這裡，問題來了：這大威德從哪裡來？不是從我孔武有力來的。我從小就沒什麼力氣，以前初學佛時不論去作什麼義工，我都不如人家；但是我的威德是從哪裡來的？從智慧來，當然也從這十九年來率領著大家一起作大布施而得來的。

有了大施、大慧、大威德，已經有了這三個大，你就有資格說你是證得佛乘，說是證得最上乘的菩薩摩訶薩。如今你駕御此大白牛車行於菩薩大道之中，這就是「**佛乘最上而得乘**」，因爲是最上乘的唯一佛乘大白牛車，而你已經在那車子上駕著，優哉游哉地走，而車上載著一大群人；這時候，旁邊那一些羊車上面只能站著一個人，鹿車上面只能站著兩個人，他們能不敬服你嗎？何況是還沒有羊車、鹿車的大法師們，當然要敬服於你。你能夠乘於佛乘，以佛乘作爲你的駕馭，你當然是能夠「**發菩提心**」、能夠「**救護眾生**」的人，這就可以稱爲菩薩摩訶薩。可是，擁有這三大的菩薩摩訶薩層次就高了，因爲這三大難得。假使哪一天你上了某個山頭去拜訪時說：「**大師！我是某某人。**」他說：「**沒聽過。**」你還眞的沒有辦法對他產生大威德，那時你得要當大眾之前提出來問：「大師啊！你所謂的證道是證什麼？」他說：「證道很簡單啊！懂得緣起性空就是開悟了。」你就提起杯子來說：「那你悟在何處啊？會麼？」他就傻眼了，他心裡面就開始恐懼了。

所以大智慧、大布施，你都得要有，才會有大威德；那麼你有了大智慧以後，要好好作大布施，你能作多少就算多少，可是這樣的菩薩摩訶薩不容易找。但是在同修會裡面，並不是沒有機會達成，還是有機會的。所以我又打妄想說，將來我走的時候，同修會裡能有十幾位入了地，那可就滿心歡喜了；那時如果 佛來接引說：「你這小子，這一世作得不錯喔！」我就說：「還好啦！還好啦！」（大眾笑，導師也笑…）不要引我笑嘛！我說—如果講得文雅一點—就說：「差堪告慰。」這就是我對這一世捨壽時的期望，但是目標很難達成，因爲不是我一廂情願便能作得到，也要大家肯拚，可是在我們正覺同修會裡絕對是有機會的。

這樣來看兩個層次的菩薩摩訶薩，你至少也要當第一個層次的菩薩摩訶薩；也就是說，除了要成爲得第一義的眾生以外，還要能夠幫眾生們斷諸邪見。眾生，特別是學佛的眾生有哪一些邪見，你得要幫他們一一斷除掉。這樣看來，這週二聽經聞法不但能得智慧，而且還能夠擴大心量。那麼除了參加禪淨班，還有一個班是應該參加的，就是讀書會。我們週末的讀書會即將改名作論義班，不再叫作讀書會了，這將是討論法義的一個班級，能夠增長你智慧的廣度以及深度。這樣子經過不斷的論義，從法義上去論義之後使你的廣度增加了，深度也會越來越深、越來越妙，自然過個幾年就有能力來幫助眾生界斷諸邪見，你就會有這個能力了。當你有能力，而你也在作了，當人家在斷眾生界諸邪見的時候，你自己心裡面就不會起煩惱，因爲自己也都正在淌這一池清水；這不叫作渾水，而叫作清涼水。連自己都下來淌這池清水了，當然不可能嫌人家破邪顯正了，這樣子就已經提升上來成爲第一個層次的摩訶薩了。

能夠成爲這個層次的摩訶薩，才有機會繼續成爲第二個層次的摩訶薩，也就是入地。而且說句老實話，前面最危險的、最艱難的，我去作；你們跟在我後面去作，只是跟著走就行了，不會有事的。以前眞的有很多人爲我擔心，就像以前上課時講《批月集》時批判月溪法師，然後整理出來叫作《正法眼藏—護法集》。那時候有好多人反對我整理出版，他們都關心我說：「老師啊！這本書不要出版啦！眞要出版了，萬一人家來暗殺你，怎麼辦？我們還有好多法都還沒學呢。」原來是爲自己（大眾笑…），可是我說：「不！我還是得要出版。」因爲當時月溪法師的錯誤法義，在台灣的東西南北都有人在弘揚；那時候月溪的離念靈知邪見勢力好大，但我還是要把它印出來。

無巧不成書，才剛印出來流通七天，桃園縣的劉邦友縣長在官邸裡面，一家老小都被幹掉了，那時大家更擔心了，我就說：「是福不是禍，是禍躲不過，別擔心。」如果該這麼死，我死了就算了，有什麼關係？正是求仁得仁。老實講，我那時候下了決心：「萬一被殺了，那也是我的福德。爲正法捨命，那是求不來的福德，有什麼關係？」那時候我就下了這個決心。後來，最困難、最危險的已經過去了，然後接著是《狂密與眞密》出版的時候，大家就不再覺得好危險了，就覺得好像沒問題了，因爲大家開始有一點習慣了。

這就是說，你要怎麼樣去提升自己呢？一定要心量夠廣大，並且不要有恐懼。老子不是有一句話說：「民不畏死，奈何以死懼之？」這蕭平實如果不怕死，你就別恐嚇他了，恐嚇是沒有用的。人家放話恐嚇了，我照樣寫；他們越恐嚇，我寫得越高興；這表示說，我擊中附佛法外道們的要害了；所以反彈勢力越大，表示我作得越正確。現在他們好像是改變了，對我來個相應不理，那我對他們當然無可奈何。可是想一想：他們對我的法義辨正相應不理，我就公開說是大事底定，他們也不能對我這個說法講話。因爲他們如果不服我說的大事底定的話，就來理會理會我，就應該寫書出來跟我論辯一番啊！可是又沒有能力跟我論法。所以這樣一來，正法就鞏固下來了。因此，我在前面開了路，你們在後面可以跟著，至少能當第一個層次的菩薩摩訶薩；如今我們已有很多人在作了，我都認定他們是菩薩摩訶薩。

第二個層次的摩訶薩，就得靠第一個層次去作出成績來，福德也夠了——入地的福德夠了以後，性障自然就消了。至於智慧，我們是一直在傳授著，將來入地的可能性是存在的。所以菩薩摩訶薩眞是層次不等，但是進了同修會，至少第一個層次要能夠作得到。如果是不識字的老菩薩，我不會強求他們，只要能夠明心而且安住下來就好，就依著自己的能力，一步一步隨緣去修、去作。但是有能力的人而不去作，我可要瞧不起人了。假使我發覺誰有能力而不去作，以後我就用下巴看他。我瞧不起這樣的人，有能力救護眾生，爲什麼卻不救，老想要當爛好人？爛好人不是菩薩該當的，菩薩不是要生來當爛好人的，是要有悲心去「救護眾生」；要把眾生從邪見中拉拔出來，也要有悲心把正法住持下去，讓大家未來世都還可以繼續得到正法，這樣才是眞的菩薩摩訶薩，不然憑什麼稱爲大菩薩？

所以說，要有三個大，而且必須發起勝義菩提心以後，眞的出來說法或幫助老師們度眾生了，不是只有自己作得到，才是眞正的摩訶薩。好！這一段經文這樣講完了，也把《佛母經》裡面與這一段經文有關的 世尊的開示，一併說給諸位了，大家應該可以從現在開始發心：「從現在開始，我要當菩薩摩訶薩。」接著開始講《實相經》的下一段經文：

經文：【爾時世尊說此法門已，復告金剛手菩薩言：「金剛手！若有人得聞此最第一廣供養諸佛實相般若波羅蜜法門，若自書、若教人書，若自受持、若教人受持，若自讀誦、若教人讀誦，若自思惟、若教人思惟，若自供養、若教人供養；隨其所作，即爲大善巧方便廣供養一切諸佛。」**爾時如來復說咒曰：**

唵——！（長呼）**】**

講記：張老師好慈悲：唵——！（長呼）聽出來了沒有？上一段經文中，世尊是以「一切如來大善巧方便相」，說了三個法：「發菩提心、救護眾生」，以及「住持正法」，開示完了，在這一段經文中又說：「金剛手啊！如果有人能聽聞這個最第一廣供養諸佛的實相般若到彼岸的法門，如果能夠自己書寫起來，或者教導別人而勸令別人也一起來書寫；或者能夠自己信受奉持，或者也能教導別人共同來信受奉持；如果能夠自己去深入研讀、或者誦出來給別人聽，乃至於教導別人同樣地閱讀或者諷誦；如果能夠自己思惟其中的義理，並且也教導別人同樣來思惟這裡面的義理；如果能夠自己來供養這樣的實相般若波羅蜜法門，或者也同時能教人同樣來供養實相般若波羅蜜法門；隨於個人自己的所作，都是大善巧方便廣供養一切諸佛。」世尊開示完了，就說一字咒：「唵——！」

說句不客氣底話，這其實是 世尊供養了諸位，而且是最第一的無上供養；用什麼供養呢？用實相般若波羅蜜法門來供養諸位。諸位受了 佛的法施供養，當思如何回報。回報的第一步是什麼？要先知恩。這時還談不上報恩，要先知恩。怎樣叫作知恩？就是你聽出了「唵——！」的眞實義了，這才叫作知恩。知恩以後才有辦法報恩，都還不知恩的時候，懵然無知，尚且不知道恩在何處，要怎麼報恩？若要強說報恩，那都是說著好玩的。

金剛手菩薩到底在哪裡？只要你眞的證悟了，就是金剛手了。你說：「哪有？**我的手又不是金剛製成的。**」但我告訴你，還眞的是金剛；雖然死後一樣會爛，也還是金剛，眞的叫作金剛手。哪一天如果遇到了大法師，講了一大堆言不及義的話，你就伸出手刀把他砍了說：「**夠了！大師！會不會？**」這難道不叫作金剛手嗎？所以不要往外找，金剛手菩薩是處處都有；只要正覺同修會還在，就會處處都有；因爲大家悟後依舊散居各處，所以四處都有金剛手菩薩。只要你的手刀砍了下去，管保大師不敢再開口；那你若不是金剛手菩薩，還有誰能稱爲金剛手菩薩？佛跟諸位講了以後，諸位也實證了，就是金剛手菩薩。

佛說：「**金剛手啊！如果有人能夠聽聞這個最第一廣供養諸佛的實相智慧到彼岸法門，那麼應該要怎麼樣作呢？**」然後佛告訴我們說有五種人，可以有五種作法啊！第一種是自己書寫、或者教導別人書寫。不過，到了二十一世紀的今天，用手寫可就太慢了，連我這種年紀都學會電腦了，所以不要再用手寫了，用電腦鍵盤敲出來，速度比較快，這一樣是寫。也就是說，要把它寫出來；寫出來之後還要去印，印書就是自書——自己出錢去印。你說：「我又沒那麼多錢，我哪印得起？」一本書印出來要花多少錢？（特別是在大陸印書時，費用眞的好貴，一本佛法書籍得要先買書號，有時往往要花掉三萬塊錢人民幣，只是買書號而已，眞的嚇死人！他們有點歧視台胞；台胞要去那邊出書，還須要先請求核准；核准了要買書號才能出版，這個書號費得要花掉三萬元人民幣。如果是大陸同胞，也得要花二萬元買；這也是有點大小眼，我就公開抗議一下。在台灣申請書號都不用花錢，從來不用給什麼書號費，全都是免費的，而且都是國際書號，不是像大陸宗教單位給的特定書號。）你如果沒有很多錢，那麼別人把正法的內涵寫成書以後印製出來了，你也可以共襄盛舉。也許有人會說：「我沒那麼多錢。」那你幫忙五十塊錢、一百塊錢也可以；這一本正知正見的佛法書籍，你至少也幫著印出一本、二本來，那也可以，也算是「自書」。

若有別人跟你一起來作，你參與了其中，這樣共同造了這件大善的共業，有什麼不好呢？所以要儘量參加這一類的共業，多多益善。爲什麼要這樣作呢？因爲不論是印這本書、印那一本書，不論是裝修這個講堂、製作這個講桌、訂作這個佛龕，不論什麼都參加一份就對了；那麼未來世正法弘傳時，不管哪一個部分都有你的一份因緣會來相應，那你未來世要進入正法道場中的因緣可就太多了，這有什麼不好？不一定要出錢很多，至少這個正法之緣的每一個方面你都結下了法緣，在正法的每一個面向、每一個層次中，你都參與了一份，那不是很好嗎？所以參加了以後，假使今天護持了五百元，你就不要指定說：「**我只要護持買佛像，其他的我都不要。**」最好不要指定，因爲指定了以後，未來你與正法道場接觸的因緣就只剩下一個因佛像才能產生的法緣。你若是不指定，每一分都有你的份，法緣可就廣大了，這才是聰明人。

印書也是一樣，一百塊錢也是參加，所以有時候人家匯五十塊錢來，他們是匯到正智出版社說：「**我要助印蕭老師的書。**」我說：「**隨喜。**」不過他是每一個月匯五十元來。後來我就請義工菩薩通知他說：「**我們到年終時再合開一張收據給你，好不好？**」免得使他的福德減少了。以前也有人是每月匯十塊錢的。他匯十塊錢來，我們老實講：賠本。因爲印那張收據是三聯單，那要花掉不少錢，寄收據給他的郵資又去掉五塊錢，還要加上信封，人工成本可就不說了；所以就拜託他接受我們一年到了才合開一張收據給他，這樣他的功德也比較能夠成就，這就是印書。印書就等於古時候拿著毛筆手書，就等於自手書寫。

「教人書」，是勸人家說：「我們一起來助印弘法的好書。」這助印就是現代的「教人書」。這就是從另一方面來說「大善巧方便廣供養一切諸佛」的第一個部分，這是隨時可以作得成的。如果因爲經濟景氣太壞了，譬如現在有點類似大蕭條，所以不談錢，該談什麼呢？就談怎麼樣去作——「自受持」；也就是自己信受奉持，先信受然後奉行。要先自己信受奉行，並且教導別人也信受奉行，當然自己要有一番說詞，講出來能夠說服人家信受，那自己就得要有一點料了。講得出來，人家能夠信受，就是「若教人受持」，這是第二個「大善巧方便廣供養一切諸佛」的方法，因爲你教導人家這樣作，這就是供養了未來佛。

第三個方式：「若自讀誦，若教人讀誦。」也就是說，你應該怎麼樣方便善巧度化眾生？譬如你家鄰居，他很虔誠在學佛，但是走錯了路頭，卻總是不聽受你的好意救護。好啊！你就把咱們的書拿來，看哪一段、哪一頁跟他的堂頭和尚有關的，就在自家裡拿來大聲唸，讓他在隔壁那邊也可以聽到。唸上一個月，他不找你才怪，他說：「你為什麼每天都要唸我師父的錯誤，為什麼專門要唸這個？」他不免要找你諍論，你就有機會跟他談：「因為你師父真的錯了，我希望你不要跟著他走錯路，我希望你能夠迴向正道，可以在佛道上有所實證，所以我刻意唸給你聽。可是我唸了這麼久，你今天才來找我。」順便抱怨一下。你這樣自己讀誦還讀誦給他聽，他終於服了你：「你還真有心，為了利益我，這麼辛苦。」然後他也會開始讀誦，讀久了以後就會接受，就能遠離不正確的知見。接著他可能也會如法炮製去讀誦給別人聽，因為他不是冷酷無情而對走錯路的親友無動於衷的人。這樣，你這第三個部分「教人讀誦」不就作到了嗎？

如果有的人愛面子，來跟你抗議說：「我跟隨的是大法師欸！你們去跟那個蕭平實學法，他都還沒穿僧衣，名氣總不如我們大師。」那沒關係啊！哪一天你就寄一本書給他，當然要先看哪一本書對他比較適合。他接到了書，一看：「哼！那本書呵！」往書架一丟，再也不理會了！也許三年後覺得好奇：「我跟著我師父學那麼久，一點消息都沒有。如今三年了，他竟然還在正覺學法，好像也變得很有智慧了，不然我就把這本書讀讀看。」也許都已經沾了好多灰塵了，拿下來用雞毛撣子撣一撣，不然就拿個抹布往封面甩一甩，終於可以讀了；他讀了一讀，心想：「說得還有點道理欸！」其實不是只有一點道理，而是很多很多道理啦！不過他願意承認「是有一點點道理」，這也就夠了！當然，一開始，他會開始找毛病；找來找去始終找不到毛病，終於讀完也就接受了，又想一想：「我隔壁這位鄰居才不過去正覺學三年，出語不凡，眞是士別三年刮目相看了，不如去拜訪他談談看吧！」終於找上門來了，願意跟你聊了；以後他就會開始每天精進地讀誦了，那你就完成「若教人讀誦」的功德了，這樣又是第三分「大善巧方便廣供養一切諸佛」的功德成就了。

接下來說：「若自思惟，若教人思惟。」思惟很重要，在聞慧、思慧、修慧、證慧中，思惟排在第二個順位；若沒有思慧就談不到修慧，沒有修慧就談不到證慧，聞、思、修、證有次第性。如果是讀那一些大師們的書，可都不用思惟，可以很快速閱讀——一目兩行，厚厚的一本書只要一、兩個鐘頭就讀完了；因為他們講來講去，都在世間法上講，全都是意識境界，不必思惟。所以，你看南傳佛法中的覺音論師寫的《清淨道論》，中文版有三巨冊，疊起來這麼厚，是精裝本。有一次因為有事南下台中，有同修開車載我去辦事；我坐在車上就開始翻閱，翻到台中市時我就翻完了，因為那些東西都不用思惟的，全都是意識境界，當代那些大和尚們寫的書也是一樣。

可是讀我的書就得要詳細思惟了，所以好多同修們說：「**老師！你怎麼寫書比我們讀書還快？**」寫書怎麼可能比讀書還快？問題出在哪裡呢？出在讀我的書時一定得要思惟，因為我的書中說的法義不容易懂；雖然我都言之有物，而且我也盡量講得很詳細淺白，但對於還沒有證悟或是初悟的人而言，真的不容易懂。想要真的讀懂，就得要一段一段思惟；把這一節的每一段全都讀過了、思惟過了，再把這一節的前後文字整個聯貫起來，又要重讀一遍，才容易全部吸收。把這一章的最後一節讀過了，還要再從這一章的第一節再來讀過一遍，直到最後一節重讀完畢，要這樣才能全部貫穿這一章的法義來。所以讀我的書得要思惟，不容易讀快；而且我的書，有很多都是大部頭，你們看《識蘊眞義》也是這麼厚厚的一本。也許有人想：「**結緣書幹**

嘛寫那麼厚呢？怕錢沒處花？」不是啦！因爲就是要畢竟其理、言盡其說，這樣才夠有廣度與深度讓大家得到最大法利，所以要寫這麼厚一本來詳細解說，因此讀我的書都要思惟。

思惟的事作好了，只是完成了思慧的一半，剩下的一半就是要「教人思惟」：也就是說，送書出去以後，如果知道對方有開始在讀了，就要告訴他：「這本書不是隨便讀一讀就能懂，你要一段一段去思惟，一節一節、一章一章、一篇一篇去思惟。」如果對方有所不通，就告訴他眞正的意思，要說明：「不是你所誤會的那個意思。」這就是「若教人思惟」。思惟之所以重要，就是吸收消化變成自己的，因爲閱讀或聽聞的時候，都只是常識或者佛法知識。知識與常識，跟思惟過的所知是不一樣的，思惟過後就是吸收消化而成爲自己的；已經成爲自己的，才能爲人講，就有能力「教人思惟」。有能力自己思惟，也能教人思惟，這就完成第四分的「大善巧方便廣供養一切諸佛」，因爲你不會只教一個人思惟，你會教導更多的人去思惟。

接著第五個部分：「若自供養、若教人供養。」怎麼樣叫作「自供養」？自己不是每天都在受用般若智慧嗎？還需要供養自己什麼呢？其實不是這個意思。自供養就是救護自己更加堅定遠離邪道，讓自己也可以隨分隨力護持正法，這叫作「自供養」，因爲這是無上的法供養。這兩個若能作到，就可以繼續提升自己的層次，就是發起更高層次的菩提心，就是具足了「自供養」。要以最勝妙的法來供養自己，而不是去買最好吃的披薩、買最好的綠翡翠—祖母綠—來供養自己，那都不是無上供養。眞正的無上供養是在法上怎麼樣使自己得利，能夠救護自己就是第一分無上供養；救護自己以後能夠在法上增益，就是對自己作法供養，所以救護自己當然是第一步。

可別進了正覺同修會明了心以後，結果被人家幾句話洗了腦，又去信受印順的六識論了。二〇〇三年那一批人就是這樣子，由於當初是我爲他們明講般若密意，他們不是自己參究出來的，智慧生不起來，也無法成功轉依第八識的眞如性，於是悟後又被私心發動了邪見，所以讀了印順的書，就被他錯誤的說法說服了；然後對自己開始沒有信心，跟著就對正法也沒信心，就信受印順書中的說法而自行推翻了阿賴耶識，說阿賴耶識不是如來藏，要另外去找如來藏；然後妄想自己證得另一個如來藏，又說他們證得佛地眞如，這就成爲大妄想了，也因爲他們才剛離開，就被我料定是回墮於意識離念靈知境界了。後來他們也知道被我說破了，也知道自己連初地眞如都沒證得，於是又公開說：「證初地眞如的事，我們會努力，半年或一年後就可以證到。」我就說：「再給他們三大劫，也無法外於阿賴耶識心體而證得任何眞如。」現在經過幾年了？從二〇〇三年到現在二〇〇九年了，已經六年了，還沒有消息。爲什麼沒消息呢？因爲永遠都不可能會有好消息的，佛陀早就講過了：「阿梨耶識者名如來藏，而與無明、七識共俱。」世尊說阿賴耶識就是如來藏，他們外於阿賴耶識如來藏而想要找到另外一個如來藏，哪裡能成功呢？這就是說，他們在我的幫助下悟了，悟後對自己卻沒有好好作「法供養」，當然也就無法轉而供養別人了，更何況要教別人以妙法去供養眾生自己？所以應當先「自供養」。「自供養」的第一步就是自救護，只有自救護之後才能夠作他救護。若能救護別人離開邪道、離開邪見，然後用正法來供養他們自己，那就是「若教人供養」。

隨著自己能夠這樣子作，把這五個部分都作好了，就是能夠「大善巧方便廣供養一切諸佛」的菩薩。可是要怎麼樣才能夠完成這五個部分呢？因爲如實完成是不容易的。要能如實完成的第一部分，當然要先作自供養。那麼該如何自供養？還是請 世尊來說吧！爾時如來復說咒曰：

唵——！

好久不見！過農曆年這兩週的時間是可以作很多事情的，也可以發生很多事情，這就是世間相。去年我們是把第十六段經文講完了。現在來講補充的部分，先來看這實相般若，它在理上到底是怎麼說的。學佛人的首要之務就是見道，要親見實相之理；既然講到這實相之「理」，不免要像祖師們一樣如救頭燃、惶然不安。祖師門下叢林之中，向來與教門下、座主座下的理念不太一樣。叢林祖師門下以宗門爲事，所以每天面對座下的出家弟子們，總是要說：「**四事供養，不易消得。**」祖師們會這麼說，當然也有原因；這也是因爲古來一貫道常常會對佛教出家人講一些風涼話，不但古時如此，近代的台灣講得更嚴重、更難聽。他們不是常常講「**地獄門前僧道多**」嗎？有沒有？誰要是講那一句話，你就知道他是一貫道。不過話說回來，也不能夠說他們講的全沒道理。怎麼說呢？譬如住進寺院出了家，往往不在法上用功，而是在名聞利養上面用功，不然就是用外道法來取代佛教正法，還有人是暗地裡與女信眾常常合修雙身法；當這種現象普及以後，你說地獄門前會不會「僧道多」？當然是多嘛！所以也不要一味去責怪人家一貫道亂說話、謗僧寶。

有時候他們講的話，我們應該這麼想：「有則改之，無則勉之。」把它拿來作爲我們的針砭，作爲攻錯之石，那也很好。但是話說回來，一貫道的人們常常講這句話，其實是居心叵測，是不懷好心的毀謗；因爲他們從來都不曾悟過，而且連求受菩薩戒都不敢了，還有什麼資格來指責佛門僧人破戒的事？還有什麼資格來指責佛門僧人沒有開悟的事？同樣的道理，佛門也得好好要求自己，因此就說：**進了佛門出家以後四事全缺，受諸方善信的供養，那該怎麼消受呢？**所以當然得要趕快求悟，免得大大消減了自己的福德。我最怕的就是消滅福德，所以我出來弘法至今，不管是誰送紅包來，我一概不收，骨董字畫金銀珠寶等等就更別說了，原因就在這裡，因爲我怕消滅福德。累積都來不及了還要在世間法上把它消滅掉，多麼愚癡！那麼接著就來看看禪門裡面，雲門匡眞禪師是怎麼說的，這是根據《雲門匡眞禪師廣錄》卷中的記載：

【師或云：「己事若明，始消他供養。作麼生是爾明底事？」又云：「舉

一明三，萬里崖州。」】

雲門匡眞禪師說：「自己衣單下的這件法上大事，如果已經弄明白了，才能夠消受得了別人的供養。」這件實證的事情爲什麼威德這麼大，開悟般若以後就能消受眾生的供養？這當然有原因，也就是說，般若在胸，你想要怎麼樣說法都可以隨意自主，都能隨心所欲來利樂眾生，這樣才能眞實利益眾生；因爲用這種法來利益眾生時，那些被利益的眾生並不是只有一世受益，而是盡未來無量世都將會受益；你這樣子爲眾生說法時功德非常大，才能消得供養；不但消得，而且可以大大地消得，一句話抵得一萬兩黃金，眞的如此啊！

有一個傳說，不是禪宗正史的記載：以前有一個狀元郎辭官以後出了家，法號叫作法海。他有一天挑著水上山時，一面挑，一面在心裡嘀嘀咕咕唸個不停：「一個老和尚，受得了我狀元郎挑水給他喝嗎？」他在心裡面嘀嘀咕咕，護法神早聽見了！可見他還沒有無相念佛的功夫，所以被聽見了。如果你有無相念佛功夫，用那個作意存在，抱怨的語言文字都不會跑出來，護法神也就聽你不到，可見他的參禪功夫不好。他在心中嘀嘀咕咕的，當然嘴裡面不敢講，因爲師父是一代大師。結果被護法神以他心通聽見了，那護法神去通報溈山靈祐禪師；溈山靈祐禪師找了個空，就命侍者把他找了來問：「你挑水的時候，是不是這樣想的呢？」那狀元郎出家的僧人委實嚇了一大跳，當然得要招認。因爲這只是自己心裡面想的，竟然人家會知道。然後溈山禪師就講了：「老僧日消萬石糧。」一萬石呵！不只是挑在肩頭的那一擔，而是石頭那個石字，讀作擔；一石，閩南語叫作一石（平實導師以台語發音）。那個一石，國語讀作擔，一石就是十斗。溈山靈祐禪師的功德，一天可以消掉一萬石糧食，盡形壽每天吃光一萬石都沒問題，他才不過挑這麼一擔水，算什麼呢？

有一位禪師就說：「諸人還知出身處也無？若也知得，日消萬兩金，不爲分外。」正因爲這個般若實相智慧可以利益人天，而且被利益的人天所受的利益，不只是一世，而是盡未來際受用，並且是世出世間的大利益，所以雲門匡眞才會這樣說：「己事若明，始消他供養。」因爲你已經成爲菩薩僧了，當然消得別人的供養。那麼請問，把雲門禪師這句話反過來解釋時（世間法律有時候也這樣，有時候會反過來解釋而產生不同的意思；當然一般是不會這樣，而是在特殊狀況下。生意人就慣會這一招，跟你作反面解釋時你若一時不查，可就大受損失了），那麼這話反面解釋時就是說：己事不明，消不得供養。那麼又該怎麼辦？當然得要努力求悟了，這就是禪師說話的慈悲爲人處了。可是現在進了正覺同修會，還怕悟不了嗎？當然不怕啦！只是悟得早、悟得遲的差別而已。

雲門接著就問：「作麼生是爾明底事？」怎麼樣才是你應該明白的衣單下事？廣欽老和尚有一次也捻著僧衣這麼講：「咱們關起門來講話，這件衣服不好穿。」眞的不好穿，因爲出家後穿著這件衣服，得要想辦法證悟，否則是爲了什麼而出家？又如何消得了信施？出家後如果不求悟，還要再抵制正法，那就是天下最大的傻瓜呆，再也沒有人比他更傻了。可是你不要說：「那種傻人不是我們所知道的，一定是名不見經傳的一些人。」這可不見得喔！往往是鼎鼎大名，見於某些現代傳記的一些名人。正是那種聰明人，才會專幹天下最傻的事，眞是可憐呵！雲門提出來說：「作麼生是爾明底事？」座下弟子們還沒有破參，當然只好癡癡地等他張嘴開示了；當然也只能聽人說話，自己沒有說話的分。

雲門看看沒有人答，於是就自己答了：「舉一明三，萬里崖州。」到底意在何處？聽人家彈琴或者拉琴，得要能聽出弦外之音才行。且道：雲門禪師弦外之音是什麼？禪師家往往如此，他本來就應該要把這一些還沒悟的弟子們好好栽培扶植，讓他們悟了才好繼承衣缽，發揚聖教、光大門庭，然而他講的卻好像是風馬牛不相及的話。「作麼生是爾明底事？」也就是當場質問說：「如何是你們出家以後，在這件衣單下面最重要的必須明白的事？」結果他答覆說：「舉一明三，萬里崖州。」你們看他的說法，對座下的僧眾們眞是帶著一些輕蔑：「就算是我雲門舉一，而你們能夠明三，也還是遠在萬里崖州之外。」到底他的指示在什麼處？家裡人聽了就說：「這個雲門恁麼老婆，眞是拖泥帶水。老僧即不然。」當人家接著問說：「請問師父您怎麼說？」他一棍就打過去了，一個字都不講。等到哪一天這徒弟挨打過後又上來問，一面在被打的身上不停地搗著、搗著說：「師父！很痛欸！」他師父依舊舉棒就打。再過一天，兩處都痛了，把身上兩處搗著、搗著又上來問：「師父！您別打我了！到底雲門開示在何處？」這師父今天倒是眞的不打人了，就說：「雲門這麼老婆，你還不會？」假使他的悟緣熟了，就這麼一句，那個徒弟也就悟入了，有的禪師就是這樣悟的欸！有時棒下出孝子，有時則是棒打永遠不出孝子，溫言軟語底一句話，他倒是悟入了，這眞的很難說欸！可是我這麼說，蹊蹺在什麼處？假使一千年前我這麼說，老早背上挨了克勤大師棒了。諸位禪和！可得下心參詳、參詳好啊！

接著再來談談法供養，禪門裡面怎麼說的**法供養**呢？禪師家一向不注重食衣住行，單單特別注重法供養，因爲他如果法脈沒有好好傳下去，可就無臉見世尊，捨報時就很難過了。可是般若密意又不許明講，所以度人時才要那麼辛苦。如果有人能夠承接衣缽，一則他這一世永遠都可以很輕鬆「**住持正法**」，因爲弘法的事，套一句儒家的話：「**有事弟子服其勞**。」他可就省事了！並且將來走人的時候，不必愧對世尊，更不必愧對先祖前人；捨壽時，不管誰來相見，一定是相見歡，面有喜色。否則的話，可就老大不好意思了。所以叢林裡面很注重法供養，然而怎麼樣是叢林裡的法供養呢？《汾陽無德禪師語錄》卷上：

【問：「無爲之飯，未審供養什麼人？」師云：「千相無形者，共會不莊嚴。」「恁麼！則大眾有賴也。」師云：「三千世界中，絕世利群生。」】

有一天，這汾陽無德禪師上了堂，有人問：「無爲之飯，不知道是應該供養什麼人？」請問諸位，什麼叫作無爲之飯？人間的飯是有爲抑是無爲呢？你們吃飯是有爲還是無爲？（眾答：有為。）沒有人答無爲了，答無爲的人合該沒飯吃，餓他三年，看他再說那飯是有爲、還是無爲？可是眞悟得深的人，可不一定這麼說。這個徒弟問了：「無爲之飯，未審供養什麼人？」世間哪來的無爲之飯？莫非是無因而生的飯麼？顯然他就是換另一句話在問佛法大意。

他這麼問了，汾陽禪師就答覆他說：「千相而無形的人，即使一起來到法會中，一點都不會有什麼莊嚴。」什麼人有千相且又無形？（有人答：如來藏。）三句不離本行嘛！爲什麼說祂有千相？當然有啊！打從無量世以來，何止千相？且不說一個人的無量世，單說我們現在地球上就好了；也不說傍生道那一些有情，單說人類就好：這一上座，放眼一看，這邊是男相，那邊是女相，這不就兩相了嗎？也許你說：「那不過是兩相。」何止兩相？人之不同各如其面，你要找到另外一個人能有百分之九十相似度的，還眞難找！有時候報導出來說：「某人跟某人的相似度大概有九成。」我看其實沒有，大概只有六成、七成，相差那麼遠都還叫作相似，如果眞要講完全相似，可就難了。只有同卵雙胞胎可以說相似，因爲外人一看，往往分不清楚誰是誰；可是他們終究只是相似，並不是完全一樣啊！因爲老爸老媽一看就知道誰是誰，他們將來結了婚、生了孩子，他們的孩子一見也會知道「這是伯伯、這是叔叔」。他們既然會分清楚，可見還只是相似，並不是完全一樣啊！這兩兄弟就是兩相了，那麼不相似的人可就一大堆了，普天匝地都是不相似的人，所以一個人就是一相。

請問，現在地球六十億人，你去找找看，有沒有跟你長得完全一樣的人？既然沒有，卻有這麼多人，那就是六十億相了，何止千相？所以講千相，還是客氣說。然而同樣是這個如來藏，變出來的人類就這麼多相；如果要再加上不同種類的有情，譬如螞蟻有幾種？比如說甲蟲有幾種？同一類甲蟲又有幾種？數之不盡，眞的叫作千相。可是祂如來藏實相心又無形無色，請問：祂雖然能夠變化千相，可是祂本身無形無色，當這傢伙來在法會中，能不能幫你莊嚴什麼？根本不行嘛！還是得要這傢伙所生的五陰來幫忙莊嚴道場，才能莊嚴得起來。假使突然間來了一千個入涅槃的阿羅漢的如來藏，你一定會質疑說：「在哪裡？」因為不論你怎麼找，也是找不到的啊！祂們能莊嚴什麼法會呢？根本不行嘛！所以汾陽禪師說：「千相無形者，共會不莊嚴。」那麼他到底答了那僧人的提問沒有？他講了沒有？你看，好多人說他講了。我也說他眞的講了，只是曲高和寡。

像這樣高調的曲子，什麼人合得——什麼人該明得？我說，合得的人就是諸位；只有在正覺中具備了正知正見及參禪的功夫以後才能有得，在外面都沒有啦！因爲你們聽出他的弦外之音了。可是那個座下的弟子問了，而禪師也答了，結果那弟子聽不見汾陽禪師答在何處，只好從旁裡再問過來：「如果是這樣的話，大眾都還得要仰賴祂。」汾陽禪師還是有話說：「三千世界中，絕世利群生。」說三千大千世界之中，這個受供養的千相無形者，這個受供養的「共會不莊嚴」的人，卻是不與世間人往來，迥絕於世間之外，不住在三界中，卻在利益群生。因爲你說這花漂亮，祂也不管；你說這個好難吃，祂也不管；不管你說什麼，祂全都不管，祂從來不理會三界六塵內的諸法，獨絕於世間萬法之外。可是如來藏在一切不管之中，卻一直不斷地利益所有的有情眾生，就這樣子「絕世利群生」。

汾陽禪師到底在講什麼？當然還是在講如來藏妙心。咱們正覺的招牌就是如來藏，一定是三句不離本行。也許有人不服氣：「老師！你說謊呵！我有時候跟你講話，你都沒有在講如來藏，都只是在告訴我說：你要作什麼、作什麼。」你可不要冤枉我啊！不管我在告訴你或指示你要去作什麼事情時，我其實也都是在告訴你如來藏的道理，已經同時爲你指示出如來藏的所在了，可別冤枉我才好。汾陽無德禪師這個開示也是一樣：「三千世界中，絕世利群生。」有人也許想要抗議：「我知道了，如果不是如來藏在我們身中，我們早就死翹翹了，還能夠學佛法嗎？」話說得不錯，可是這話如果被汾陽禪師聽了，管保要挨三頓棒，因爲汾陽禪師講的不是這個道理。有人也許不服氣：「你看，他講的明明是這個道理，絕世利群生就是這個道理啊！」道理歸道理，汾陽禪師就不是講這個道理。像這種說話，老實講，你送到縣衙門、省衙門、府衙門，乃至送到皇帝那裡去，他也判不了，因爲他也不懂，該怎麼判？

譬如說，有人來說：「師父啊！我供養您三千兩黃金，請您把佛法大意告訴我。」師父說：「好啊！等你送來，我就供養妙法。」哪一天眞的把三千兩黃金送來了，然後上來請師父告訴他佛法大意，結果師父就像汾陽無德這樣開示：「三千世界中，絕世利群生。」三千兩黃金就收了，都不客氣。這個人不信邪，告官啦！告了以後，到了縣衙門，縣老爺一看：「你眞的沒有告訴人家佛法大意啊！」如果汾陽說：「我有告訴他如來藏的所在，自是他不會。」縣官判下來：「汾陽禪師你輸了。」汾陽禪師不服，往省裡告、往府裡告，告到皇帝那裡，還是會判汾陽輸了，因爲世間法就是如此。

這可眞冤枉，汾陽明明講了，把如來藏的所在指示了，他眞的把佛法大意的眞如心全都講了，可是那些判案的都是俗人，全都不懂佛法，在這樣的時代中，可就合該汾陽禪師倒楣了。這就是說，世出世間法甚深難會，結果竟然叫那些沒有悟的人來斷案，要怎麼斷呢？根本沒道理啊！所以從證悟者的所見來說，那個人三千兩黃金合該被汾陽收了，他自己悟不了是他自己底事，無關汾陽禪師。但若是在現代，汾陽禪師被判輸，也眞是倒楣無處訴，是因爲根本不該由世俗人來斷。要斷這個案子，得要證悟的祖師、菩薩才行，卻是由未悟的俗人來判決聖人有沒有說出眞如密意，是大大不如理的。

現在大陸出版佛法書籍的情形也是一樣，大陸的佛法書籍出版跟台灣完全不同；台灣是出版自由，但是大陸所有宗教類的書籍出版前都要先經過逐字審核。證悟的人寫的書得要交給沒有悟的凡夫審核，有沒有道理呢？哎！眞的沒道理啊！可是大陸目前就是這樣子（編案：到此書出版時的大陸，舉凡審核本會的書籍時，已不從法義上審核了，改爲只審核是否違背宗教法規）。所以如果眞要斷這個公案，那汾陽無德若是要來拜託我，我說我眞的沒空，我就拜託哪一位親教師幫他斷。可是先交代一下：跟汾陽無德先講好，斷了這個案子要平分三千兩黃金，我們講堂弘揚正法需要使用。然後斷下來，汾陽無德拿一千五，咱們拿一千五，有什麼不行？可以啊！我們正覺的錢財全部用來利益眾生，又沒落進私人口袋，任何一位老師也都不曾收受供養。

但是這個案子難斷，因爲汾陽禪師意在弦外。可是弦外之音要怎麼聽？這就是要靠善知識幫忙了。自己閉門造車妄想猜測都沒有用，除非你自己確定是再來人，而且要加個註腳：往世悟後再來的人。一定要加這個註腳呵！因爲密宗那些再來輪迴生死的凡夫們，也都宣稱自己是再來人。也因爲玄沙師備禪師早就罵過了：「**只如大地上蠢蠢者，我喚作地獄劫住。**」大地上蠢蠢而生者莫非是再來人，誰不是流轉生死再來的？都是從來沒有離開過生死輪迴而不斷地受生再來。只有往世悟後重新受生再來的人，才是尊貴底菩薩再來。言歸正傳，那麼汾陽禪師說的「三千世界中，絕世利群生」，到底意在何處？我這麼註解，雖然是從理上來講，可是這個理說之中難道就沒有宗說嗎？其實還是有啦！只是因爲他們講的有理也有事，宗說以及教下都有，所以我把它拿來當作理說送給諸位。

接著再來看看宗門，正統的禪宗又是怎麼說的。一般人其實不懂什麼叫作正統的禪宗，都以爲每天打坐一念不生就是在修禪宗了，總是說修禪就是要靠盤腿打坐。其實他們都不懂禪宗，不懂禪宗的人竟然還誹謗咱們實證禪宗妙法的正覺是破壞禪宗，這還眞是有理無處申。所以我們《正覺電子報》刊登聲明已經好幾期了，我們還會繼續登下去，登到那些大法師們出面說：「我們以前是冤枉正覺了，是我們的不對。」如果他們不澄清，我們的聲明就繼續登下去，讓大家讀了都知道說：原來他們才是破壞禪宗的。我們登那些聲明就是這個用意，除非他們證明是眞的實證禪宗妙理了。可是他們要怎麼證明？他們若是想要證明眞的是禪宗，只有一條路：就是要聲明禪宗的開悟是實證如來藏，不許再否定第八識妙理。可是親證如來藏的事，他們自己證得了嗎？證不了！所以他們唯一的路就是進正覺，來我們的禪淨班學二年半再說，還不保證他們能上禪三，還是得依我們一向的錄取審核程序來進行。接著咱們再來看看宗門裡是怎麼說的，這是我特地選來供養諸位禪和的妙法；我用這個正統的禪宗來供養諸位，就是「大善巧方便廣供養」未來諸佛，《鎮州臨濟慧照禪師語錄》：

【臨濟禪師 一日同普化，赴施主家。齋次，師問：「毛呑巨海，芥納須彌。爲是神通妙用？本體如然？」**普化踏倒飯床，師云：**「太粗生。」**普化云：**「這裏是什麼所在？說粗說細！」**師來日又同普化赴齋，問：**「今日供養何似昨日？」**普化依前踏倒飯床，師云：**「得即得，太粗生。」**普化云：**「瞎漢！佛法說什麼粗細！」**師乃吐舌。】**

從表面上看來，這二人活脫脫似一對瘋漢。對不對？好似一對瘋漢啊！然而瘋漢不瘋，不瘋的人才眞是瘋。臨濟慧照其實就是臨濟義玄，有一天他與普化禪師赴施主家應齋的時候，開口問普化禪師：「一毛呑了巨海，芥子容納了須彌，這到底是神通妙用呢？或者是本體如如使然？」沒想到普化才聽他說完，一腳就把飯床給踢倒了；飯床就是飯桌，普化禪師一腳就把它踢翻了。請問：如果你是那位施主，你會怎麼看待這件事情？好好請了他們兩個人來應供，臨濟才這麼一問，普化就踏倒飯桌了，你該作何感想？你可別學世俗人才好呵！當他才一踏倒，你應該鼓掌歡喜，因爲你供養對了，未來世福德無量啊！想要供養這樣的兩位禪師是很難得的，而你供養到了，何幸如之。

這普化禪師可不是簡單人物，臨濟義玄才剛悟了，也還只是眞妄不分底相似開悟智慧，他就大膽去向普化要了臨濟院來住持正法。那臨濟院本來是普化跟克符禪師共同住持的寺院，這兩個禪師在那邊當住持；那臨濟義玄自從黃蘗給了他禪板以後，得得下山，找上了臨濟院說：「**你們兩位讓一讓，把臨濟院讓給我來住持黃蘗禪師的正法。**」只因爲他認爲黃蘗禪師很有名氣。普化禪師並不計較，當場就眞的把臨濟院白讓給他了。有一天，臨濟入了廚房，普化正在廚房裡；這普化禪師眞是餓了，到廚房裡看見沒飯，拿了生菜就吃；臨濟剛好看到了，說普化卻像是一頭驢子，竟然吃生菜。人家好歹把臨濟院送了給他，講話別這麼難聽吧！他竟然當面說：「**你普化還眞的像一頭驢。**」因爲驢子都是吃生的，從來沒有驢子是吃煮過的菜。普化禪師卻不以爲忤，聽了臨濟這麼說，他卻學驢叫：「ㄟ——」你看！這叢林下事，眞的叫作千奇百怪。可是你如果入了正覺，可得要見怪不怪。所以有一天你如果供養到了這麼兩位高人，當其中一位一腳踏倒了飯桌，飯菜滿地，你可別在那邊吆喝：「我好意供養你，竟然還把我整桌飯菜給踹翻了！」你可別吆喝，你應該歡喜地鼓掌叫好；因爲你供養對了，而且你眞的供養上了。千萬不要說：「他們又沒有吃，我哪裡供養上了？」不管他們有吃沒吃上一口，你都已經供養上了，眞是福德無量，然後趕緊再辦一桌上來供養。

我也常說臨濟初出道時還是眞妄不分的，我也在《公案拈提》中舉出當年深悟的許多禪師們拈提臨濟義玄當時並沒有眞悟的公案，都寫在我的七輯《公案拈提》中。所以，這普化禪師踏倒了飯桌時，臨濟當時悟得很淺，竟然還說：「太粗生。」意思是說，普化禪師太過粗魯了。也眞的是粗魯，可是粗魯之中卻有不粗魯底；臨濟因爲悟得很淺，沒管帶好，離了眞如而說話，所以普化就當場責備臨濟：「這裡是什麼所在？說粗說細！」眞的啊！這個地方沒有粗細可說，臨濟義玄還落在粗細裡面，住在識陰裡的意識境界中，高下立判。老實說，臨濟義玄剛接臨濟院的時候，他什麼都不懂，那時他都還是眞假不分，所以他弘法的過程中講的許多開示，被當代的禪師們拈提了一大堆。臨濟義玄後來眞弄清楚時，是什麼時節呢？是因爲普化弄了好多機鋒，他還是不懂，又被當代禪師們拈提而傳回臨濟院了，於是他又回去黃蘗山，黃蘗禪師才把他調教好的；這事說來話長，這裡也就不提他了。

所以臨濟義玄雖然後來貴爲禪宗一代宗師，成爲臨濟派的開派祖師，可是當代好多證悟底禪師都不肯他，都把他的錯悟拈提給天下知。我後來也是投入臨濟門下，因爲九百多年前也是臨濟門下；把臨濟禪宗這個血脈傳下來，當然現在還是算是臨濟門下；但我不單是臨濟門下，同時也是佛門中的菩薩，所以一樣拈提他當年的錯悟糗事；他也別怪我，因爲宗門裡面自古就是這樣。何況千餘年前我本不是臨濟門下，不是他所能想像的，所以我拈提了他，倒也無過。話說回來，這裡是什麼所在？臨濟還要分尊卑喔！宗門下事無尊無卑，普化據實而爲，所以這時臨濟敗闕盡出，今晚我就如此把事實爲諸位解釋了。好啦！今天就這麼供養諸位了，臨濟與普化兩個人是餓著肚子受供；受供完了回去臨濟院，就得繼續餓肚子；因爲受供等於沒受供，沒受供也眞是受供了。

第二天施主又請他們去供養，這一回赴齋，我想臨濟義玄大概是要先吃了再來提問；否則又要像昨天一樣，受供了結果還要捱餓。二人終於用過齋了，臨濟又問：「今天的供養比起昨天來如何呢？」是問說：「跟昨天的供養比起來也是差不多吧？」普化依前踏倒飯床。人家說一招半式走江湖，以前電視劇裡還演出只會一招的刀王，他只會一招刀法就去走遍天下。現代也有一曲歌王，只會唱一首歌就能走遍天下了。那普化也還是這一招「依前踏倒飯床」，臨濟義玄又說了：「若要說你這是對的，還眞的只能說你對，只是太粗魯了。」普化反而罵起臨濟來：「你這個瞎漢子！佛法裡面講什麼粗細！」你看，普化回答的內容還是一樣，機鋒也還是一樣的踏倒飯床。可是今天臨濟學會了，一見普化罵他說粗說細不合佛法，這回知道普化的用意了，於是臨濟不知不覺之間就吐舌表示驚歎，他這回終於學會了。

可是普化與臨濟今天要是來到正覺，我便說道：「你們兩個人都太粗。」這普化萬一要說：「這裡是什麼所在？你還說粗說細！」我就告訴他：「細。」再也無二句，管教普化只能閉嘴休去。這到底意在何處？這就是佛菩提的勝妙所在，家裡人一見一聽，了然分明；若是個門外人，你再怎麼爲他說明，仍然是有聽沒有到，閩南語管他叫作鴨子聽雷。爲什麼？因爲明明震天價響，他竟然聽不懂。禪師說話都不溫柔也不斯文的，個個粗魯得要命。可是禪師說得那麼大聲，結果學人竟然聽不見禪師在說什麼。可是一旦會了，入得禪門來，好好一個大學國文教授也不再斯文了，就跟禪師一樣粗魯了；可是這時寫起文章來卻跟以前又不一樣，講話也大大不同了。這就是宗門講的：還是舊時人，不是舊行履。人，還是同樣一個人，然而今天悟了，說話作事就跟昨天不一樣了：他還是原來的同一個人，可是行履也迥異以往。說到這裡，請問大家：到底普化受供了沒有？臨濟受供了沒有？假使有因緣，今天晚上回去，剛好夢見了普化、臨濟這個公案現場，我可勸你手腳快一點，這臨濟才剛吐舌，你向前往他胸前一把拉住了不放，臨濟要是舌頭痛，問你：「爲什麼拉我？」你就說：「粗。」看他怎麼辦？

再來看看黃龍慧南禪師，有一天【上堂，舉：雲門問僧：「今日供養羅漢，羅漢還來也無？」僧無語，門代云：「三門頭合掌，佛殿裡燒香。」師云：「歸宗即不然：有水皆含月，無山不帶雲。且道：是同是別？」】（《黃龍慧南禪師語錄》）

這究竟是同是別？啊？有一天上堂，黃龍禪師特地拿了雲門文偃禪師的公案來說：「那一天，剛好寺裡面供養羅漢；」因爲菩薩都不計較智慧高低，只要能培福就行，管他是什麼人；雖然阿羅漢智慧遠不如菩薩，但菩薩何妨供養他們？所以禪寺裡面古來有這個習慣，向來要供養羅漢。「那一天供養時，雲門可就特地問他的徒弟們：『今天寺裡面供養羅漢，羅漢到底來不來受供呢？』」這叫作無風起浪，空穴生風；這就是禪師家老婆之處，刻意要問。正是沒事也要問，總要弄個問題出來讓徒弟們參一參，看有沒有因緣可以悟入。沒想到這個回答的僧人眞是「萬里崖州」，他還眞是搭不上話。那麼雲門乾脆就代他答了：「三門頭合掌，佛殿裡燒香。」明明他是問人家：「羅漢來不來受供？」那僧答不得，他卻說：「在三門下頭合掌，到佛殿裡面燒香。」這是打什麼啞謎？還眞的很像打啞謎。

可是咱們要說得親切一點、體己一點，其實禪師們成日裡都在跟徒弟們打啞謎；全都像在猜謎一樣，有事沒事弄出一句兩句讓人家去猜，眞的就是要讓大家猜。猜出來有獎，什麼獎呢？「大事已了」，只這四個字，以外就沒獎了。這就是說，如果禪師告訴你說「大事已了」，就表示說，你這時已經會禪宗公案了，自己去讀就行了。這還眞的是打啞謎呵！到底雲門講這個「三門頭合掌，佛殿裡燒香」，是親切呢？或是不親切？你們看，說親切的人竟然這麼多！可是你們爲什麼不講大聲一點？人家第二、三講堂那邊可沒聽見呢！我說當然是親切啊！因爲他是事中有理、理中有事，猶如閩南語說：「摸蜊兼洗褲，一兼二顧。」

雲門答得恰恰好。可是舉了這個公案以後，這黃龍慧南禪師當時在歸宗住持正法，他就說：「若是我歸宗禪師，可就不這麼說。我可就如此說：『凡是有水的地方，水中就會含著月亮；所有的山，從來沒有一座山是不帶雲的。』」黃龍禪師說的本是正常底事，只要有水，凡是明月夜，當你走到水邊，不管是溪水、江水、海水、盆水、腳窪水，什麼水都好，「有水皆含月」，你都看得見水中映現著明月。「無山不帶雲」，只要有山，就一定帶雲；特別是夏天，早上出太陽，中午一場雨下過以後隨即停了，還不到半個鐘頭，雲就從山腰生出來了，眞是「無山不帶雲」。

可是歸宗慧南禪師這樣講話，不嫌遠麼？他還說雲門那樣講不合他聽，結果他自己講了「有水皆含月，無山不帶雲」，有比雲門親切嗎？其實比雲門還要苛，他的手頭看來比雲門還要儉，竟然還向僧眾討人情欸！他的意思是說：「我對你們這些徒弟，是比雲門對他的徒弟好。」其實，他討這個人情，討得沒道理。不過，雲門從來跟老趙州一樣，雖然每一句話中有事也有理，可卻平淡得緊；他的話語中底機鋒，非常非常地平淡，叫人難會。但是歸宗慧南禪師講的「有水皆含月，無山不帶雲」，雖然機鋒也很平淡，其實也可以比雲門更親切，所以這裡面當然有蹊蹺。如果不知道蹊蹺在哪裡，等哪一天破參了，禪三最後一天我跟你印證了，你再來問，我就告訴你；但我也不必多說一句話，我依舊是說「有水皆含月，無山不帶雲」，你聽了就知道為什麼叫作親切。

所以眞悟了以後，那眞叫作古今如出一轍，絕不改易。可要是悟錯了，落入離念靈知裡，看到祖師們一個人說一個樣，一千位禪師說一千樣，眞叫人難會。同樣底一句話，古今禪師如出一轍，然而這一句話可以讓人家悟不了，也可以讓人家一聽就悟；能夠這樣，才是實證了佛法。這裡面沒有粗細，也沒有階級次第可說，會就會，不會就不會。至於座下徒弟們法身慧命死活，全都在禪師家手裡，所以禪師家慣會跟徒弟們說：「爾小命在老僧手裡。」

事實上也眞的如此。除非你自己是乘願再來的，否則小命就是在禪師家手裡，這是無可推翻的，今古如然。

言歸正傳，黃龍慧南說了二句話以後就反問：「且道：是同是別？」他歸宗慧南說：「有水皆含月，無山不帶雲。」那雲門說：「三門頭合掌，佛殿裡燒香。」他這兩句跟雲門那兩句，到底是同是別？能分得出是同，就得要講出同在何處；若能分得出是別，也要講得出別在何處。禪門裡面古來一向不許打混，每出一句語，都必須有所根據。同在何處、別在何處，都要能夠具體分明地向禪師說出來，否則禪師家手頭那根棒子可都不長眼睛。你們倒好，來到正覺，我在正覺從不打人。因爲古時的學人，咱們用黑漆竹篦怎麼打都沒關係；現在的人，打了也沒用。以前被我打過的兩個人，後來也都走掉了；若不是個人，打了也沒有用啊！什麼棒下出孝子？現代宗門裡，棒下打出來的往往是不情願承擔的，根本就不肖不似，想要期待他們孝順，難啦！

那麼，他們二人說底究竟是同是別？這得要看清楚喔！假使看不清楚，那就是沒有慧眼，能說什麼開悟？假使有人想要冬瓜印，那我也可以幫他蓋印章作個印證；但是這個冬瓜印蓋了以後，人家還是會看出他悟錯了！一樣是可憐啦！那麼這個章子到底好不好？喔！你們知道這個章子不好，不希望我為你們蓋這個章子，那你們可得要小心呵！如果弄不清楚，可別說你證悟了，這可是大妄語業啊！所以說，到底是同是別，不能隨便亂講。若要說同，得要有根據；若要說它們是別，也要有根據。

可是，如果哪天誰來問我：「是同是別？」我說：「同啊！」「喔！是同，那麼同在何處？」「你回去參。」第二天又來說：「老師！我參不出來。到底是同是別？」我就反過來說：「是別。」「昨天不是說同嗎？今天為什麼說別？」「那你去參啊！」還參不出來，後天又來問，我可就說：「不同也不別。」反正我每天都有不同的說法，別期待我會明講。明講出來的是我的，你能夠參得出來時才是你的，那時就沒有所謂同、別、不同不別、亦同亦別，這四句話都用不上了。在種智裡，常常都要講四句；可是到這時候，四句全都用不上；到了用不上的這個時節，四句你卻統統可以用，這才是眞正的佛法。所以聽到禪師說「三門頭合掌」，你就說：「這意思我懂了。」「是什麼意思？」你卻答：「有水皆含月。」那不是正答完了嗎？眞的！沒有錯啊！你眞的是正答。

當代好多大師們都是實問虛答，人家眞正問他佛法的時候，其實他自己心裡面也是茫茫然，根本沒有把握，卻把人家籠罩一番，這叫作實問虛答，盡講些答非所問底話。因爲他們的智慧只能夠實問虛答，所以我的《公案拈提》拿來再怎麼讀，他們都讀不懂。讀不懂時能怎麼辦？眞的沒有辦法怎麼辦，只好每天晚上鬱鬱寡歡地上床睡覺。要睡到什麼時候，才能不再鬱鬱寡歡地睡？要睡到死後。你如果不想要跟他們一樣，就得要下苦心好好去參。要好好地學，學到最後得要眞參實究，得要很清楚地把祂參出來。眞正參出來的時候，不論同、別、亦同亦別、非同非別，你全部都通，沒有不通底。這時候就是你可以孤身走江湖的時候，長江南北、五湖四海、江西湖南，全都由著你闖，沒有一個大師奈何得了你，這才算是眞入了佛門。

可是，到底「有水皆含月」意在何處？你若會了，就回說：「佛殿裡燒香。」也許大師聽了說：「喔！好！我趕快去燒香。」等燒香完了，禮拜如來完了，又回來問：「那麼『有水皆含月』又是什麼？」你就告訴他：「無山不帶雲。」如果他這一著子會了，那才是眞正的大師。如果他遇上這一著子依舊不會，你就讓他繼續當假名大師吧！可是也許哪一天找上正覺來問我，我說：「那還不簡單？佛陀早就開示過了，你沒聽見嗎？」他說：「佛陀哪一句話開示了？」我就告訴他：「如來復說咒曰：唵——！」

經文：【爾時世尊復以一切如來能調伏相，爲諸菩薩說能調能攝一切衆生祕密智藏實相般若波羅蜜法門，所謂：「一切衆生平等性，是瞋平等性。一切衆生調伏性，是瞋調伏性。一切衆生眞法性，是瞋眞法性。一切衆生金剛性，是瞋金剛性。何以故？一切衆生調伏性，即是菩提故。」爾時如來復說咒曰：

荷——！（長呼）】

講記：《實相經》這第十七段經文中說，這時　世尊又以一切如來能調伏的法相，來爲諸菩薩們說明能調伏、能攝受一切衆生的祕密智藏實相般若波羅蜜法門，也就是說：「一切衆生的平等性，就是瞋的平等性。一切衆生的調伏性，就是瞋的調伏性。一切衆生的眞實法性，就是瞋的眞實法性。而一切衆生的金剛性，就是瞋的金剛性。爲什麼這樣說呢？因爲一切衆生的調伏性，就是覺悟的緣故。」這個時候開示完了，如來又說咒：荷——！

我這樣依文解義以後，其實講解了也等於沒講解。可是你們有沒有注意到，印順法師對經典的註解就是這樣子；他一向是這樣註解的，有時候只是把每一段、每一句經文，加上兩三個字，這樣子拼湊起來，就說他已經註解完了。如果要像這樣子註解的話，三藏十二部經，我大概一年、二年就可以註解完了，所以我們還是得要來詳細講解一下，別依文解義。

什麼叫作「**一切如來能調伏相**」？這個調伏當然有從事相上來說的，也有從理上來說的。在事相上來說的，當然是指十力、四無所畏、十八不共法等法，所以能調伏一切有情，包括等覺、妙覺都在如來所調伏之列。可是這部經畢竟不是第三轉法輪所說，而是在第二轉法輪般若教的後期所講的；這當然不是在第三轉法輪時所講增上慧學證量上的事，而是在說三賢位悟後進修到初地所應證的般若正理。這個「**一切如來能調伏相**」是指什麼？當然還是指如來藏的眞如法性。也就是說，依於如來藏所顯示出來的眞如法性，才會有一切如來的調伏相可見可說；也依於如來藏的本來自性清淨涅槃，所以一切如來能得調伏自己而成爲究竟佛。可是，初學菩薩畢竟還是不懂，那又該怎麼說呢？因此還是得要爲諸菩薩說明這個「**實相般若波羅蜜法門**」，這個實相般若法門就是「能調能攝一切眾生」的「祕密智藏」。也就是說，這個實相智慧到彼岸的法門，是能夠調伏一切眾生、能夠攝受一切眾生的祕密智慧藏。

說到這一句「祕密智藏」，到底是該歡喜呢，還是應該憂愁呢？如果悟了就說：「唉呀！好歡喜，這眞的是祕密智慧藏，而我會了，這對我已經不再是祕密了。」可是如果還沒有破參，還茫無頭緒的時候，他說：「糟了！糟了！這是祕密的智慧藏，顯然不會爲我明講。」是不是這樣？是啊！所以才說「佛以一音演說法，眾生隨類各得解」。光是講這個祕密智藏，大家就有兩種想法了。爲什麼這個「祕密智藏」能調伏眾生、能攝受一切眾生？而且說的是「一切眾生」？換句話說，不是只調伏、只攝受局部眾生，當然是把阿拉、耶和華都攝受進來了；而且說的是眾生，不是攝受石頭等無情。

也許有人不服氣：「我才剛從基督教轉過來佛教，你今天就來講我基督教的是非。」我就是該講啊！你既然進得正覺講堂，那就一定要聽我講嘛！不然，難道還要由你來講，讓我來聽嗎？或者還要我講一些與基督教同樣的教理嗎？那你來正覺聞法又是爲了什麼？你要是不信，我就把醜話講在前頭：將來你要是眞的破參了、明心了，你還是會認同我今天這句話。搞不好，你哪一天眞的還回教堂去面對耶和華的塑像說：「**耶和華！你還眞是被你自己這個祕密智藏所攝受。**」耶和華還眞答不了你的話，因爲一切有情都被攝受在各自的如來藏裡面，但耶和華對此卻是完全不懂的。請問：耶和華是不是有情？難道他會是無情嗎？是石頭嗎？顯然不是嘛！他當然是有情，當然也被攝受在他自己的如來藏裡面。當他在未來無量劫中有一劫開始學佛以後，也悟得他自己的如來藏而生起這個祕密智藏了，就會有這個祕密智慧看見自己從來不能稍微離開一下自己的如來藏，也只能認同我說的：耶和華也被攝受在自己的如來藏之中。

但是，這個能調伏一切眾生、能攝受一切眾生的祕密智慧藏，確實是實相智慧到彼岸的法門——實相般若波羅蜜法門。只要證得自己的第八識如來藏實相心，你就有了智慧寶藏；這個智慧寶藏不共二乘無學，因爲二乘無學位的阿羅漢等聖人，都是不需要證得第八識如來藏的眞如法性，所以也都是不懂的；這個「**實相般若波羅蜜法門**」，更不共一切外道與佛門裡的凡夫，所以它當然是「**祕密智藏**」。證得這個祕密智慧藏時，自然就「**能調一切眾**

生」，也是「**能攝一切眾生**」。問題只是調伏的時節因緣到了沒有？攝受的時節因緣到了沒有？而你自己無妨正在現象法界中就已經同時跨足於實相法界了，無妨當下正在生死之中就已經同時住在無餘涅槃中了，這樣才叫作實相智慧到彼岸——「**實相般若波羅蜜**」。而這樣的法門不是二乘出世間法，是函蓋世間與出世間的無上大法，這叫作世出世間上上法，所以才叫作世出世間法；因爲既函蓋了二乘解脫道出世間法，也函蓋了一切世間法。

二乘聖人，天魔波旬對他們是不怎麼討厭的；天魔波旬有時候會來跟二乘聖人搗搗蛋，而他心中不會痛恨。可是你如果成爲實證了「**能調能攝一切眾生祕密智藏**」的實義菩薩，並且你又出來弘法了，天魔波旬可就恨死你了。然而恨歸恨，對你卻又無可奈何；因爲你既在現象法界中，也在實相法界裡。在現象法界中，他看到你，也看到你正在五塵等五欲中受用五欲而同時行道，所以他無法用五欲來引誘你、綁你；可是在實相法界中，他總是看不到你，因爲他始終到不了實相法界中。可是你卻看清了天魔波旬自己的實相法界的狀況，而他自己不知道，這才是 世尊所說的這個「**一切如來能調伏相**」。

當你有這種調伏相的時候，世間沒有什麼人可以來遮難你繼續弘法。所以六、七年前，也就是二〇〇三年元月，有位同修勸我：「老師！你不要再寫那麼多文字出來廣破各大山頭的錯悟，因爲你這樣是跟全體佛教界全面爲敵。你應該要像我們以前在部隊裡面搞政戰那樣，拉攏某甲、某乙、某丙來把老丁幹掉。等老丁被幹掉以後，再來拉某甲、某乙以及某戊來幹掉某丙。」我說：「你講的沒有錯，可以不必全面爲敵，就不會像你講的成爲四面楚歌的局面；但問題是，我如果十年糾正一個山頭——證明他悟錯了，請他改正了。這樣逐一處理完畢，我要花多少時間？我能有幾個十年？我又不是準備活二百歲，我有多少十年可以這樣慢慢地作？沒有時間欸！」可是他一直勸我，勸了好久、好久、好久，那長途電話講到電話線都快燒起來了。我說：「你別擔心啦！只要法是眞正不可壞的金剛性，是從初始至最終都是本來清淨性的法，也確實是法界中的實相，你就不必擔憂什麼全面爲敵、四面楚歌，因爲沒有人可以來挑戰。而我們要把佛法的宗門基業建立到千年不敗之地，就必須要趕快作，不要等我七老八十了再來作，那時我沒精神也沒力氣了。」所以我沒聽他的話，該寫的、該評的，我就繼續寫、繼續評。如果我當年聽了他的話，可能現在還只在辨正某一個山頭，其他都還在放過，他們可能全都要聯合起來對付我了，那要等到何時才能使佛教界全面回歸 世尊的正法呢？是不是這樣？是喔！如果眞要一個山頭處理好了再來處理另一個山頭，那你們得要趕快在每一週都辦法會幫我祈福，讓我活上二百歲，你們也得全都陪我活上二百歲，否則我怎麼可能完成這個任務？那邪見還沒有辦法破盡，捨壽時間已經到來了，那該怎麼辦？所以我們今天得要努力作，學人們的法身慧命才不會繼續被他們耽誤。

然而這都不必要，因爲正法威德力很大，沒有誰可以前來挑戰而扳倒正覺的。所以，只要你有這個「一切如來能調伏相」，就不必顧慮太多；你只要照管一個部分就行了，就是那一些需要作的法義辨正題目，要先把它分門別類來作輕重緩急的先後處理。你只要分門別類好了，也把先後順序處理好了，然後就儘管去作，不必管它是不是全面爲敵；因爲你的法義是第八識，他們所有山頭的法義是第六意識，你永遠都找不到知音來支持的，當然早就四面楚歌了。那你想要拉攏某甲、某乙、某丙、某丁，他們也不會讓你拉攏；爲什麼呢？因爲他們若是想要接受你的拉攏，就必須承認你弘傳的如來藏妙法是正確的；可是當他們承認你的如來藏妙義正確時，他們自己卻是悟得離念靈知識陰境界，那時他們對自己的所悟，到底要對外說明是對的呢？還是要承認爲不對？當徒眾們說：「師父！你現在支持正覺，那我們以前悟的離念靈知到底對不對？」他要怎麼回答呢？對他而言這是很大的難題，無法解決。所以想要拉攏其中某一個大山頭都是不可能的，更別說是拉攏其餘各大山頭了，大家對他們都不要再有任何的寄望。

因爲我在十三、四年前，就已對各大山頭不抱持任何希望了，我那時已經知道佛教的復興不靠自己是不行的。可是，我自己一個人能作得了多少事呢？我又不是三頭六臂。即使有三頭六臂也作不了那麼多事，那該怎麼辦？我得要設法變成千手千眼觀音，那就應該要拉攏諸位，別去拉攏什麼大山頭；所以我才要這麼辛苦，每週要講經，把你們的佛法知見與實證的水平拉上來，我只要把你們巴結好了也就行了。你們被我以法巴結了，心裡說：「我好像有希望開悟喔！」那你就有希望了！如果心裡面想著自己一定沒希望，那你這一世就眞的沒希望了，佛教正法的復興大業也就跟著沒希望了。好了！願意開悟就行，接著努力走上菩薩道；該修的福德、該熏習的知見、該作的事，全都努力去作，最後就開悟了。悟了以後你就成爲我的眼睛、我的手，可以一起用在「救護眾生、住持正法」上面，這就是爲什麼我要這麼辛苦的原因。只要你跟我一樣證悟了，你可以把各方山頭的著作、影音成品都拿來檢查；檢查過了以後，你會發覺：蕭老師眞的沒騙人，講的都是如實語。因爲我弘法以來不曾騙過人。

那麼，到底什麼是「能調能攝一切眾生」的「祕密智藏」呢？爲什麼說這個「祕密智藏」就是實相智慧到彼岸的法門呢？世尊有開示：「一切眾生平等性，就是瞋的平等性。」佛門向來都說一切法平等，然而這個一切法平等，一定有個平等的道理，不可能無緣無故而說平等。「平等性」一般而言有許多門面話可說，譬如說：「不管你長得多英俊，不管你生得多健壯，不管你多麼有錢，你最後跟我一樣要死，所以平等平等。」有沒有聽過這種說法？聽很多了，這就叫作表相佛法，是世俗化的、通俗化的相似佛法、相似像法，不是眞佛法；但也不能說它完全不是佛法，因爲凡夫眾生得要依賴這樣的法，不斷地熏習以後才能逐漸對深妙的「祕密智藏」產生信心；可是它畢竟不是眞正的佛法，那它該叫作什麼呢？叫作相似像法。

可是相似像法不該太興盛，否則了義正法就會被淹沒而無法廣大弘揚了。若是有修有證的平等法，就叫作聲聞菩提的平等、緣覺菩提的平等，因爲全部在蘊處界上面來說，不是依實相法界的無修無證的眞平等。可是大師們都還不懂眞正的二乘菩提，只在色蘊的無常上面說大家平等，這樣的「佛法」，跟閭巷之中老人家閒聊說：「唉呀！大家都無常啊！所以都一樣平等啊！」又有什麼不同？結果都是一樣嘛！原來那巷弄裡面的老人家也懂佛法呢！對啊！你再也不能說他們不懂，因爲佛門大師講的跟他們講的可都一樣。所以，那只能叫作凡夫老生常談，與世俗老人家閒聊所說的話一樣，然而佛法畢竟不是這個道理。

一切眾生的平等性，竟然是瞋的平等性。初學佛法的人聽了可就沒辦法接受，當他們剛讀到這樣的經文時，心想：「這個是眞的佛法嗎？這恐怕是外道寫的，後來混進佛門來的吧？」殊不知這才是眞正了義的佛法，因爲一切眾生的本來平等，眞正是瞋的平等性。你要是不相信，路上不管遇到誰，你都給他一巴掌（大眾笑…），先別笑，你看他們生氣不生氣？還眞的沒有人不生氣啊！也許你說：「啊！我知道了，所以這樣叫作平等。」不然！佛法中說的平等，不是這個道理啦！而是說只要是有瞋的，這個眾生莫不是如來藏眾生，而如來藏的境界從來平等無二，所以一切平等。

假使如來藏不在了，你看他們還瞋不瞋？都氣不起來了。有很多大師愛生氣，你要是講一句話，他聽得不中意，以後整整一年不理你。說得好聽叫作默擯，其實是濫用了默擯二字的教示；因爲人家上來請法：「請問師父，開悟是悟個什麼？請師父指導。」人家是正經八百來請法，結果竟然把人家默擯一年，這就是瞋。請問他這個瞋，跟路上一個人不小心被機器腳踏車撞到而生氣起來，一樣不一樣？一樣都是瞋；但不能夠因此就說兩個人一樣會生氣，所以平等。佛法的平等可不是這個道裡，而是說，因爲這兩個起瞋的人同樣都是有如來藏，所以才會起瞋，而這兩個人的如來藏境界完全無二，所以平等平等。

「這樣子看來，如來藏又好像不是個好東西，竟然會害我起瞋。」那麼實相心如來藏到底是好東西、還是壞東西？告訴你：不好也不壞。有些人讀經、讀論時慣會斷章取義，他們只看文字表相。譬如有的經論裡面講：「因爲阿賴耶識含有生死種子，所以使人輪轉生死。」好啦！他老哥就說：「所以阿賴耶識是壞東西，我們都要把祂甩掉、要把祂滅掉，所以應該趕快把祂找出來一槌搗碎。」誰說的？你們都知道是月溪法師講的。你看，末法時代這些亂說法的可都是大法師。奇怪！怎麼會這樣呢？因爲這叫作末法時期，將來我們希望有很多很多法師都說正法，都不再亂講佛法。

接下來說，爲什麼「一切眾生平等性」，就是瞋的平等性呢？因爲不管他瞋的程度如何，這些瞋的種子都是從如來藏心中生出來，所有往世熏習的瞋心種子全都存在如來藏中帶到這一世來投胎。好，瞋心種子在遇到逆境時當然就會流注出來，也就現行了。這一現行，跟人家一樣起瞋心；起瞋心之中就有不平等，所以有的人起瞋之後，接著變恨：「你給我記住！」有沒有？這就是記恨了。有的人到恨的階段就停止了，他只是一生都不跟對方講話，不跟對方往來。可是有的人不一樣，他恨了以後接著開始怨，怨就是開始想辦法去設計報復的辦法，這就是怨。有怨以後，往往就會開始想要實行報復，去想東想西找機會報復而有不好的行動；眞的作了，這就是惱。有的人最多是到怨：「因爲我現在學佛了，我不可以去作。我若作了，就對不起佛。那我每天上香時要怎麼面見佛陀？」因此就到這裡爲止，所以不管他曾經想了多少方法想要報復，最後終究沒有付諸於實行。可是有的人眞的付諸於實行了，那就叫作惱。

所以，瞋也有厚薄之分，有輕重之別。但是不管厚薄輕重，瞋的種子全部都從自己的如來藏中生出來，可是他自己的如來藏從來不起瞋。如果說：「因爲如來藏會讓我起瞋，因爲祂都弄了一堆瞋的種子在那邊，害我每天都在生氣。」喔！怪起如來藏了，這可沒道理欸！不該怪如來藏啊！因爲那些瞋的種子，也是往世的自己去弄給如來藏收藏的。從如來藏的立場而言，你五陰給我收藏了什麼，我來世就還給你五陰什麼；不是因爲報復，而是因爲你五陰在往世給我的就是這個種子，不然叫我還給你什麼種子？你給我這一類的種子，我就還你這一類的種子。如來藏從來都沒有報復的心態，祂就只是這樣自然地運作出來。而一切眾生各自都有的自己如來藏的自性，全都是這樣子，所以祂是平等的。

但是如來藏實相心，永遠都沒有誰可以責怪祂，因爲祂含藏的所有種子，全都是眾生自己給祂的。既然是眾生的五陰自己給祂的，當然祂回饋出來就是這樣的種子。你總不能夠要求如來藏說：「我種了一顆花生種子，你得要爲我長出一顆大大的金瓜來喔！」不可能的事情嘛！所以不能怪如來藏。而且，如果修集了很多善法種子進去以後，祂就回饋出善法種子來；所以修了很多佛法以後，最後可以讓你成佛，那麼到底如來藏這個收集及供應種子的功能是好、還是不好？（有人答：好。）所以不能說不好，因爲如來藏就像一面鏡子如實反應給你；而且如來藏還有祂的自性功德，這個自性功德可以使人將來成爲究竟佛。

且不必講那麼崇高，說得簡單一點好了，只要你眞的能把自己的如來藏搗碎了，你就會當場死掉了，其他就都不必再講了。不管誰埋怨如來藏，你就問他：「你要不要你的如來藏？」當他知道如來藏才一捨離，自己就得當場死亡，那當然要啦！即使像印順法師他們，又如古時天竺的安惠、佛護等人，他們都是一天到晚否定如來藏，可是卻每天都把如來藏抱得緊緊地，一時一刻都不肯放掉，這就是唯識學中說「恆內執如來藏爲我」；等到你罵他說：「你忘恩負義，一天到晚把祂抱得緊緊地，每一時刻都不肯放掉祂，愛得不得了，結果竟然還在否定祂。」他們一定會這樣說：「哪有？哪有？我身中根本就沒有如來藏。」你責備他們，他們竟然還說沒有這回事，這就是無明眾生。

所以一切眾生的平等性，從瞋裡面就可以看得出來；只要有瞋的眾生，那就是平等的眾生。請問，在人間，你去哪裡找得到不曾起瞋的眾生？你找不到不瞋的眾生。也許有人不信，說：「**南洋可能還有阿羅漢，阿羅漢不瞋啊！**」誰告訴你阿羅漢不起瞋的？你要是罵了他，他轉頭就走，就不理你了；這就是起瞋了，已經顯示瞋的習氣種子了，還說沒有起瞋？而且老實說，現在南洋也沒有阿羅漢；可別來跟我抗議，南洋那些被吹捧為阿羅漢的人，全都是未斷我見的凡夫。甚至南洋曾經有被公認為阿羅漢的人，到了外國去，竟然用信用卡去色情場所消費。佛教裡哪有這種阿羅漢啊？竟是沒有斷我見的阿羅漢，而且是連外我所都還沒有斷除呢！就別提三果時早該證得的初禪離欲境界了。所以那些阿羅漢們，那都不是真的阿羅漢，都還是未斷我見的凡夫。

話說回來，即使是真的阿羅漢也會生氣；他只是不會現行而已，所以心裡面起瞋的時候，還是氣啊！你只要羞辱了他一、兩句話，他還是會生氣的，就不肯跟你講話了。可不像菩薩，有時候被人家罵了，罵到習慣了已經不是生氣或不生氣的事了，而是懶得去聽、懶得去讀、懶得去回應；因為他認為菩薩本來就該被無明眾生罵，就這樣子認爲；所以認爲自己被無明眾生辱罵是天經地義，後來就被罵成習慣而無所謂了。所以有人告訴我：「今天哪個網站又有什麼人化名在罵你欸！」我說：「哎呀！不理他啦！天下何愁沒有這種人，多的是啊！」如果哪一天都沒有人匿名罵我了，我才會覺得奇怪呢！我會說：「是不是地球快要毀滅了？所以密宗外道們都不再關心我了！」否則不可能沒有人罵我。因此，對於人家罵你的事，這是奇怪或者不奇怪，都在於你心裡是怎麼看的；你若覺得這是天經地義的，那就是天經地義的。因爲這是五濁惡世，當他們邪見一大堆的時候，你想要救他們離開邪見而說那是邪見，他們顧慮名聞與利養時不罵你才怪。

所以你只要能夠找得出誰是有瞋心的，任何一個人只要有瞋心，就是平等，因爲全都是有情而各有平等性的如來藏。如果是找到什麼不會起瞋心的，那就不會是平等法，因爲這個叫作木頭、石頭，這個叫作水，那個叫作山；全都是無情，性狀一定都不一樣，不會平等。如果是會起瞋的有情，放諸四海；不但四海，放諸四大海——佛法裡講的四大海；乃至放諸十方三世一切世界，凡是有情就有平等性的如來藏，這樣的有情就會起瞋，所以從如來藏來說，莫不平等。乃至你哪一天也許夢見了 阿彌陀佛，你看一看 阿彌陀佛：「一樣啊！跟我平等；雖然彌陀世尊都不起瞋，因爲祂把習氣種子斷盡了，可還是跟我平等。」因爲凡是有情就同樣都有第八識如來藏，而一切有情的第八識如來藏全都平等平等，所以眾生的平等性，就是瞋的平等性。

《實相般若波羅蜜經》上週講到三十四頁第二段第三行。今天要從「一切眾生調伏性，是瞋調伏性」開始說起。大乘法在般若系列的經典中，常有許多經句是初學佛的人讀了以後，往往覺得很震撼的；因爲那跟一般大師們所開示的佛法，可謂截然不同。一般大師們開示總是說：「不要起貪心，不要起瞋心，要追求智慧，所以除了學佛求智慧以外，一切都應該要放下。」我想諸位都聽過很多了。但是當你讀到了般若系列的經典，再讀了開悟祖師的開示時，卻告訴你：「無明實性即佛性。」心裡面就很納悶：爲什麼祖師開悟了以後，竟然說無明的眞實性就是成佛之性？這眞沒道理，學佛明明就是爲了求得智慧，竟然告訴你說：這無明的眞實性就是眾生將來可以成佛的自性。然後，有一些經集部的經典又說：貪就是實相，瞋就是實相，癡也是實相。怎麼會說愚癡也是實相呢？這好像都講不通欸！因此讀後眞是百思不得其解。在沒有破參以前，假使你請了一部《大藏經》去讀，讀了以後心裡眞的很震撼：「爲什麼會這樣說？」因爲這跟以前師父教的都不一樣，師父都是教我：「不要貪，不要瞋，要離癡。」爲什麼經典卻是這麼說的？

然後不信邪，就努力來學禪、修禪、打禪、坐禪。禪學了三、五年乃至學了十幾年、二十幾年以後，被師父印證開悟了，吩咐說要時時刻刻都離念，都必須是清淨心、無妄想；包括平常行住坐臥也都是離念靈知，都是要不打妄想的；後來要求自己動中也要能如此，這功夫夠厲害了吧？師父也印證他開悟了。好啊！把經典請出來一讀，卻又傻眼了，因爲經中說：「法不可見聞覺知，若行見聞覺知，是即見聞覺知，非求法也。」完了！都沒辦法印證欸！「爲什麼師父印證我開悟了，結果我對經典還是讀不懂？」不信邪，又想：「那是教下才這樣講的吧？那我來看看宗門裡怎麼說好了。」好啊！把《五燈會元》、《景德傳燈錄》、《續傳燈錄》一一請了出來讀，依舊是不知所云，心想：「爲什麼禪宗祖師們，一個個全都活脫脫地像個精神病患一樣？並且這些精神病還一代傳一代，就這樣代代記錄下來？」這眞的很奇怪！所以號稱開悟了，學佛也有三十幾年了，也被大師印證開悟了，可是經典照樣讀不懂，公案仍然每一則都不通。碰巧遇到一、兩則公案可以讀通，可是正覺同修會又說那種祖師是悟錯了的。那麼應該怎麼辦呢？眞的不知道該怎麼辦，最後心都冷了。

以前初學佛時是很熱忱的：我要行菩薩道，我生生世世都不放棄。到最後發覺根本不可能實證，心冷了，沒轍！怎麼辦？往南方去了，學南傳佛法去了，所以南傳佛法在台灣還眞的興盛了好幾年。那時南傳佛法來台灣傳法的有好多，以前有朗波田的動中禪，接著是什麼阿姜查、阿姜通、阿迦曼，有沒有？後來又有個一行禪師，然後又來個葛印卡，還有什麼呢？（有人說：帕奧。）帕奧是比較後期的，我對他不太熟悉，似乎只是懂一點禪定的修法，但也沒有實證。比較早期還有一個叫作奧修，那個翻譯者叫作什麼名字，我都忘了，他還曾經去中信局找我，跟我見過一面；他跟我談不上話，只能談一些事相；因爲他懂的我都懂，我懂的他卻不懂。

就因爲大乘法眞的難通難達，大家都沒一個下手處，當時正覺也沒什麼名氣，他們不願意來正覺，所以當時的台灣佛教界，有許多人不得不轉向南方去；當時南傳佛教在台灣好熱鬧、好興盛，有一位曾銀湖還翻譯了《尊者阿迦曼傳》。我剛讀到的時候，是在破參以前，還不曉得那裡面是講什麼，只是覺得有一點怪怪的，可是也說不上來。但是後來破參了以後，我再一看：這阿迦曼根本還是個我見具在的凡夫，我見都還沒斷除，竟然可以成爲阿羅漢，這也眞厲害！所以我就知道說，南傳佛法的實證內涵大概是失傳了。

一直到後來，有一位教授也是好意，勸我閱讀南傳覺音論師的《清淨道論》，言外之意是說那才是眞正的佛法。我也沒去找這本書，後來有個因緣（當我需要什麼，它就來了，常常這樣），就有一套紅色書皮的精裝本三巨冊《清淨道論》送來給我。我拿來就從第一冊開始一目兩行，就這樣從台北上車，就在汽車上翻到台中就全部翻完了。結果呢，覺音論師連怎麼斷我見都不知道，書中都只是講一些四聖諦的理論，可是我見應該要怎麼斷除？他也不知道；因爲斷我見的內容他也都沒有講到，只是說要把覺知心修行變成清淨心，都不知道覺知心正是識陰我；然後就說覺知心清淨了就可以成爲阿羅漢，那乾脆作學術研究也可以成阿羅漢了。

所以自從讀過那一套《清淨道論》以後，我就說現在南傳佛法中沒有阿羅漢，因爲現代的南傳佛法都是依覺音論師的《清淨道論》在修學的。也許還有阿羅漢吧？一定是躲在深山裡面，都沒有人知道，因爲南洋佛教界現在所知道的聖人全都是凡夫。後來正覺同修會開始弘法以後，把眞正的解脫道講出來了，無餘涅槃的境界也講出來了，台灣修學南傳佛法的人們認爲以前所學的南傳佛法跟正覺所講的不一樣，那一定是正覺的解脫道法義錯了。可是把四阿含千餘部經典前前後後翻爛了，還是找不出正覺的毛病。結果南傳佛法大師們所傳的，卻都證明是不符《阿含經》，因爲他們的我見具在。如今我的《阿含正義》詳解《阿含經》以後，也可以用來證明那些南洋所謂的阿羅漢們，全都是人們無知而因中說果，都還沒有離開凡夫位。

從這個事實看來，諸位可想而知，他們從北傳的大乘法轉入南傳的小乘法以後，當《阿含正義》出版了，又證明現代的南傳佛法中也沒有眞正可以實證的法，他們的心情有多麼苦悶。諸位有沒有設身處地爲他們想一想？好啦！北傳大乘法學不通，南傳小乘法也學不通，就只剩下一條路，叫作密宗。可是不進密宗還好，進了密宗更糟糕；因爲不但沒有提升心靈的層次，而且還會導致未來世的下墮。所以我算是佛教界的惡人，有一位小有名氣的法師氣我氣得要死，是因爲他才剛開始弘揚月溪的法，沒幾年，我就破了月溪法師，印出《正法眼藏—護法集》流通出來，他也曾把這本書收集了幾箱去環保回收。後來他就開始搞密宗了，沒想到他還沒搞上三年，我又開始指出密宗的法義全面錯誤，所以他氣我氣得要死。不過，這不能怪我，因爲因緣使然，爲了救眾生，我必須要這樣作。

如果我不知道那是邪法，我不知道那是在戕害眾生，那我可以不管；但是一旦知道了，我怎能昧著良心眼看著那些人將來要下地獄而不管，那還能叫作菩薩嗎？也許也可以叫啦，就叫作凡夫菩薩兼鄉愿菩薩。所以佛法可殤就在這裡，這兩、三百年來，正法弘傳者眞的無理可申、無處可說，因爲被清朝每一代都崇拜喇嘛教的皇帝打壓到了最低點。現在是我們的時代，好不容易逮到這麼一個信息化、多元化的時代，我們如果不好好把它弘揚起來，不好好把佛法眞正的義理解釋出來，不好好把佛教正法復興起來，我們就眞的對不起 世尊老人家了。因爲老人家傳給你這個法的目的，不是要你去隱居起來當羅漢。如果時局眞的不行，那沒話講，只好隱居著；假使有好機會可以弘揚，可以幫助很多人實證佛法，而我們不作，我們就對不起祂老人家。等到捨報的時候，佛陀說：「你這一世爲什麼如此懈怠？」那時是不是要耳根熱起來、無地自容？所以，近代眞正學佛的佛教徒其實已經悶了四、五百年，悶到現在；在台灣剛開始想要實證的人卻又大多被籠罩，被人家作了錯誤的引導與印證，這已經變成通例了。

如今我們好不容易有這個機會，當然要好好講一講：爲什麼瞋調伏性就是一切眾生的調伏性？單從經文文字的表義來看，這是絕對講不通的。一切眾生的調伏性竟然會是瞋的調伏性，眞的沒有人能相信；但因爲它是印在經典裡面，是收在《大藏經》裡面，所以大家會想：「這應該是我智慧不夠，所以是我不知，先不要去毀謗它。」可是膽子大的人就敢說了：「這個跟緣起性空不符啦！蘊處界生住異滅，它講什麼瞋調伏性就是眾生的調伏性，這個講不通啦！這一定是僞經，一定不是佛陀講的，是後人僞造的。」還說得振振有詞呵！接著就會有一些愚癡的倒楣鬼跟著他們謗法。大乘經裡面，有哪一部經典被毀謗得最厲害的？諸位想想看，是哪一部？（有人答：《楞嚴經》。）對啦！就是《楞嚴經》啦！他們的想法很簡單：「凡是我讀不懂的，我用意識思惟而想不通的，是我無法猜測、無法揣摩出來的，那就是僞經。」凡是宣講如來藏妙法的經典全都是他們認定的僞經，因爲他們完全不能理解如來藏的妙義爲何如此。

他們的原則就這麼簡單，可是我說一句老實話，這《楞嚴經》中的義理，別說初地菩薩能夠編造，就算是一大群三地、五地菩薩，也都還編造不出來的，因爲那裡面的法義說得太深了。而且又因爲當初房融他們幾位共同翻譯的時候，那些文字太過洗鍊、太過精簡了；對於文學造詣很低的現代人來說，那簡直可以說是精簡到太過火了；連已經證悟的三賢位菩薩們都仍覺得太艱深難懂了，對於還沒證悟明心的人而言，當然就更難懂了。即使是明心後又眼見佛性的菩薩們都還不容易讀懂，都還有很多地方要用猜想的；而其中所講的義理，眼見佛性的十住菩薩也是解釋不出來的；儘管眼見佛性分明，那又怎麼樣？就能把《楞嚴經》中說的佛性密意講得清楚嗎？一樣講不清楚。老實說，眼見佛性分明的十住菩薩，身心如幻觀、世界如幻觀成就了，可是對於《楞嚴經》也還是只能讀而不能演說的，也只能受用卻講不出來。

不但如此，我還把以前所講而整理出來的文字內容，重新作了大翻修；因爲以前偏在明心與見性上面，想要幫助大家快速實證明心與眼見佛性的境界，所以講很快，自然講得很簡略，也不注重講解諸地所應修的內涵；現在要印出來時就得考慮後人閱讀後的法益，所以我得把它重新大翻修，乾脆就把其中的法義解釋得細膩一點。可是眼見佛性的菩薩對於我的詳細註解就能眞的如實理解嗎？能眞的讀懂嗎？也不見得。如果明心後對佛性見得很分明，慢慢讀上五、六年也許可以讀懂一些，可是一旦要他們解說時，他們可就不知道該怎麼解說了。明心後又眼見佛性的菩薩們都還如此，何況凡夫們還沒有斷我見，也沒有明心的人，竟然敢開口或者寫出文章來毀謗說是僞經，我還眞佩服他們的膽子；不過我絕對不效法，我寧可沒有他們那個膽子；這時候我寧可膽小如鼠，也不想效法他們的膽大。

這表示說，佛菩提道不是那麼容易就能夠切入的，即使悟後都還得要很努力去進修，才能對《楞嚴經》稍微瞭解一點點。如果像那些凡夫們用意識思惟一下、想一下，或者大家聚頭—頭碰頭—在那邊商量好幾年，都不是眞修實證，又如何能弄懂《楞嚴經》中的深妙義理呢？所以大乘佛法中都是要講實證，凡是沒有實證的人，不論他們怎麼研究、思惟、討論了佛學，終究還是玄學，仍然是戲論。然而三乘菩提都是義學，特別是大乘菩提絕不是戲論或玄學，那麼要怎麼樣開悟實證，可就是個重點了。

話說回來，爲什麼一切眾生的調伏性就是瞋的調伏性？瞋能夠調伏，是要依據什麼來調伏？這是個大題目。假使像那些大師們說的：「放下啦！不要記恨啦！不要記仇啦！」甚至有法師還引用一神教的聖經說：「上帝說，當右臉被人家打的時候，再把左臉湊上去給他打。」這樣自己湊上去挨打了以後，心裡的氣消了沒有？都沒有啊！照上帝的話去作了以後只是更氣，可是要裝作很歡喜的樣子，回家再氣自己。這表示他的瞋都沒有調伏。如果上帝不服氣來問我，我就告訴他說：「上帝啊！你自己都還在起瞋，爲什麼教我們再把左臉湊上去給人家打？」因爲上帝自己瞋心都好重，這表示他並沒有體會到瞋的調伏性。但是菩薩能調伏一切眾生，也許一世、也許十世、也許百千萬世而能調伏，是靠什麼來調伏的呢？靠的就是實相般若。

可是，實相般若到底以什麼爲依歸而說它是實相的智慧？這裡面一定有它的道理。就是說，因爲一切眾生都有從來不瞋的如來藏而能夠調伏，才能夠成就瞋的調伏性。這講的是轉依的道理，也就是說，在二乘菩提中修學，斷了我見之後，不論他斷我見時是成爲初果、二果乃至三果、四果都一樣，最後都得要轉入大乘道來，要修學佛菩提。而佛菩提的入門——能夠進入內門來廣修六度萬行，那是全靠明心證悟。證得如來藏明心之後，可以現觀一切有情如來藏的平等性，而且現觀一切瞋的種子都從如來藏中生出來。而如來藏既然是平等性的，祂是根據什麼而有平等性？是根據祂的無分別性。祂是自始至終都不分別的，而又無妨被祂所生的我們意識繼續保持著分別性，來觀察自己的如來藏是無分別性的，由意識的分別性與如來藏的無分別性同時存在，如此生起無分別智以後才會有妙觀察智及平等性智。所以如來藏對一切法平等看待，因爲祂連看待兩個字都不存在。菩薩正因爲這樣的實證與現觀，發起實相智慧，所以能轉變貪瞋癡之心，能把與貪瞋癡相應的覺知心以及意根的貪瞋癡轉變過來，於是能夠依止於如來藏的無分別性而成就了眞正的平等性。

如果成就了平等性以後，瞋也就調伏了；除非實證者有時不肯把這部分如實轉依，因爲還不想快速成就佛道，那就繼續有瞋，見了眾生就用下巴看人，老是想：「你算什麼？你不過是個凡夫，我是證悟的菩薩。」那他就會永遠原地踏步，這表示他還沒有轉依成功，悟後空有見地，只能名爲乾慧。所如果轉依成功了，便成就了「一切眾生調伏性」，能夠開始調伏自己了。所以你們如果明心了以後，調伏得不好，表示你轉依沒有成功，或者轉依成功的分數只有十分，後面還有九十分沒有轉依成功，那一定會原地踏步。等到下輩子遇見了某一個人，說：「上輩子你還比我差，怎麼這輩子跑我頭上去了？」因為人家轉依成功了，他有「一切眾生調伏性」。「一切眾生調伏性」現觀成功了，「瞋調伏性」也就現觀成功了，性障就會開始滅除了。然而學人該怎麼去追究它？當然要追究啊！瞋從哪裡來？瞋也從如來藏來啊！不管是誰起瞋的時候，那個種子都是從如來藏中流注出來的，沒有人能外於這個現象，可是如來藏自身卻是永遠不起瞋的。祂不起瞋的時候，眾生瞋心大發，卻是如來藏幫眾生起瞋的。請問：這如來藏與起瞋的覺知心有沒有平等？還是平等欸！

所以有人說：「佛法真的好奇怪！為什麼我從來沒有聽過大師們這樣講？而你蕭平實竟然這樣講！」可是我要說的是，如果我講的跟那些大師們一樣，諸位還來不來聽？不用來了！因為你們讀他們寫的書就夠了，聽他們的錄音帶也就夠了！我講的一定跟他們不同，而且我講的，你可以實證；證了以後，你可以請出經典來對照、來檢驗，百分之百相符合而沒有違背；就是因爲這個道理，才能吸引你們來到正覺。如果我講的法義跟他們一樣的話，我也不用重講了；因爲他們早就講過了，又何必我再來講？至少他們還燙了戒疤、還穿了僧服呢！所以，我們正覺賣這些貨，跟他們那些百貨公司裡的貨不一樣；雖然我們這一家店開得不大，但都是貨眞價實；儘管你拿試金石來打磨，裡裡外外我全都是金，絕不是鍍金的，這才珍貴。不虛華，表裡如一，又能夠跟勝妙的經典完全契合，這才是最重要的。

可是諸位一聽：「原來還是如來藏，哎呀！我聽了好幾年，你都是講如來藏。」我們最早期有的同修沒智慧，跟了我六、七年以後，她說：「老師！你講來講去都是講如來藏，我們聽膩了，能不能講點別的？」我說：「我就是要講如來藏，我不講別的；可是我講如來藏的時候，會有很多種如來藏法義出現；很多種法義讓妳聽起來好像不一樣，其實都是同一個如來藏。」不但我這樣講，乃至 釋迦老子示現成佛時也是講如來藏，而且從因地一直講到究竟成佛還是講如來藏；因爲若外於如來藏就沒有一切法可說，更別說有佛法了。

那麼，這個「瞋調伏性」要依什麼來調伏？要依如來藏，把自己轉變過來依止於如來藏；所以悟後起修，不是要你悟後去叫如來藏修行，而是悟後你自己要努力辛苦修行。修行永遠是五蘊自己的事，不是如來藏祂的事；但是你修行會影響到祂——你努力修行就會影響了你的祂，祂就是你自己的如來藏，因爲祂爲你收藏一切業種而在未來世還給你。你如果好好去行善，一心求生天而不想學佛法，下一輩子祂就幫你生天享受五欲。這意思就是說，如來藏才是因果的主體，也是因果的實行者，而祂造過什麼業呢？完全沒有，都是咱們五陰在造業。咱們造了善業，下一世祂就幫我們生個欲界天身；咱們成就了禪定，下一世祂就幫我們出生個色界天身；咱們修得了四空定，下一世祂就幫咱們成就無色界的受想行識；咱們如果修了淨業，下一世祂就幫我們繼續成爲聲聞聖者、緣覺聖者或者菩薩聖者。祂就像是這樣子，而祂都不修行，都由我們五蘊來修行。

我們悟了祂以後，還是我們五蘊自己來修行；而我們把瞋調伏了，如來藏中不再有瞋的種子了，自己這個五蘊眾生就調伏了。這一世調伏的是這個人類眾生，如果成爲二果人，下一世調伏的是欲界天那個二果人天身；五蘊眾生就這樣一世一世去調伏，要調伏很多世不同的五蘊眾生，這不就是調伏

一切眾生了嗎？可是這全都是依如來藏來調伏的，如來藏就是這樣子而成爲一切眾生的調伏性；而這個一切眾生的調伏性，其實就是瞋的調伏性。因爲當我們修行把瞋心的現行斷除了，就不再有瞋的現行，這就是完成第一步的「**瞋調伏性**」。但菩薩還是依如來藏的這一個調伏性來調伏了瞋，把五蘊自己轉變來依止如來藏的無瞋，然後調伏了自己；如此成就了「**瞋調伏性**」的時候，便成就一切眾生的調伏性。

這個調伏性，是什麼緣故而說是調伏性？總不能夠說單有一個如來藏的名詞，我們就可以去調伏吧？總得要有實證，要去證得這個如來藏實相心以後，然後現觀祂確實是這樣的法性，而五蘊我根本就不能自外於如來藏的自性，於是我們才能夠眞的依止祂的調伏性。總不能說祂只是一個名言、一句名相，然後我們就去依止，沒這個道理啊！因爲所依止若是無自體的，那個依止必然只是想像而沒有實體，如何能夠說是有所依止呢？如果像那一些人說的：「**如來藏、眞如，都是只有名詞而已，那只是方便施設，沒有實體，不是可證的。**」這樣，他們的意思等於是在指責說，般若諸經裡面的那一些菩薩們都是傻瓜呆、都是笨蛋，竟然能夠依於如來藏或者眞如這樣一個名相而非實質存在的清淨心體，就肯一世又一世不斷地勤苦修行利樂眾生，那不都是傻瓜嗎？可是，般若諸經中那些傻瓜菩薩們講出來的話又那麼有智慧，連大師們都讀不懂，那麼到底誰才是傻瓜？諸位這樣一分析就懂了：原來般若諸經中的那些菩薩們是有智慧的，那些主張《般若經》不是佛說的大師們才是眞的大傻瓜，因爲他們都不懂般若諸經中的密意，都是愚癡人。

可是爲什麼要轉依於如來藏的眞如性？而一切眾生本來是具足貪瞋癡的，爲什麼竟可以成爲調伏性的眾生？爲什麼證得如來藏以後，就可以顯示瞋的調伏性？因爲一切瞋心的種子流注成爲現行的時候，不再像阿羅漢那樣只是心裡氣著轉頭走了然後消除了，而是會生氣起來的。大發雷霆的時候，菩薩突然反觀：「原來這瞋心種子還是從如來藏清淨心中流露出來的，才使我產生瞋的現行，可是這些瞋的種子只跟我五蘊相應，如來藏從來都不跟這些瞋的種子相應；原來我收集了很多瞋心的種子，都是由如來藏再回饋給我，那我氣得要死，這是幹嘛？我不如就把瞋的種子刪除掉。」於是從如來藏的瞋的檔案裡面把它叫出來刪除掉，以後就不再有同一個瞋的種子了：「那麼我以後再遇到這種情況時，就不必氣到臉色發青。」當然心臟再也不會那樣澎湃，至於臉色鐵青也就不必了。生氣對自己並不好，氣到發抖是要幹什麼呢？人家是年紀大了衰老，或是血糖不夠所以手腳發抖，他卻是氣到手腳發抖，何苦來哉呢！這樣想一想：「對啊！所以悟了以後，我找到如來藏以後，不是叫我的如來藏去修行，還是要叫我自己修行，而我要轉依如來藏的調伏性。」這麼觀察思惟通透了以後就成功轉依如來藏了，這樣就會明白：

一切眾生調伏性，就是瞋的調伏性。

這意思表示什麼呢？表示你所證的如來藏心中，所含藏的種子是可以變異的。有沒有人希望現在自己如來藏中的種子是常而不變的？有沒有？你們很聰明，全都搖頭。因為如來藏裡面的種子若都是常而不變的話，你就甭來正覺學法了，來了也是白來。為什麼呢？因為不管聽多少、學多少，你心中的智慧種子還是一樣啊！今天聽了很多勝妙法，回到家裡還是原來那一些錯誤的邪見種子，都不會改變，那你來聞勝妙法幹什麼呢？種子都不可改變嘛！那就像有一些人說：「笨就是笨，你再學三十年還是不會啦！」因為永遠不變。然而如來藏中的種子可以改變，不好的種子可以在歷緣對境時，換成好的種子讓它存回去；每天修行就是在每天調包，不好的種子就用好的去把它調包；好的種子調包完成以後，未來如來藏回饋給你的就是好的種子，那表示你就提升上去了。這表示在因地時的如來藏中的種子是有變異的，是可變易的。

可變易好不好呢？好？不好啦！可變易就表示你還有變易生死；但是若不能變易，可就永遠保持現在的染污狀態，種子永遠無法轉變清淨了。所以說，法無定法，可變易是在因地才好，因爲不好的種子都可以把它變換掉。但是，如果你好不容易才把不好的種子調包完成，都轉變成完全清淨的種子以後，你還要不要變易呢？你肯不肯再變易？當然不肯！不肯，就不可能再有善妙種子被你變易了，所以成佛時才會說是常、樂、我、淨，那時才是眞常。這就好像說，整個房子裡面都是一些沙礫，你就一鏟又一鏟地剷出屋外去，每剷出一鏟的沙礫就換進一鏟的黃金；當你整個房子裡面的沙礫都已變成黃金以後，你還要不要再把沙礫剷進屋裡來呢？你當然不肯嘛！既然不肯再換成沙礫，就表示你的種子已經不會再變易了，你就過了變易生死。

沒有變易生死了，表示你成爲什麼呢？（有人答：成佛。）有智慧！因爲分段生死很早就過完了，現在剩下的最後一分變易生死也過完了，那就是成佛了。成佛以後還會有人想要回去再當凡夫嗎？沒有那種人，有智慧的人當然不會作那種沒智慧的事。這意思就是說，種子可以變易，這在因地是好的；但是種子變易的本身就是生死，每一個種子的變易就是一個生死；你只要能夠把某一部分種子全部轉換成究竟清淨，種子的變易就斷除了，那你就度過一個變易生死。經歷一大阿僧祇劫的種子變易而究竟清淨了，就是完全度過變易生死了，就是應該在人間示現成佛的時候了。

所以如來藏到底是常或是非常呢？如果你在因地時選了其中的一個，那你就錯了。你應該要有四句，說：如來藏是常、如來藏非常、如來藏亦常亦無常、如來藏非常非無常，種智之中一定是有這四句。這四句的內容都函蓋了，你就可以爲人宣說一大篇的佛法。證得如來藏以後也要記住這四句，要告訴大家：如來藏爲何是常。這個常講半個鐘頭就夠了，然後再來說如來藏爲什麼非常，你也講上半個鐘頭。然後說如來藏既不能單說只有常，或單說只有非常，還要說如來藏常又是非常；可是這樣還不足以函蓋祂的自性全面，所以還得說如來藏非常亦非無常。當你哪一天有智慧登門入室爲某大師講這個道理，他聽得瞠眼結舌還是聽不懂而成爲都無所聞，因爲聽了等於沒聽（爲什麼他聽了等於沒聽？因爲他沒有實證而聽不懂），那你就有可能度了他。

你看，單單一個明心，只要把握了說法的要領，你就可以讓大師們聽到一愣一愣的。好在你是很誠懇的態度爲他說的，如果有時候加上一兩句諷刺的話，他就臉上一陣青、一陣白。那意味著說，如來藏這個勝法不是虛有名相，而且祂的內涵是非常廣泛的；這也是說，從因地入了門一直修到佛地，都還是在如來藏裡面。既然如是，當然我每一次講經都要講如來藏，不然我該講什麼？我如果要講世間法，例如像那些大山頭講環保菩提、清涼菩提、醫療菩提，諸位願意聽嗎？一定不聽啦！因爲諸位聽不進去。吃慣了美食的人，沒有辦法再吃粗飯淡菜，大概都吃不下去了。

我就是故意要讓諸位吃慣了佛法美食，當你安住下來聽上兩、三年，以後不管你去到哪裡，你就聽不下去了。你若聽不下去了，表示你逃不離佛菩提道了，這一世就算覺得說：「哎呀！學佛好辛苦，到正覺同修會學法眞的很累。」但是逃得了這一世，也逃不了下一世，你非得要繼續勤行菩薩道不可，因爲我把這妙法的種子種進你心中去了（大眾笑…），所以我才會抱持著一個很簡單的原則：來者不拒，去者不追。因爲這一世悟後離開了，他只是逃家出去玩一玩而已，下輩子還是得要回家。回來家裡的時候我還是歡迎，沒有不歡迎的。如果你的孩子嫌累說：「我為這個家庭付出太多、太辛苦了。」他嫌累，溜走了；五年後又回家來，你難道不接受他嗎？你當然接受。因為他一旦回來了，你就知道他是個種性尊貴的菩薩，不會再逃離佛菩提之家了。所有種性尊貴的菩薩都是諸佛菩薩所最疼愛的，當然要歡迎他回家啊！為什麼還要責罵他說：「欸！你怎麼逃了三年、五年，到現在才回家！」都不用責備，還是一味歡迎，都沒有別的話。但一時離家的菩薩能夠這樣回來，原因是什麼呢？因為已經知道：一切眾生調伏性就是瞋的調伏性。

所以，也有早期的同修明心以後，悟後進修一段時間，覺得很累，心想：「悟後還有這麼多法要學，並且我讀書比您蕭老師寫書還要慢。」覺得自己吸收不了，然後就請長假，我說：「好啊！沒問題。」但是休息過幾年以後，她想一想：「我還是要回來增上班上課才行，不能老是原地踏步。」我說：「可以。」隨便一張紙條子寫個申請單來，我就准了；都不必說明理由，我也就准了，除非以前離開時曾經謗法。如果以前離開時曾經謗法，我當然要幫他找四個人——最少要有四個人，或者由他自己找四位已悟、已受菩薩戒的同修也行，他得要等我們布薩時在佛前當眾懺悔。如果以前離開時並沒有謗法過的人，隨便紙條子寫一下申請單，只要幾個字就行了：「我要回來增上班上課。」簽個名，日期押了就可以了，我們就發給上課證，就這麼簡單。因爲家人回家了，絕對沒有拒絕的道理，絕對是歡迎的。這表示說，他後來轉依還是成功了，雖然當年心中掙扎著說：「我要休息一下、休息一下。」可是休息久了以後，過個五六年、八九年以後發覺：「如來藏從來都不休息，我轉依如來藏以後，爲什麼還想要休息？沒道理啊！」後來終於想通了：「繼續行菩薩道啦！繼續精進啦！」我們就接受、歡迎啊！這就是他們轉依終於成功了。（詳續第六輯講解。）

佛教正覺同修會〈修學佛道次第表〉

第一階段

* 以憶佛及拜佛方式修習動中定力。
* 學第一義佛法及禪法知見。
* 無相拜佛功夫成就。
* 具備一念相續功夫—動靜中皆能看話頭。
* 努力培植福德資糧，勤修三福淨業。

第二階段

* 參話頭，參公案。
* 開悟明心，一片悟境。
* 鍛鍊功夫求見佛性。
* 眼見佛性〈餘五根亦如是〉親見世界如幻，成就如幻觀。
* 學習禪門差別智。
* 深入第一義經典。
* 修除性障及隨分修學禪定。
* 修證十行位陽焰觀。

第三階段

* 學一切種智真實正理—楞伽經、解深密經、成唯識論…。
* 參究末後句。
* 解悟末後句。
* 透牢關—親自體驗所悟末後句境界，親見實相，無得無失。
* 救護一切衆生迴向正道。護持了義正法，修證十迴向位如夢觀。
* 發十無盡願，修習百法明門，親證猶如鏡像現觀。
* 修除五蓋，發起禪定。持一切善法戒。親證猶如光影現觀。
* 進修四禪八定、四無量心、五神通。進修大乘種智，求證猶如谷響現觀。

佛菩提二主要道次第概要表——二道並修，以外無別佛法

佛菩提道——大菩提道

遠波羅蜜多

資糧位

十信位修集信心——一劫乃至一萬劫

初住位修集布施功德（以財施爲主）。

二住位修集持戒功德。

三住位修集忍辱功德。

四住位修集精進功德。

五住位修集禪定功德。

六住位修集般若功德（熏習般若中觀及斷我見，加行位也）。

外門廣修六度萬行

見道位

七住位明心般若正觀現前，親證本來自性清淨涅槃。

八住位起於一切法現觀般若中道。漸除性障。

十住位眼見佛性，世界如幻觀成就。

一至十行位，於廣行六度萬行中，依般若中道慧，現觀陰處界猶如陽焰，至第十行滿心位，陽焰觀成就。

一至十迴向位熏習一切種智；修除性障，唯留最後一分思惑不斷。第十迴向滿心位成就菩薩道如夢觀。

內門廣修六度萬行

初地：第十迴向位滿心時，成就道種智一分（八識心王一一親證後，領受五法、三自性、七種第一義、七種性自性、二種無我法）復由勇發十無盡願，成通達位菩薩。復又永伏性障而不具斷，能證慧解脫而不取證，由大願故留惑潤生。此地主修法施波羅蜜多及百法明門。證「猶如鏡像」現觀，故滿初地心。

二地：初地功德滿足以後，再成就道種智一分而入二地；主修戒波羅蜜多及一切種智。滿心位成就「猶如光影」現觀，戒行自然清淨。

解脫道：二乘菩提

→ 斷三縛結，成初果解脫

→ 薄貪瞋癡，成二果解脫

→ 斷五下分結，成三果解脫

入地前的四加行令煩惱障現行悉斷，成四果解脫，留惑潤生。分段生死已斷，煩惱障習氣種子開始斷除，兼斷無始無明上煩惱。

近波羅蜜多

修道位

三地：二地滿心再證道種智一分，故入三地。此地主修忍波羅蜜多及四禪八定、四無量心、五神通。能成就俱解脫果而不取證，留惑潤生。滿心位成就「猶如谷響」現觀及無漏妙定意生身。

四地：由三地再證道種智一分故入四地。主修精進波羅蜜多，於此土及他方世界廣度有緣，無有疲倦。進修一切種智，滿心位成就「如水中月」現觀。

五地：由四地再證道種智一分故入五地。主修禪定波羅蜜多及一切種智，斷除下乘涅槃貪。滿心位成就「變化所成」現觀。

六地：由五地再證道種智一分故入六地。此地主修般若波羅蜜多——依道種智現觀十二因緣一一有支及意生身化身，皆自心眞如變化所現，「非有似有」，成就細相觀，不由加行而自然證得滅盡定，成俱解脫大乘無學。

七地：由六地「非有似有」現觀，再證道種智一分故入七地。此地主修一切種智及方便波羅蜜多，由重觀十二有支一一支中之流轉門及還滅門一切細相，成就方便善巧，念念隨入滅盡定。滿心位證得「如犍闥婆城」現觀。

七地滿心斷除故意保留之最後一分思惑時，煩惱障所攝色、受、想三陰有漏習氣種子同時斷盡。

大波羅蜜多

八地：由七地極細相觀成就故再證道種智一分而入八地。此地主修一切種智及願波羅蜜多。至滿心位純無相觀任運恆起，故於相土自在，滿心位復證「如實覺知諸法相意生身」故。

九地：由八地再證道種智一分故入九地。主修力波羅蜜多及一切種智，成就四無礙，滿心位證得「種類俱生無行作意生身」。

十地：由九地再證道種智一分故入此地。此地主修一切種智——智波羅蜜多。滿心位起大法智雲，及現起大法智雲所含藏種種功德，成受職菩薩。

等覺：由十地道種智成就故入此地。此地應修一切種智，圓滿等覺地無生法忍；於百劫中修集極廣大福德，以之圓滿三十二大人相及無量隨形好。

煩惱障所攝行、識二陰無漏習氣種子任運漸斷，所知障所攝上煩惱任運漸斷。

圓滿波羅蜜多

究竟位

妙覺：示現受生人間已斷盡煩惱障一切習氣種子，並斷盡所知障一切隨眠，永斷變易生死無明，成就大般涅槃，四智圓明。人間捨壽後，報身常住色究竟天利樂十方地上菩薩；以諸化身利樂有情，永無盡期，成就究竟佛道。

斷盡變易生死
成就大般涅槃

圓滿成就究竟佛果

佛子蕭平實　謹製
（二〇〇九、〇二 修訂）
（二〇一二、〇二 增補）

佛教正覺同修會 共修現況 及 招生公告　2015/09/06

一、共修現況：（請在共修時間來電，以免無人接聽。）

台北正覺講堂 103 台北市承德路三段 277 號九樓　捷運淡水線圓山站旁
Tel..**總機** 02-25957295（晚上）（**分機：九樓**辦公室 10、11；知客櫃檯 12、13。 **十樓**知客櫃檯 15、16；書局櫃檯 14。 **五樓**辦公室 18；知客櫃檯 19。**二樓**辦公室 20；知客櫃檯 21。）
Fax..25954493

第一講堂　台北市承德路三段 277 號九樓

禪淨班：週一晚上班、週三晚上班、週四晚上班、週五晚上班、週六下午班、週六上午班（皆須報名建立學籍後始可參加共修，欲報名者詳見本公告末頁）

增上班：瑜伽師地論詳解：每月第一、三、五週之週末 17.50～20.50 平實導師講解（僅限已明心之會員參加）

禪門差別智：每月第一週日全天　平實導師主講（事冗暫停）。

佛藏經詳解　平實導師主講。已於 2013/12/17 開講，歡迎已發成佛大願的菩薩種性學人，攜眷共同參與此殊勝法會聽講。詳解 釋迦世尊於《佛藏經》中所開示的眞實義理，更爲今時後世佛子四眾，闡述佛陀演說此經的本懷。眞實尋求佛菩提道的有緣佛子，親承聽聞如是勝妙開示，當能如實理解經中義理，亦能了知於大乘法中：如何是諸法實相？善知識、惡知識要如何簡擇？如何才是清淨持戒？如何才能清淨說法？於此末法之世，眾生五濁益重，不知佛、不解法、不識僧，唯見表相，不信眞實，貪著五欲，諸方大師不淨說法，各各將導大量徒眾趣入三塗，如是師徒俱堪憐憫。是故，平實導師以大慈悲心，用淺白易懂之語句，佐以實例、譬喻而爲演說，普令聞者易解佛意，皆得契入佛法正道，如實了知佛法大藏。

此經中，對於實相念佛多所著墨，亦指出念佛要點：以實相爲依，念佛者應依止淨戒、依止清淨僧寶，捨離違犯重戒之師僧，應受學清淨之法，遠離邪見。本經是現代佛門大法師所厭惡之經典：一者由於大法師們已全都落入意識境界而無法親證實相，故於此經中所說實相全無所知，都不樂有人聞此經名，以免讀後提出問疑時無法回答；二者現代大乘佛法地區，已經普被藏密喇嘛教滲透，許多有名之大法師們大多已曾或繼續在修練雙身法，都已失去聲聞戒體及菩薩戒體，成爲地獄種姓人，已非眞正出家之人，本質只是身著僧衣而住在寺院中的世俗人。這些人對於此經都是讀不懂的，也是極爲厭惡的；他們尚不樂見此經之印行，何況流通與講解？今爲救護廣大學佛人，兼欲護持佛教血脈永續常傳，特選此經宣講之。每逢週二 18.50~20.50 開示，不限制聽講資格。會外人士需憑身分證件換證入內聽講（此是大樓管理處之安全規定，敬請見諒)。桃園、台中、台南、高雄等地講堂，亦於每週二晚上播放平實導師所講本經之 DVD，不必出示身分證件即可入內聽講，歡迎各地善信同霑法益。

第二講堂　台北市承德路三段 267 號十樓。

禪淨班：週一晚上班、週四晚上班、週六下午班。

進階班：週三晚上班、週五晚上班（禪淨班結業後轉入共修）。

佛藏經詳解：平實導師講解。每週二 18.50~20.50（影像音聲即時傳輸）。本會學員憑上課證進入聽講，會外學人請以身分證件換證進入聽講（此爲大樓管理處安全管理規定之要求，敬請諒解）。

第三講堂　台北市承德路三段 277 號五樓。

進階班：週一晚上班、週三晚上班、週四晚上班、週五晚上班、週六下午班。

佛藏經詳解：平實導師講解。每週二 18.50~20.50（影像音聲即時傳輸）。本會學員憑上課證進入聽講，會外學人請以身分證件換證進入聽講（此爲大樓管理處安全管理規定之要求，敬請諒解）。

第四講堂　台北市承德路三段 267 號二樓。

進階班：週三晚上班、週四晚上班（禪淨班結業後轉入共修）。

佛藏經詳解：平實導師講解。每週二 18.50~20.50（影像音聲即時傳輸）。本會學員憑上課證進入聽講，會外學人請以身分證件換證進入聽講（此爲大樓管理處安全管理規定之要求，敬請諒解）。

第五、第六講堂　爲**開放式講堂**，不需以身分證件換證即可進入聽講，台北市承德路三段 267 號地下一樓、地下二樓。已規劃整修完成，每逢週二晚上講經時段開放給會外人士自由聽經，請由大樓側面梯階逕行進入聽講。**聽講者請尊重講者的著作權及肖像權，請勿錄音錄影，以免違法；若有錄音錄影被查獲者，將依法處理。**

正覺祖師堂　大溪鎮美華里信義路 650 巷坑底 5 之 6 號（台 3 號省道 34 公里處 妙法寺對面斜坡道進入）電話 03-3886110　傳眞 03-3881692 本堂供奉 克勤圓悟大師，專供會員每年四月、十月各二次精進禪三共修，兼作本會出家菩薩掛單常住之用。除禪三時間以外，每逢單月第一週之週日 9:00~17:00 開放會內、外人士參訪，當天並提供午齋結緣。教內共修團體或道場，得另申請其餘時間作團體參訪，務請事先與常住確定日期，以便安排常住菩薩接引導覽，亦免妨礙常住菩薩之日常作息及修行。

桃園正覺講堂（第一、第二講堂）：桃園市介壽路 286、288 號 10 樓（陽明運動公園對面）電話：03-3749363（請於共修時聯繫，或與台北聯繫）

禪淨班：週一晚上班、週三晚上班、週四晚上班、週五晚上班。

進階班：週六上午班、週五晚上班。

佛藏經詳解：平實導師講解 每逢週二晚上，以台北正覺講堂所錄 DVD 放映；歡迎會外學人共同聽講，不需出示身分證件。

新竹正覺講堂 新竹市東光路 55 號二樓之一　電話 03-5724297（晚上）

第一講堂：

禪淨班：週一晚上班、週三晚上班、週五晚上班、週六上午班。

進階班：週三晚上班、週四晚上班（由禪淨班結業後轉入共修）。

佛藏經詳解：平實導師講解，每週二晚上。以台北正覺講堂所錄 DVD 放映。歡迎會外學人共同聽講，不需出示身分證件。

第二講堂：

禪淨班：週三晚上班、週四晚上班。

佛藏經詳解：每週二晚上與第一講堂同時播放佛藏經詳解 DVD。

台中正覺講堂 04-23816090（晚上）

第一講堂 台中市南屯區五權西路二段 666 號 13 樓之四（國泰世華銀行樓上。鄰近縣市經第一高速公路前來者，由五權西路交流道可以快速到達，大樓旁有停車場，對面有素食館）。

禪淨班：週三晚上班、週四晚上班、週五晚上班、週六早上班。

進階班：週一晚上班（由禪淨班結業後轉入共修）。

增上班：單週週末以台北增上班課程錄成 DVD 放映之，限已明心之會員參加。

佛藏經詳解：平實導師講解。以台北正覺講堂所錄 DVD 放映。每週二晚上放映，歡迎會外學人共同聽講，不需出示身分證件。

第二講堂 台中市南屯區五權西路二段 666 號 4 樓

禪淨班：週一晚上班。

進階班：週五晚上班、週六早上班（由禪淨班結業後轉入共修）。

佛藏經詳解：每週二晚上與第一講堂同時播放佛藏經詳解 DVD。

第三講堂、第四講堂：台中市南屯區五權西路二段 666 號 4 樓。

嘉義正覺講堂 嘉義市友愛路 288 號八樓之一　電話：05-2318228

第一講堂：

禪淨班：預定 2014 /10/23 週四開課，歡迎報名參加共修。

佛藏經詳解：自 2014/10/28 起每週二晚上 18:50～20:50 播放台北講堂錄製的講經 DVD。

第二講堂 嘉義市友愛路 288 號八樓之二。

台南正覺講堂

第一講堂 台南市西門路四段 15 號 4 樓。06-2820541（晚上）

佛藏經詳解：平實導師講解。以台北正覺講堂所錄 DVD 放映。每週二晚上放映，歡迎會外學人共同聽講，不需出示身分證件。

禪淨班：週一晚上班、週三晚上班、週六下午班。

進階班：雙週週末下午班（由禪淨班結業後轉入共修）。

增上班：單週週末下午，以台北增上班課程錄成 DVD 放映之，限已明心之會員參加。

第二講堂　台南市西門路四段 15 號 3 樓。

佛藏經詳解：每週二晚上與第一講堂同時播放佛藏經詳解 DVD。

第三講堂　台南市西門路四段 15 號 3 樓。

佛藏經詳解：每週二晚上與第一講堂同時播放佛藏經詳解 DVD。

禪淨班：週四晚上班、週六晚上班。

進階班：週五晚上班、週六早上班（由禪淨班結業後轉入共修）。

高雄正覺講堂　高雄市新興區中正三路 45 號五樓 07-2234248（晚上）

第一講堂（五樓）：

佛藏經詳解：平實導師講解。以台北正覺講堂所錄 DVD 放映。每週二晚上放映，歡迎會外學人共同聽講，不需出示身分證件

禪淨班：週三晚上班、週四晚上班、週末上午班。

進階班：週一晚上班（由禪淨班結業後轉入共修）。

增上班：單週週末下午，以台北增上班課程錄成 DVD 放映之，限已明心之會員參加。

第二講堂（四樓）：

佛藏經詳解：每週二晚上與第一講堂同時播放佛藏經詳解 DVD。

禪淨班：週三晚上班、週四晚上班。

進階班：週四晚上班（由禪淨班結業後轉入共修）。

第三講堂（三樓）：（尚未開放使用）。

美國洛杉磯正覺講堂　**☆已遷移新址☆**

825 S. Lemon Ave Diamond Bar, CA 91798 U.S.A.

Tel. (909) 595-5222（請於週六 9:00~18:00 之間聯繫）

Cell. (626) 454-0607

禪淨班：每逢週末 15：30~17：30 上課。

進階班：每逢週末上午 10：00 上課。

佛藏經詳解：平實導師講解 以台北正覺講堂所錄 DVD，每週六下午放映(13：00~15：00)，歡迎各界人士共享第一義諦無上法益，不需報名。

香港正覺講堂　**☆另覓新址正在遷移中，暫停招收新學員☆**

二、招生公告　本會台北講堂及全省各講堂，每逢**四月、十月**中旬開新班，每週共修一次（每次二小時。開課日起三個月內仍可插班）；但美國洛杉磯共修處得隨時插班共修。各班共修期間皆為二年半，欲參加者請向本會函索報名表（各共修處皆於共修時間方有人執事，非共修時間請勿電詢或前來洽詢、請書），**或直接從成佛之道網站下載報名表**。共修期滿時，若經報名禪三審核通過者，可參加四天三夜之禪

三精進共修，有機會明心、取證如來藏，發起般若實相智慧，成爲實義菩薩，脫離凡夫菩薩位。

三、新春禮佛祈福 農曆年假期間停止共修：自農曆新年前七天起停止共修與弘法，正月 8 日起回復共修、弘法事務。新春期間正月初一～初七 9.00～17.00 開放台北講堂、大溪禪三道場（正覺祖師堂），方便會員供佛、祈福及會外人士請書。美國洛杉磯共修處之休假時間，請逕詢該共修處。

密宗四大派修雙身法，是外道性力派的邪法；又以生滅的識陰作為常住法，是常見外道，是假的藏傳佛教。

西藏覺囊巴以他空見弘揚第八識如來藏勝法，才是真藏傳佛教

佛教正覺同修會　弘法行事表　2014/08/19

1、**禪淨班**　以無相念佛及拜佛方式修習動中定力，實證一心不亂功夫。傳授解脫道正理及第一義諦佛法，以及參禪知見。共修期間：二年六個月。每逢四月、十月開新班，詳見招生公告表。

2、**《佛藏經》詳解**　平實導師主講。已於 2013/12/17 開講，歡迎已發成佛大願的菩薩種性學人，攜眷共同參與此殊勝法會聽講。詳解釋迦世尊於《佛藏經》中所開示的眞實義理，更爲今時後世佛子四眾，闡述 佛陀演說此經的本懷。眞實尋求佛菩提道的有緣佛子，親承聽聞如是勝妙開示，當能如實理解經中義理，亦能了知於大乘法中：如何是諸法實相？善知識、惡知識要如何簡擇？如何才是清淨持戒？如何才能清淨說法？於此末法之世，眾生五濁益重，不知佛、不解法、不識僧，唯見表相，不信眞實，貪著五欲，諸方大師不淨說法，各各將導大量徒眾趣入三塗，如是師徒俱堪憐憫。是故，平實導師以大慈悲心，用淺白易懂之語句，佐以實例、譬喻而爲演說，普令聞者易解佛意，皆得契入佛法正道，如實了知佛法大藏。每逢週二 18.50~20.50 開示，不限制聽講資格。會外人士需憑身分證件換證入內聽講（此是大樓管理處之安全規定，敬請見諒）。桃園、新竹、台中、台南、高雄等地講堂，亦於每週二晚上播放平實導師講經之 DVD，不必出示身分證件即可入內聽講，歡迎各地善信同霑法益。

有某道場專弘淨土法門數十年，於教導信徒研讀《佛藏經》時，往往告誡信徒曰：「**後半部不許閱讀。**」由此緣故坐令信徒失去提升念佛層次之機緣，師徒只能低品位往生淨土，令人深覺愚癡無智。由有多人建議故，平實導師開始宣講《佛藏經》，藉以轉易如是邪見，並提升念佛人之知見與往生品位。此經中，對於實相念佛多所著墨，亦指出念佛要點：**以實相爲依，念佛者應依止淨戒、依止清淨僧寶，捨離違犯重戒之師僧，應受學清淨之法，遠離邪見。**本經是現代佛門大法師所厭惡之經典：**一者由於大法師們已全都落入意識境界而無法親證實相，故於此經中所說實相全無所知，都不樂有人聞此經名，以免讀後提出問疑時無法回答；二者現代大乘佛法地區，已經普被藏密喇嘛教滲透，許多有名之大法師們大多已曾或繼續在修練雙身法，都已失去聲聞戒體及菩薩戒體，成爲地獄種姓人，已非眞正出家之人，本質上只是身著僧衣而住在寺院中的世俗人。**這些人對於此經都是讀不懂的，也是極爲厭惡的；他們尚不樂見此經之印行，何況流通與講解？今爲救護廣大學佛人，兼欲護持佛教血脈永續常傳，特選此經宣講之，主講者平實導師。

3、**瑜伽師地論**詳解　詳解論中所言凡夫地至佛地等 17 師之修證境界與理論，從凡夫地、聲聞地……宣演到諸地所證一切種智之眞實正理。由平實導師開講，每逢一、三、五週之週末晚上開示，僅限已明心之會員參加。

4、**精進禪三**　主三和尚：平實導師。於四天三夜中，以克勤圓悟大師及大慧宗杲之禪風，施設機鋒與小參、公案密意之開示，幫助會員剋期取證，親證不生不滅之眞實心——人人本有之如來藏。每年四月、十月各舉辦二個梯次；平實導師主持。僅限本會會員參加禪淨班共修期滿，報名審核通過者，方可參加。並選擇會中定力、慧力、福德三條件皆已具足之已明心會員，給以指引，令得眼見自己無形無相之佛性遍佈山河大地，眞實而無障礙，得以肉眼現觀世界身心悉皆如幻，具足成就如幻觀，圓滿十住菩薩之證境。

5、**阿含經**詳解　選擇重要之阿含部經典，依無餘涅槃之實際而加以詳解，令大眾得以現觀諸法緣起性空，亦復不墮斷滅見中，顯示經中所隱說之涅槃實際—如來藏—確實已於四阿含中隱說；令大眾得以聞後觀行，確實斷除我見乃至我執，證得**見到**眞現觀，乃至**身證**……等眞現觀；已得大乘或二乘見道者，亦可由此聞熏及聞後之觀行，除斷我所之貪著，成就慧解脫果。由平實導師詳解。不限制聽講資格。

6、**大法鼓經**詳解　詳解末法時代大乘佛法修行之道。佛教正法消毒妙藥塗於大鼓而以擊之，凡有眾生聞之者，一切邪見鉅毒悉皆消殞；此經即是大法鼓之正義，凡聞之者，所有邪見之毒悉皆滅除，見道不難；亦能發起菩薩無量功德，是故諸大菩薩遠從諸方佛土來此娑婆聞修此經。由平實導師詳解。不限制聽講資格。

7、**解深密經**詳解　重講本經之目的，在於令諸已悟之人明解大乘法道之成佛次第，以及悟後進修一切種智之內涵，確實證知三種自性性，並得據此證解七眞如、十眞如等正理。每逢週二 18.50~20.50 開示，由平實導師詳解。將於《大法鼓經》講畢後開講。不限制聽講資格。

8、**成唯識論**詳解　詳解一切種智眞實正理，詳細剖析一切種智之微細深妙廣大正理；並加以舉例說明，使已悟之會員深入體驗所證如來藏之微密行相；及證驗見分相分與所生一切法，皆由如來藏—阿賴耶識—直接或展轉而生，因此證知一切法無我，證知無餘涅槃之本際。將於增上班《瑜伽師地論》講畢後，由平實導師重講。僅限已明心之會員參加。

9、**精選如來藏系經典**詳解　精選如來藏系經典一部，詳細解說，以此完全印證會員所悟如來藏之眞實，得入不退轉住。另行擇期詳細解說之，由平實導師講解。僅限已明心之會員參加。

10、**禪門差別智**　藉禪宗公案之微細淆訛難知難解之處，加以宣說及剖析，以增進明心、見性之功德，啓發差別智，建立擇法眼。每月第一週日全天，由平實導師開示，僅限破參明心後，復又眼見佛性者參加（事冗暫停）。

11、**枯木禪**　先講智者大師的《小止觀》，後說《釋禪波羅蜜》，詳解四禪八定之修證理論與實修方法，細述一般學人修定之邪見與岔路，及對禪定證境之誤會，消除枉用功夫、浪費生命之現象。已悟般若者，可以藉此而實修初禪，進入大乘通教及聲聞教的三果心解脫境界，配合應有的大福德及後得無分別智、十無盡願，即可進入初地心中。親教師：平實導師。未來緣熟時將於大溪正覺寺開講。不限制聽講資格。

註：本會例行年假，自 2004 年起，改爲每年農曆新年前七天開始停息弘法事務及共修課程，農曆正月 8 日回復所有共修及弘法事務。新春期間（每日 9.00~17.00）開放台北講堂，方便會員禮佛祈福及會外人士請書。大溪鎮的正覺祖師堂，開放參訪時間，詳見〈正覺電子報〉或成佛之道網站。本表得因時節因緣需要而隨時修改之，不另作通知。

佛教正覺同修會　贈閱書籍 目錄　　2015/09/29

1.**無相念佛**　平實導師著　回郵 10 元
2.**念佛三昧修學次第**　平實導師述著　回郵 25 元
3.**正法眼藏—護法集**　平實導師述著　回郵 35 元
4.**真假開悟簡易辨正法＆佛子之省思**　平實導師著　回郵 3.5 元
5.**生命實相之辨正**　平實導師著　回郵 10 元
6.**如何契入念佛法門**（附：印順法師否定極樂世界）平實導師著　回郵 3.5 元
7.**平實書箋**—答元覽居士書　平實導師著　回郵 35 元
8.**三乘唯識**—如來藏系經律彙編　平實導師編　回郵 80 元
（精裝本　長 27 cm　寬 21 cm　高 7.5 cm　重 2.8 公斤）
9.**三時繫念全集**—修正本　回郵掛號 40 元（長 26.5 cm×寬 19 cm）
10.**明心與初地**　平實導師述　回郵 3.5 元
11.**邪見與佛法**　平實導師述著　回郵 20 元
12.**菩薩正道**—回應義雲高、釋性圓…等外道之邪見　正燦居士著 回郵 20 元
13.**甘露法雨**　平實導師述　回郵 20 元
14.**我與無我**　平實導師述　回郵 20 元
15.**學佛之心態**—修正錯誤之學佛心態始能與正法相應 孫正德老師著 回郵35元
附錄：平實導師著**《略說八、九識並存…等之過失》**
16.**大乘無我觀**—《悟前與悟後》別說　平實導師述著　回郵 20 元
17.**佛教之危機**—中國台灣地區現代佛教之真相（附錄：公案拈提六則）
平實導師著　回郵 25 元
18.**燈 影**—燈下黑（覆「求教後學」來函等）　平實導師著　回郵 35 元
19.**護法與毀法**—覆上平居士與徐恒志居士網站毀法二文
張正圜老師著　回郵 35 元
20.**淨土聖道**—兼評**選擇本願念佛**　正德老師著　**由正覺同修會購贈** 回郵25 元
21.**辨唯識性相**—對「紫蓮心海《辯唯識性相》書中否定阿賴耶識」之回應
正覺同修會 台南共修處法義組 著　回郵 25 元
22.**假如來藏**—對法蓮法師《如來藏與阿賴耶識》書中否定阿賴耶識之回應
正覺同修會 台南共修處法義組 著　回郵 35 元
23.**入不二門**—公案拈提集錦 第一輯（於平實導師公案拈提諸書中選錄約二十則，
合輯為一冊流通之）平實導師著　回郵 20 元
24.**真假邪說**—西藏密宗索達吉喇嘛《破除邪說論》真是邪說
釋正安法師著　回郵 35 元
25.**真假開悟**—真如、如來藏、阿賴耶識間之關係　平實導師述著　回郵 35 元
26.**真假禪和**—辨正釋傳聖之謗法謬說　孫正德老師著　回郵 30 元

27.**眼見佛性**—駁慧廣法師眼見佛性的含義文中謬說

游正光老師著　回郵25元

28.**普門自在**—公案拈提集錦 第二輯（於平實導師公案拈提諸書中選錄約二十則，合輯爲一冊流通之）平實導師著　回郵25元

29.**印順法師的悲哀**—以現代禪的質疑為線索　恒毓博士著　回郵25元

30.**識蘊真義**—現觀識蘊內涵、取證初果、親斷三縛結之具體行門。

—依《成唯識論》及《唯識述記》正義，略顯安慧《大乘廣五蘊論》之邪謬

平實導師著　回郵35元

31.**正覺電子報** 各期紙版本　免附回郵　每次最多函索三期或三本。

（已無存書之較早各期，不另增印贈閱）

32.**現代人應有的宗教觀**　蔡正禮老師 著　回郵3.5元

33.**遠惑趣道**—正覺電子報般若信箱問答錄　第一輯　回郵20元

34.**遠惑趣道**—正覺電子報般若信箱問答錄　第二輯　回郵20元

35.**確保您的權益**—器官捐贈應注意自我保護　游正光老師 著　回郵10元

36.**正覺教團電視弘法三乘菩提 DVD 光碟（一）**

由正覺教團多位親教師共同講述錄製 DVD 8 片，MP3 一片，共 9 片。有二大講題：一爲「三乘菩提之意涵」，二爲「學佛的正知見」。內容精闢，深入淺出，精彩絕倫，幫助大眾快速建立三乘法道的正知見，免被外道邪見所誤導。有志修學三乘佛法之學人不可不看。（製作工本費 100 元，回郵 25 元）

37.**正覺教團電視弘法 DVD 專輯（二）**

總有二大講題：一爲「三乘菩提之念佛法門」，一爲「學佛正知見（第二篇）」，由正覺教團多位親教師輪番講述，內容詳細闡述如何修學念佛法門、實證念佛三昧，以及學佛應具有的正確知見，可以幫助發願往生西方極樂淨土之學人，得以把握往生，更可令學人快速建立三乘法道的正知見，免於被外道邪見所誤導。有志修學三乘佛法之學人不可不看。（一套 17 片，工本費 160 元。回郵 35 元）

38.**佛藏經** 燙金精裝本　每冊回郵 20 元。正修佛法之道場欲大量索取者，請正式發函並蓋用大印寄來索取（2008.04.30 起開始敬贈）

39.**喇嘛性世界**—揭開假藏傳佛教譚崔瑜伽的面紗　張善思 等人合著

由正覺同修會購贈　回郵20元

40.**假藏傳佛教的神話**—性、謊言、喇嘛教　張正玄教授編著　回郵20元

由正覺同修會購贈　回郵20元

41.**隨　緣**—理隨緣與事隨緣　平實導師述　回郵20元。

42.**學佛的覺醒**　正枝居士 著　回郵25元

43.**導師之真實義**　蔡正禮老師 著　回郵10元

44.**淺談達賴喇嘛之雙身法**—兼論解讀「密續」之達文西密碼

吳明芷居士 著　回郵10元

45.**魔界轉世**　張正玄居士 著　回郵10元

46.**一貫道與開悟**　蔡正禮老師 著　回郵10元

47.**博愛**—愛盡天下女人　正覺教育基金會 編印　回郵 10 元

48.**意識虛妄經教彙編**—實證解脫道的關鍵經文　正覺同修會編印　回郵25元

49.**邪箭囈語**—破斥藏密外道多識仁波切《破魔金剛箭雨論》之邪說

陸正元老師著　上、下冊回郵各 30 元

50.**真假沙門**—依 佛聖教闡釋佛教僧寶之定義

蔡正禮老師著　俟正覺電子報連載後結集出版

51.**真假禪宗**—藉評論釋性廣《印順導師對變質禪法之批判

及對禪宗之肯定》以顯示真假禪宗

附論一：凡夫知見 無助於佛法之信解行證

附論二：世間與出世間一切法皆從如來藏實際而生而顯

余正偉老師著　俟正覺電子報連載後結集出版　回郵未定

52.**假鋒虛焰金剛乘**—揭示顯密正理，兼破索達吉師徒《般若鋒兮金剛焰》。

釋正安 法師著　俟正覺電子報連載後結集出版

★ 上列贈書之郵資，係台灣本島地區郵資，大陸、港、澳地區及外國地區，請另計酌增（大陸、港、澳、國外地區之郵票不許通用）。尚未出版之書，請勿先寄來郵資，以免增加作業煩擾。

★ 本目錄若有變動，唯於後印之書籍及「成佛之道」網站上修正公佈之，不另行個別通知。

函索書籍請寄：佛教正覺同修會　103 台北市承德路 3 段 277 號 9 樓

台灣地區函索書籍者請附寄郵票，無時間購買郵票者可以等值現金抵用，但不接受郵政劃撥、支票、匯票。大陸地區得以人民幣計算，國外地區請以美元計算（請勿寄來當地郵票，在台灣地區不能使用）。欲以掛號寄遞者，請另附掛號郵資。

親自索閱：正覺同修會各共修處。　★請於共修時間前往取書，餘時無人在道場，請勿前往索取；共修時間與地點，詳見書末正覺同修會共修現況表（以近期之共修現況表為準）。

註：正智出版社發售之局版書，請向各大書局購閱。若書局之書架上已經售出而無陳列者，請向書局櫃台指定洽購；若書局不便代購者，請於正覺同修會共修時間前往各共修處請購，正智出版社已派人於共修時間送書前往各共修處流通。 郵政劃撥購書及 大陸地區 購書，請詳別頁正智出版社發售書籍目錄最後頁之說明。

成佛之道 網站：http://www.a202.idv.tw　　正覺同修會已出版之結緣書籍，多已登載於 成佛之道 網站，若住外國、或住處遙遠，不便取得正覺同修會贈閱書籍者，可以從本網站閱讀及下載。　　書局版之《宗通與說通》亦已上網，台灣讀者可向書局洽購，售價 300 元。《狂密與眞密》第一輯~第四輯，亦於 2003.5.1.全部於本網站登載完畢；台灣地區讀者請向書局洽購，每輯約 400 頁，售價 300 元（網站下載紙張費用較貴，容易散失，難以保存，亦較不精美）。

＊＊假藏傳佛教修雙身法，非佛教＊＊

正智出版社 籌募弘法基金發售書籍目錄　　2015/9/29

1.**宗門正眼**—公案拈提 第一輯 重拈　平實導師著　500 元
因重寫內容大幅度增加故，字體必須改小，並增爲 576 頁 主文 546 頁。比初版更精彩、更有內容。初版《禪門摩尼寶聚》之讀者，可寄回本公司免費調換新版書。免附回郵，亦無截止期限。(2007 年起，每冊附贈本公司精製公案拈提〈超意境〉CD 一片。市售價格 280 元，多購多贈。)

2.**禪淨圓融**　平實導師著　200 元 (第一版舊書可換新版書。)

3.**真實如來藏**　平實導師著　400 元

4.**禪—悟前與悟後**　平實導師著　上、下冊，每冊 250 元

5.**宗門法眼**—公案拈提 第二輯　平實導師著　500 元
(2007 年起，每冊附贈本公司精製公案拈提〈超意境〉CD 一片)

6.**楞伽經詳解**　平實導師著　全套共 10 輯　每輯 250 元

7.**宗門道眼**—公案拈提 第三輯　平實導師著　500 元
(2007 年起，每冊附贈本公司精製公案拈提〈超意境〉CD 一片)

8.**宗門血脈**—公案拈提 第四輯　平實導師著　500 元
(2007 年起，每冊附贈本公司精製公案拈提〈超意境〉CD 一片)

9.**宗通與說通**—成佛之道 平實導師著 主文 381 頁 全書 400 頁售價 300 元

10.**宗門正道**—公案拈提 第五輯　平實導師著　500 元
(2007 年起，每冊附贈本公司精製公案拈提〈超意境〉CD 一片)

11.**狂密與真密 一～四輯**　平實導師著　西藏密宗是人間最邪淫的宗教，本質不是佛教，只是披著佛教外衣的印度教性力派流毒的喇嘛教。此書中將西藏密宗密傳之男女雙身合修樂空雙運所有祕密與修法，毫無保留完全公開，並將全部喇嘛們所不知道的部分也一併公開。內容比大辣出版社喧騰一時的《西藏慾經》更詳細。並且函蓋藏密的所有祕密及其錯誤的中觀見、如來藏見……等，藏密的所有法義都在書中詳述、分析、辨正。每輯主文三百餘頁　每輯全書約 400 頁　售價每輯 300 元

12.**宗門正義**—公案拈提 第六輯　平實導師著　500 元
(2007 年起，每冊附贈本公司精製公案拈提〈超意境〉CD 一片)

13.**心經密意**—心經與解脱道、佛菩提道、祖師公案之關係與密意 平實導師述　300 元

14.**宗門密意**—公案拈提 第七輯　平實導師著　500 元
(2007 年起，每冊附贈本公司精製公案拈提〈超意境〉CD 一片)

15.**淨土聖道**—兼評「選擇本願念佛」　正德老師著　200 元

16.**起信論講記**　平實導師述著　共六輯　每輯三百餘頁　售價各 250 元

17.**優婆塞戒經講記**　平實導師述著 共八輯 每輯三百餘頁 售價各 250 元

18.**真假活佛**—略論附佛外道盧勝彥之邪說 (對前岳靈犀網站主張「盧勝彥是證悟者」之修正)　正犀居士 (岳靈犀) 著　流通價 140 元

19.**阿含正義**—唯識學探源　平實導師著　共七輯　每輯 300 元

20.**超意境** CD 以平實導師公案拈提書中超越意境之頌詞，加上曲風優美的旋律，錄成令人嚮往的超意境歌曲，其中包括正覺發願文及平實導師親自譜成的黃梅調歌曲一首。詞曲雋永，殊堪翫味，可供學禪者吟詠，有助於見道。內附設計精美的彩色小冊，解說每一首詞的背景本事。每片 280 元。【每購買公案拈提書籍一冊，即贈送一片。】

21.**菩薩底憂鬱** CD 將菩薩情懷及禪宗公案寫成新詞，並製作成超越意境的優美歌曲。 1.主題曲〈菩薩底憂鬱〉，描述地後菩薩能離三界生死而迴向繼續生在人間，但因尚未斷盡習氣種子而有極深沈之憂鬱，非三賢位菩薩及二乘聖者所知，此憂鬱在七地滿心位方才斷盡；本曲之詞中所說義理極深，昔來所未曾見；此曲係以優美的情歌風格寫詞及作曲，聞者得以激發嚮往諸地菩薩境界之大心，詞、曲都非常優美，難得一見；其中勝妙義理之解說，已印在附贈之彩色小冊中。 2.以各輯公案拈提中直示禪門入處之頌文，作成各種不同曲風之超意境歌曲，值得玩味、參究；聆聽公案拈提之優美歌曲時，請同時閱讀內附之印刷精美說明小冊，可以領會超越三界的證悟境界；未悟者可以因此引發求悟之意向及疑情，眞發菩提心而邁向求悟之途，乃至因此眞實悟入般若，成眞菩薩。 3.正覺總持咒新曲，總持佛法大意；總持咒之義理，已加以解說並印在隨附之小冊中。本 CD 共有十首歌曲，長達 63 分鐘。每盒各附贈二張購書優惠券。每片 280 元。

22.**禪意無限** CD 平實導師以公案拈提書中偈頌寫成不同風格曲子，與他人所寫不同風格曲子共同錄製出版，幫助參禪人進入禪門超越意識之境界。盒中附贈彩色印製的精美解說小冊，以供聆聽時閱讀，令參禪人得以發起參禪之疑情，即有機會證悟本來面目而發起實相智慧，實證大乘菩提般若，能如實證知般若經中的眞實意。本 CD 共有十首歌曲，長達 69 分鐘，每盒各附贈二張購書優惠券。每片 280 元。

23.**我的菩提路**第一輯　釋悟圓、釋善藏等人合著　售價 300 元

24.**我的菩提路**第二輯　郭正益、張志成等人合著　售價 300 元

25.**鈍鳥與靈龜**—考證後代凡夫對大慧宗杲禪師的無根誹謗。

平實導師著 共 458 頁 售價 350 元

26.**維摩詰經講記** 平實導師述 共六輯 每輯三百餘頁 售價各 250 元

27.**真假外道**—破劉東亮、杜大威、釋證嚴常見外道見 正光老師著 200 元

28.**勝鬘經講記**—兼論印順《勝鬘經講記》對於《勝鬘經》之誤解。

平實導師述　共六輯　每輯三百餘頁　售價 250 元

29.**楞嚴經講記** 平實導師述 共 **15** 輯，每輯三百餘頁 售價 300 元

30.**明心與眼見佛性**—駁慧廣〈蕭氏「眼見佛性」與「明心」之非〉文中謬說

正光老師著　共 448 頁　售價 300 元

31.**見性與看話頭** 黃正倖老師 著，本書是禪宗參禪的方法論。

內文 375 頁，全書 416 頁，售價 300 元。

32.**達賴真面目**—玩盡天下女人 白正偉老師 等著 中英對照彩色精裝大本 800 元

33.**喇嘛性世界**—揭開假藏傳佛教譚崔瑜伽的面紗　張善思 等人著　200 元
34.**假藏傳佛教的神話**—性、謊言、喇嘛教　正玄教授編著　200 元
35.**金剛經宗通**　平實導師述　共九輯　每輯售價 250 元。
36.**空行母**—性別、身分定位，以及藏傳佛教。
珍妮・坎貝爾著 呂艾倫 中譯 售價 250 元
37.**末代達賴**—性交教主的悲歌　張善思、呂艾倫、辛燕編著 售價 250 元
38.**霧峰無霧**—給哥哥的信　辨正釋印順對佛法的無量誤解
游宗明 老師著　售價 250 元
39.**第七意識與第八意識？**—穿越時空「超意識」
平實導師述　每冊 300 元
40.**黯淡的達賴**—失去光彩的諾貝爾和平獎
正覺教育基金會編著　每冊 250 元
41.**童女迦葉考**—論呂凱文〈佛教輪迴思想的論述分析〉之謬。
平實導師 著 定價 180 元
42.**人間佛教**—實證者必定不悖三乘菩提
平實導師 述，定價 400 元
43.**實相經宗通**　平實導師述　共八輯　每輯 250 元
44.**真心告訴您(一)**—達賴喇嘛在幹什麼？
正覺教育基金會編著　售價 250 元
45.**中觀金鑑**—詳述應成派中觀的起源與其破法本質
孫正德老師著　分為上、中、下三冊，每冊 250 元
46.**佛法入門**—迅速進入三乘佛法大門，消除久學佛法漫無方向之窘境。
○○居士著　將於正覺電子報連載後出版。售價 250 元
47.**藏傳佛教要義**—《狂密與真密》之簡體字版　平實導師 著 上、下冊
僅在大陸流通　每冊 300 元
48.**法華經講義**　平實導師述　共二十五輯　每輯 300 元
已於 2015/05/31 起開始出版，每二個月出版一輯
49.**西藏「活佛轉世」制度**—附佛、造神、世俗法
許正豐、張正玄老師合著　定價 150 元
50.**廣論三部曲**　郭正益老師著　定價 150 元
51.**真心告訴您(二)**—達賴喇嘛是佛教僧侶嗎？
—補祝達賴喇嘛八十大壽
正覺教育基金會編著　售價 300 元
52.**廣論之平議**—宗喀巴《菩提道次第廣論》之平議　正雄居士著
約二或三輯　俟正覺電子報連載後結集出版　書價未定
53.**末法導護**—對印順法師中心思想之綜合判攝　正慶老師著　書價未定
54.**菩薩學處**—菩薩四攝六度之要義　陸正元老師著　出版日期未定。
55.**八識規矩頌**詳解　○○居士 註解　出版日期另訂　書價未定。

56.**印度佛教史**—法義與考證。依法義史實評論印順《印度佛教思想史、佛教史地考論》之謬說　正偉老師著　出版日期未定　書價未定

57.**中國佛教史**—依中國佛教正法史實而論。○○老師 著　書價未定。

58.**中論正義**—釋龍樹菩薩《中論》頌正理。
孫正德老師著　出版日期未定　書價未定

59.**中觀正義**—註解平實導師《中論正義頌》。
○○法師（居士）著　出版日期未定　書價未定

60.**佛藏經講記**　平實導師述　出版日期未定　書價未定

61.**阿含經講記**—將選錄四阿含中數部重要經典全經講解之，講後整理出版。
平實導師述　約二輯　每輯 300 元　出版日期未定

62.**寶積經講記**　平實導師述　每輯三百餘頁 優惠價 300 元 出版日期未定

63.**解深密經講記**　平實導師述 約四輯　將於重講後整理出版

64.**成唯識論略解**　平實導師著　五～六輯　每輯300 元　出版日期未定

65.**修習止觀坐禪法要講記**　平實導師述　每輯三百餘頁
將於正覺寺建成後重講、以講記逐輯出版　出版日期未定

66.**無門關**—《無門關》公案拈提　平實導師著　出版日期未定

67.**中觀再論**—兼述印順《中觀今論》謬誤之平議。正光老師著 出版日期未定

68.**輪迴與超度**—佛教超度法會之真義。
○○法師（居士）著　出版日期未定　書價未定

69.《**釋摩訶衍論**》**平議**—對偽稱龍樹所造《釋摩訶衍論》之平議
○○法師（居士）著　出版日期未定　書價未定

70.**正覺發願文**註解—以真實大願為因 得證菩提
正德老師著　出版日期未定　書價未定

71.**正覺總持咒**—佛法之總持　正圜老師著　出版日期未定　書價未定

72.**涅槃**—論四種涅槃　平實導師著　出版日期未定　書價未定

73.**三自性**—依四食、五蘊、十二因緣、十八界法，說三性三無性。
作者未定　出版日期未定

74.**道品**—從三自性說大小乘三十七道品　作者未定　出版日期未定

75.**大乘緣起觀**—依四聖諦七真如現觀十二緣起 作者未定　出版日期未定

76.**三德**—論解脫德、法身德、般若德。　作者未定　出版日期未定

77.**真假如來藏**—對印順《如來藏之研究》謬說之平議　作者未定 出版日期未定

78.**大乘道次第**　作者未定　出版日期未定　書價未定

79.**四緣**—依如來藏故有四緣。　作者未定　出版日期未定

80.**空之探究**—印順《空之探究》謬誤之平議　作者未定 出版日期未定

81.**十法義**—論阿含經中十法之正義　作者未定　出版日期未定

82.**外道見**—論述外道六十二見　作者未定　出版日期未定

正智出版社有限公司書籍介紹

禪淨圓融：言淨土諸祖所未曾言，示諸宗祖師所未曾示；禪淨圓融，另闢成佛捷徑，兼顧自力他力，闡釋淨土門之速行易行道，亦同時揭櫫聖教門之速行易行道；令廣大淨土行者得免緩行難證之苦，亦令聖道門行者得以藉著淨土速行道而加快成佛之時劫。乃前無古人之超勝見地，非一般弘揚禪淨法門典籍也，先讀爲快。平實導師著 200元。

宗門正眼—**公案拈提**第一輯：繼承克勤圜悟大師碧巖錄宗旨之禪門鉅作。先則舉示當代大法師之邪說，消弭當代禪門大師鄉愿之心態，摧破當今禪門「世俗禪」之妄談；次則旁通教法，表顯宗門正理；繼以道之次第，消弭古今狂禪；後藉言語及文字機鋒，直示宗門入處。悲智雙運，禪味十足，數百年來難得一睹之禪門鉅著也。平實導師著 500元（原初版書《禪門摩尼寶聚》，改版後補充爲五百餘頁新書，總計多達二十四萬字，內容更精彩，並改名爲《宗門正眼》，讀者原購初版《禪門摩尼寶聚》皆可寄回本公司免費換新，免附回郵，亦無截止期限）（2007年起，凡購買公案拈提第一輯至第七輯，每購一輯皆贈送本公司精製公案拈提〈超意境〉CD一片，市售價格280元，多購多贈）。

禪—悟前與悟後：本書能建立學人悟道之信心與正確知見，圓滿具足而有次第地詳述禪悟之功夫與禪悟之內容，指陳參禪中細微淆訛之處，能使學人明自眞心、見自本性。若未能悟入，亦能以正確知見辨別古今中外一切大師究係眞悟？或屬錯悟？便有能力揀擇，捨名師而選明師，後時必有悟道之緣。一旦悟道，遲者七次人天往返，便出三界，速者一

生取辦。學人欲求開悟者，不可不讀。 平實導師著。上、下冊共500元，單冊250元。

眞實如來藏：如來藏眞實存在，乃宇宙萬有之本體，並非印順法師、達賴喇嘛等人所說之「唯有名相、無此心體」。如來藏是涅槃之本際，是一切有智之人竭盡心智、不斷探索而不能得之生命實相；是古今中外許多大師自以爲悟而當面錯過之生命實相。如來藏即是阿賴耶識，乃是一切有情本自具足、不生不滅之眞實心。當代中外大師於此書出版之前

所未能言者，作者於本書中盡情流露、詳細闡釋。眞悟者讀之，必能增益悟境、智慧增上；錯悟者讀之，必能檢討自己之錯誤，免犯大妄語業；未悟者讀之，能知參禪之理路，亦能以之檢查一切名師是否眞悟。此書是一切哲學家、宗教家、學佛者及欲昇華心智之人必讀之鉅著。 平實導師著 售價400元。

宗門法眼—**公案拈提**第二輯：列舉實例，闡釋土城廣欽老和尚之悟處；並直示這位不識字的老和尚妙智橫生之根由，繼而剖析禪宗歷代大德之開悟公案，解析當代密宗高僧卡盧仁波切之錯悟證據，並例舉當代顯宗高僧、大居士之錯悟證據（凡健在者，爲免影響其名聞利養，皆隱其名）。藉辨正當代名師之邪見，向廣大佛子指陳禪悟之正道，彰顯宗門法眼。悲勇兼出，強捋虎鬚；慈智雙運，巧探驪龍；摩尼寶珠在手，直示宗門入處，禪味十足；若非大悟徹底，不能爲之。禪門精奇人物，允宜人手一冊，供作參究及悟後印證之圭臬。本書於2008年4月改版，增寫為大約500頁篇幅，以利學人研讀參究時更易悟入宗門正法，以前所購初版首刷及初版二刷舊書，皆可免費換取新書。平實導師著 500元（2007年起，凡購買公案拈提第一輯至第七輯，每購一輯皆贈送本公司精製公案拈提〈超意境〉CD一片，市售價格280元，多購多贈）。

宗門道眼—**公案拈提**第三輯：繼宗門法眼之後，再以金剛之作略、慈悲之胸懷、犀利之筆觸，舉示寒山、拾得、布袋三大士之悟處，消弭當代錯悟者對於寒山大士……等之誤會及誹謗。亦舉出民初以來與虛雲和尚齊名之蜀郡鹽亭袁煥仙夫子——南懷瑾老師之師，其「悟處」何在？並蒐羅許多眞悟祖師之證悟公案，顯示禪宗歷代祖師之睿智，指陳部分祖師、奧修及當代顯密大師之謬悟，作爲殷鑑，幫助禪子建立及修正參禪之方向及知見。假使讀者閱此書已，一時尚未能悟，亦可一面加功用行，一面以此宗門道眼辨別眞假善知識，避開錯誤之印證及歧路，可免大妄語業之長劫慘痛果報。欲修禪宗之禪者，務請細讀。平實導師著 售價500元（2007年起，凡購買公案拈提第一輯至第七輯，每購一輯皆贈送本公司精製公案拈提〈超意境〉CD一片，市售價格280元，多購多贈）。

楞伽經詳解：本經是禪宗見道者印證所悟眞僞之根本經典，亦是禪宗見道者悟後起修之依據經典；故達摩祖師於印證二祖慧可大師之後，將此經典連同佛缽祖衣一併交付二祖，令其依此經典佛示金言、進入修道位，修學一切種智。由此可知此經對於眞悟之人修學佛道，是非常重要之一部經典。此經能破外道邪說，亦破佛門中錯悟名師之謬說，亦破禪宗部分祖師之狂禪：不讀經典、一向主張「一悟即成究竟佛」之謬執。並開示愚夫所行禪、觀察義禪、攀緣如禪、如來禪等差別，令行者對於三乘禪法差異有所分辨；亦糾正禪宗祖師古來對於如來禪之誤解，嗣後可免以訛傳訛之弊。此經亦是法相唯識宗之根本經典，禪者悟後欲修一切種智而入初地者，必須詳讀。 平實導師著，全套共十輯，已全部出版完畢，每輯主文約320頁，每冊約352頁，定價250元。

宗門血脈—**公案拈提**第**四**輯：末法怪象—許多修行人自以爲悟，每將無念靈知認作眞實；崇尚二乘法諸師及其徒眾，則將**外於如來藏之緣起性空**—無因論之無常空、斷滅空、一切法空—錯認爲 佛所說之般若空性。這兩種現象已於當今海峽兩岸及美加地區顯密大師之中普遍存在；人人自以爲悟，心高氣壯，便敢寫書解釋祖師證悟之公案，大多出於意識思惟所得，言不及義，錯誤百出，因此誤導廣大佛子同陷大妄語之地獄業中而不能自知。彼等書中所說之悟處，其實處處違背第一義經典之聖言量。彼等諸人不論是否身披袈裟，都非佛法宗門血脈，或雖有禪宗法脈之傳承，亦只徒具形式；猶如螟蛉，非眞血脈，未悟得根本眞實故。禪子欲知佛、祖之眞血脈者，請讀此書，便知分曉。平實導師著，主文452頁，全書464頁，定價500元（2007年起，凡購買公案拈提第一輯至第七輯，每購一輯皆贈送本公司精製公案拈提〈超意境〉CD一片，市售價格280元，多購多贈）。

宗通與說通：古今中外，錯誤之人如麻似粟，每以常見外道所說之靈知心，認作眞心；或妄想虛空之勝性能量爲眞如，或錯認物質四大元素藉冥性（靈知心本體）能成就吾人色身及知覺，或認初禪至四禪中之了知心爲不生不滅之涅槃心。此等皆非通宗者之見地。復有錯悟之人一向主張「宗門與教門不相干」，此即尚未通達宗門之人也。其實宗門與教門互通不二，宗門所證者乃是眞如與佛性，教門所說者乃說宗門證悟之眞如佛性，故教門與宗門不二。本書作者以宗教二門互通之見地，細說「宗通與說通」，從初見道至悟後起修之道、細說分明；並將諸宗諸派在整體佛教中之地位與次第，加以明確之教判，學人讀之即可了知佛法之梗概也。欲擇明師學法之前，允宜先讀。平實導師著，主文共381頁，全書392頁，只售成本價300元。

宗門正道—**公案拈提第五輯**：修學大乘佛法有二果須證解脫果及大菩提果。二乘人不證大菩提果，唯證解脫果；此果之智慧，名爲聲聞菩提、緣覺菩提。大乘佛子所證二果之菩提果爲佛菩提，故名大菩提果，其慧名爲一切種智函蓋二乘解脫果。然此大乘二果修證，須經由禪宗之宗門證悟方能相應。而宗門證悟極難，自古已然；其所以難者，咎在古今佛教界普遍存在三種邪見：1.以修定認作佛法，2.以無因論之緣起性空—否定涅槃本際如來藏以後之一切法空作爲佛法，3.以常見外道邪見（離語言妄念之靈知性）作爲佛法。如是邪見，或因自身正見未立所致，或因邪師之邪教導所致，或因無始劫來虛妄熏習所致。若不破除此三種邪見，永劫不悟宗門眞義、不入大乘正道，唯能外門廣修菩薩行。平實導師於此書中，有極爲詳細之說明，有志佛子欲摧邪見、入於內門修菩薩行者，當閱此書。主文共496頁，全書512頁。售價500元（2007年起，凡購買公案拈提第一輯至第七輯，每購一輯皆贈送本公司精製公案拈提〈超意境〉CD一片，市售價格280元，多購多贈）。

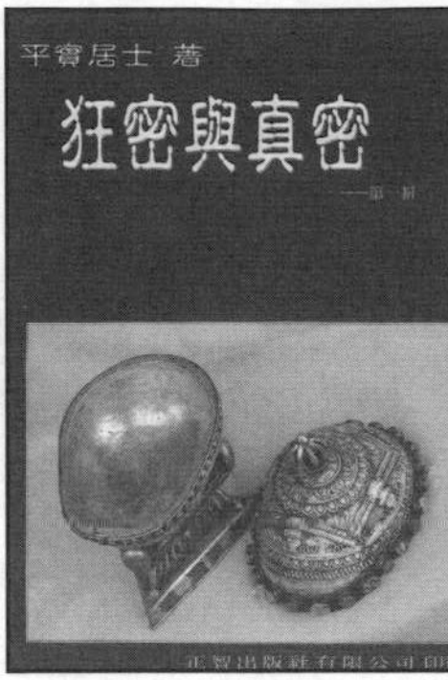

狂密與眞密：密教之修學，皆由有相之觀行法門而入，其最終目標仍不離顯教經典所說第一義諦之修證；若離顯教第一義經典、或違背顯教第一義經典，即非佛教。西藏密教之觀行法，如灌頂、觀想、遷識法、寶瓶氣、大聖歡喜雙身修法、喜金剛、無上瑜伽、大樂光明、樂空雙運等，皆是印度教**兩性生生不息思想**之轉化，**自始至終皆以如何能運用交合淫樂之法達到全身受樂**爲其中心思想，純屬欲界五欲的貪愛，不能令人超出欲界輪迴，更不能令人斷除我見；何況大乘之明心與見性，更無論矣！故密宗之法絕非佛法也。而其明光大手印、大圓滿法教，又皆同以常見外道所說**離語言妄念之無念靈知心**錯認爲佛地之眞如，不能直指不生不滅之眞如。西藏密宗所有法王與徒衆，都尚未開頂門眼，不能辨別眞僞，以**依人不依法、依密續不依經典**故，不肯將其上師喇嘛所說對照第一義經典，純依密續之藏密祖師所說爲準，因此而誇大其證德與證量，動輒謂彼祖師上師爲究竟佛、爲地上菩薩；如今台海兩岸亦有自謂其師證量高於 釋迦文佛者，然觀其師所述，猶未見道，仍在觀行即佛階段，尚未到禪宗相似即佛、分證即佛階位，竟敢標榜爲究竟佛及地上法王，誑惑初機學人。凡此怪象皆是狂密，不同於眞密之修行者。近年狂密盛行，密宗行者被誤導者極衆，動輒自謂已證佛地眞如，自視爲究竟佛，陷於大妄語業中而不知自省，反謗顯宗眞修實證者之證量粗淺；或如義雲高與釋性圓…等人，於報紙上公然誹謗眞實證道者爲「騙子、無道人、人妖、癩蛤蟆…」等，造下誹謗大乘勝義僧之大惡業；或以外道法中有爲有作之甘露、魔術……等法，誑騙初機學人，狂言彼外道法爲眞佛法。如是怪象，在西藏密宗及附藏密之外道中，不一而足，舉之不盡，學人宜應愼思明辨，以免上當後又犯毀破菩薩戒之重罪。密宗學人若欲遠離邪知邪見者，請閱此書，即能了知密宗之邪謬，從此遠離邪見與邪修，轉入眞正之佛道。

平實導師著 共四輯 每輯約400頁（主文約340頁）每輯售價300元。

宗門正義—公案拈提第六輯：佛教有六大危機，乃是藏密化、世俗化、膚淺化、學術化、宗門密意失傳、悟後進修諸地之次第混淆；其中尤以宗門密意之失傳，爲當代佛教最大之危機。由宗門密意失傳故，易令世尊本懷普被錯解，易令世尊正法被轉易爲外道法，以及加以淺化、世俗化，是故宗門密意之廣泛弘傳與具緣佛弟子，極爲重要。然而欲令宗門密意之廣泛弘傳予具緣之佛弟子者，必須同時配合錯誤知見之解析、普令佛弟子知之，然後輔以公案解析之直示入處，方能令具緣之佛弟子悟入。而此二者，皆須以公案拈提之方式爲之，方易成其功、竟其業，是故平實導師續作宗門正義一書，以利學人。全書500餘頁，售價500元（2007年起，凡購買公案拈提第一輯至第七輯，每購一輯皆贈送本公司精製公案拈提〈超意境〉CD一片，市售價格280元，多購多贈）。

心經密意—心經與解脫道、佛菩提道、祖師公案之關係與密意。二乘菩提所證之解脫道，實依第八識心之斷除煩惱障現行而立解脫之名；大乘菩提所證之佛菩提道，實依親證第八識如來藏之涅槃性、清淨自性、及其中道性而立般若之名；禪宗祖師公案所證之眞心，即是此第八識如來藏；是故三乘佛法所修所證之三乘菩提，皆依此如來藏心而立名也。證得此第八識心，即是《心經》所說之心也。證得此如來藏已，即能漸入大乘佛菩提道，亦可因證知此心而了知二乘無學所不能知之無餘涅槃本際，是故《心經》之密意，與三乘佛菩提之關係極爲密切、不可分割，三乘佛法皆依此心而立名故。今者平實導師以其所證解脫道之無生智及佛菩提之般若種智，將《心經》與解脫道、佛菩提道、祖師公案之關係與密意，以演講之方式，用淺顯之語句和盤托出，發前人所未言，呈三乘菩提之眞義，令人藉此《心經密意》一舉而窺三乘菩提之堂奧，迥異諸方言不及義之說；欲求眞實佛智者、不可不讀！主文317頁，連同跋文及序文…等共384頁，售價300元。

宗門密意—公案拈提第七輯：佛教之世俗化，將導致學人以信仰作爲學佛，則將以感應及世間法之庇祐，作爲學佛之主要目標，不能了知學佛之主要目標爲親證三乘菩提。大乘菩提則以般若實相智慧爲主要修習目標，以二乘菩提解脫道爲附帶修習之標的；是故學習大乘法者，應以禪宗之證悟爲要務，能親入大乘菩提之實相般若智慧中故，般若實相智慧非二乘聖人所能知故。此書則以台灣世俗化佛教之三大法師，說法似是而非之實例，配合眞悟祖師之公案解析，提示證悟般若之關節，令學人易得悟入。平實導師著，全書五百餘頁，售價500元（2007年起，凡購買公案拈提第一輯至第七輯，每購一輯皆贈送本公司精製公案拈提〈超意境〉CD一片，市售價格280元，多購多贈）。

淨土聖道—兼評日本本願念佛：佛法甚深極廣，般若玄微，非諸二乘聖僧所能知之，一切凡夫更無論矣！所謂一切證量皆歸淨土是也！是故大乘法中「聖道之淨土、淨土之聖道」，其義甚深，難可了知；乃至眞悟之人，初心亦難知也。今有正德老師眞實證悟後，復能深探淨土與聖道之緊密關係，憐憫眾生之誤會淨土實義，亦欲利益廣大淨土行人同入聖道，同獲淨土中之聖道門要義，乃振奮心神、書以成文，今得刊行天下。主文279頁，連同序文等共301頁，總有十一萬六千餘字，正德老師著，成本價200元。

起信論講記：詳解大乘起信論**心生滅門**與**心眞如門**之眞實意旨，消除以往大師與學人對起信論所說**心生滅門**之誤解，由是而得了知眞心如來藏之非常非斷中道正理；亦因此一講解，令此論以往隱晦而被誤解之眞實義，得以如實顯示，令大乘佛菩提道之正理得以顯揚光大；初機學者亦可藉此正論所顯示之法義，對大乘法理生起正信，從此得以眞發菩提心，眞入大乘法中修學，世世常修菩薩正行。平實導師演述，共六輯，都已出版，每輯三百餘頁，售價各250元。

優婆塞戒經講記：本經詳述在家菩薩修學大乘佛法，應如何受持菩薩戒？對人間善行應如何看待？對三寶應如何護持？應如何正確地修集此世後世證法之福德？應如何修集後世「行菩薩道之資糧」？並詳述第一義諦之正義：五蘊非我非異我、自作自受、異作異受、不作不受……等深妙法義，乃是修學大乘佛法、行菩薩行之在家菩薩所應當了知者。出家菩薩今世或未來世登地已，捨報之後多數將如華嚴經中諸大菩薩，以在家菩薩身而修行菩薩行，故亦應以此經所述正理而修之，配合《楞伽經、解深密經、楞嚴經、華嚴經》等道次第正理，方得漸次成就佛道；故此經是一切大乘行者皆應證知之正法。平實導師講述，每輯三百餘頁，售價各250元；共八輯，已全部出版。

真假活佛—略論附佛外道盧勝彥之邪說：人人身中都有眞活佛，永生不滅而有大神用，但眾生都不了知，所以常被身外的西藏密宗假活佛籠罩欺瞞。本來就眞實存在的眞活佛，才是眞正的密宗無上密！諾那活佛因此而說禪宗是大密宗，但藏密的所有活佛都不知道、也不曾實證自身中的眞活佛。本書詳實宣示眞活佛的道理，舉證盧勝彥的「佛法」不是眞佛法，也顯示盧勝彥是假活佛，直接的闡釋第一義佛法見道的眞實正理。眞佛宗的所有上師與學人們，都應該詳細閱讀，包括盧勝彥個人在內。正犀居士著，優惠價140元。

阿含正義—唯識學探源：廣說四大部《阿含經》諸經中隱說之眞正義理，一一舉示佛陀本懷，令阿含時期初轉法輪根本經典之眞義，如實顯現於佛子眼前。並提示末法大師對於阿含眞義誤解之實例，一一比對之，證實唯識增上慧學確於原始佛法之阿含諸經中已隱覆密意而略說之，證實 世尊確於原始佛法中已曾密意而說第八識如來藏之總相；亦證實 世尊在四阿含中已說此藏識是名色十八界之因、之本—證明如來藏是能生萬法之根本心。佛子可據此修正以往受諸大師（譬如西藏密宗應成派中觀師：印順、昭慧、性廣、大願、達賴、宗喀巴、寂天、月稱、……等人）誤導之邪見，建立正見，轉入正道乃至親證初果而無困難；書中並詳說三果所證的**心解脫**，以及四果**慧解脫**的親證，都是如實可行的具體知見與行門。全書共七輯，已出版完畢。平實導師著，每輯三百餘頁，售價300元。

超意境ＣＤ：以平實導師公案拈提書中超越意境之頌詞，加上曲風優美的旋律，錄成令人嚮往的超意境歌曲，其中包括正覺發願文及平實導師親自譜成的黃梅調歌曲一首。詞曲雋永，殊堪翫味，可供學禪者吟詠，有助於見道。內附設計精美的彩色小冊，解說每一首詞的背景本事。每片280元。【每購買公案拈提書籍一冊，即贈送一片。】

鈍鳥與靈龜：鈍鳥及靈龜二物，被宗門證悟者說爲二種人：前者是精修禪定而無智慧者，也是以定爲禪的愚癡禪人；後者是或有禪定、或無禪定的宗門證悟者，凡已證悟者皆是靈龜。但後來被人虛造事實，用以嘲笑大慧宗杲禪師，說他雖是靈龜，卻不免被天童禪師預記「患背」痛苦而亡：「鈍鳥離巢易，靈龜脫殼難。」藉以貶低大慧宗杲的證量。同時將天童禪師實證如來藏的證量，曲解爲意識境界的離念靈知。自從大慧禪師入滅以後，錯悟凡夫對他的不實毀謗就一直存在著，不曾止息，並且捏造的假事實也隨著年月的增加而越來越多，終至編成「鈍鳥與靈龜」的假公案、假故事。本書是考證大慧與天童之間的不朽情誼，顯現這件假公案的虛妄不實；更見大慧宗杲面對惡勢力時的正直不阿，亦顯示大慧對天童禪師的至情深義，將使後人對大慧宗杲的誣謗至此而止，不再有人誤犯毀謗賢聖的惡業。書中亦舉證宗門的所悟確以第八識如來藏爲標的，詳讀之後必可改正以前被錯悟大師誤導的參禪知見，日後必定有助於實證禪宗的開悟境界，得階大乘眞見道位中，即是實證般若之賢聖。全書459頁，售價350元。

我的菩提路第一輯：凡夫及二乘聖人不能實證的佛菩提證悟，末法時代的今天仍然有人能得實證，由正覺同修會釋悟圓、釋善藏法師等二十餘位實證如來藏者所寫的見道報告，已爲當代學人見證宗門正法之絲縷不絕，證明大乘義學的法脈仍然存在，爲末法時代求悟般若之學人照耀出光明的坦途。由二十餘位大乘見道者所繕，敘述各種不同的學法、見道因緣與過程，參禪求悟者必讀。全書三百餘頁，售價300元。

我的菩提路第二輯：由郭正益老師等人合著，書中詳述彼等諸人歷經各處道場學法，一一修學而加以檢擇之不同過程以後，因閱讀正覺同修會、正智出版社書籍而發起抉擇分，轉入正覺同修會中修學；乃至學法及見道之過程，都一一詳述之。其中張志成等人係由前現代禪轉進正覺同修會，張志成原爲現代禪副宗長，以前未閱本會書籍時，曾被人藉其名義著文評論 平實導師（詳見《宗通與說通》辨正及《眼見佛性》書末附錄…等）；後因偶然接觸正覺同修會書籍，深覺以前聽人評論平實導師之語不實，於是投入極多時間閱讀本會書籍、深入思辨，詳細探索中觀與唯識之關聯與異同，認爲正覺之法義方是正法，深覺相應；亦解開多年來對佛法的迷雲，確定應依八識論正理修學方是正法。乃不顧面子，毅然前往正覺同修會面見平實導師懺悔，並正式學法求悟。今已與其同修王美伶（亦爲前現代禪傳法老師），同樣證悟如來藏而證得法界實相，生起實相般若眞智。此書中尚有七年來本會第一位眼見佛性者之見性報告一篇，一同供養大乘佛弟子。全書四百頁，售價300元。

維摩詰經講記：本經係 世尊在世時，由等覺菩薩維摩詰居士藉疾病而演說之大乘菩提無上妙義，所說函蓋甚廣，然極簡略，是故今時諸方大師與學人讀之悉皆錯解，何況能知其中隱含之深妙正義，是故普遍無法爲人解說；若強爲人說，則成依文解義而有諸多過失。今由平實導師公開宣講之後，詳實解釋其中密意，令維摩詰菩薩所說大乘不可思議解脫之深妙正法得以正確宣流於人間，利益當代學人及與諸方大師。書中詳實演述大乘佛法深妙不共二乘之智慧境界，顯示諸法之中絕待之實相境界，建立大乘菩薩妙道於永遠不敗不壞之地，以此成就護法偉功，欲冀永利娑婆人天。已經宣講圓滿整理成書流通，以利諸方大師及諸學人。全書共六輯，每輯三百餘頁，售價各250元。

菩薩底憂鬱CD將菩薩情懷及禪宗公案寫成新詞，並製作成超越意境的優美歌曲。1.主題曲〈菩薩底憂鬱〉，描述地後菩薩能離三界生死而迴向繼續生在人間，但因尚未斷盡習氣種子而有極深沈之憂鬱，非三賢位菩薩及二乘聖者所知，此憂鬱在七地滿心位方才斷盡；本曲之詞中所說義理極深，昔來所未曾見；此曲係以優美的情歌風格寫詞及作曲，聞者得以激發嚮往諸地菩薩境界之大心，詞、曲都非常優美，難得一見；其中勝妙義理之解說，已印在附贈之彩色小冊中。2.以各輯公案拈提中直示禪門入處之頌文，作成各種不同曲風之超意境歌曲，值得玩味、參究；聆聽公案拈提之優美歌曲時，請同時閱讀內附之印刷精美說明小冊，可以領會超越三界的證悟境界；未悟者可以因此引發求悟之意向及疑情，眞發菩提心而邁向求悟之途，乃至因此眞實悟入般若，成眞菩薩。3.正覺總持咒新曲，總持佛法大意；總持咒之義理，已加以解說並印在隨附之小冊中。本CD共有十首歌曲，長達63分鐘，附贈二張購書優惠券。每片280元。

勝鬘經講記：如來藏爲三乘菩提之所依，若離如來藏心體及其含藏之一切種子，即無三界有情及一切世間法，亦無二乘菩提緣起性空之出世間法；本經詳說無始無明、一念無明皆依如來藏而有之正理，藉著詳解煩惱障與所知障間之關係，令學人深入了知二乘菩提與佛菩提相異之妙理；聞後即可了知佛菩提之特勝處及三乘修道之方向與原理，邁向攝受正法而速成佛道的境界中。平實導師講述，共六輯，每輯三百餘頁，售價各250元。

楞嚴經講記：楞嚴經係密教部之重要經典，亦是顯教中普受重視之經典；經中宣說明心與見性之內涵極爲詳細，將一切法都會歸如來藏及佛性—妙眞如性；亦闡釋佛菩提道修學過程中之種種魔境，以及外道誤會涅槃之狀況，旁及三界世間之起源。然因言句深澀難解，法義亦復深妙寬廣，學人讀之普難通達，是故讀者大多誤會，不能如實理解佛所說之明心與見性內涵，亦因是故多有悟錯之人引爲開悟之證言，成就大妄語罪。今由平實導師詳細講解之後，整理成文，以易讀易懂之語體文刊行天下，以利學人。全書十五輯，全部出版完畢。每輯三百餘頁，售價每輯300元。

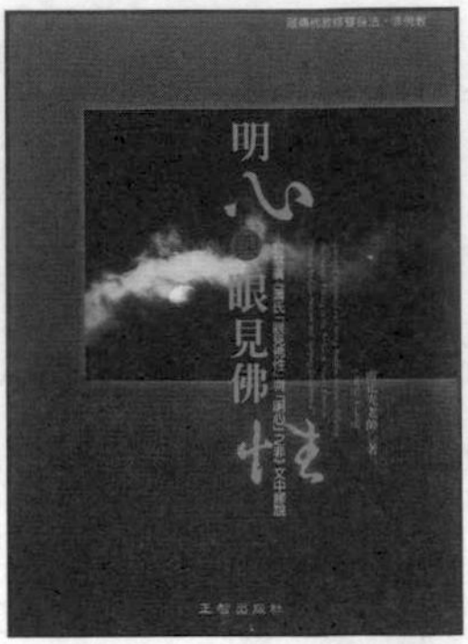

明心與眼見佛性：本書細述明心與眼見佛性之異同，同時顯示了中國禪宗破初參明心與重關眼見佛性二關之間的關聯；書中又藉法義辨正而旁述其他許多勝妙法義，讀後必能遠離佛門長久以來積非成是的錯誤知見，令讀者在佛法的實證上有極大助益。也藉慧廣法師的謬論來教導佛門學人回歸正知正見，遠離古今禪門錯悟者所墮的意識境界，非唯有助於斷我見，也對未來的開悟明心實證第八識如來藏有所助益，是故學禪者都應細讀之。游正光老師著　共448頁　售價300元。

見性與看話頭：黃正倖老師的《見性與看話頭》於《正覺電子報》連載完畢，今結集出版。書中詳說禪宗看話頭的詳細方法，並細說看話頭與眼見佛性的關係，以及眼見佛性者求見佛性前必須具備的條件。本書是禪宗實修者追求明心開悟時參禪的方法書，也是求見佛性者作功夫時必讀的方法書，內容兼顧眼見佛性的理論與實修之方法，是依實修之體驗配合理論而詳述，條理分明而且極爲詳實、周全、深入。本書內文375頁，全書416頁，售價300元。

禪意無限CD平實導師以公案拈提書中偈頌寫成不同風格曲子，與他人所寫不同風格曲子共同錄製出版，幫助參禪人進入禪門超越意識之境界。盒中附贈彩色印製的精美解說小冊，以供聆聽時閱讀，令參禪人得以發起參禪之疑情，即有機會證悟本來面目，實證大乘菩提般若。本CD共有十首歌曲，長達69分鐘，每盒各附贈二張購書優惠券。每片280元。

金剛經宗通：三界唯心，萬法唯識，是成佛之修證內容，是諸地菩薩之所修；般若則是成佛之道（實證三界唯心、萬法唯識）的入門，若未證悟實相般若，即無成佛之可能，必將永在外門廣行菩薩六度，永在凡夫位中。然而實相般若的發起，全賴實證萬法的實相；若欲證知萬法的眞相，則必須探究萬法之所從來，則須實證自心如來—金剛心如來藏，然後現觀這個金剛心的金剛性、眞實性、如如性、清淨性、涅槃性、能生萬法的自性性、本住性，名爲證眞如；進而現觀三界六道唯是此金剛心所成，人間萬法須藉八識心王和合運作方能現起。如是實證《華嚴經》的「三界唯心、萬法唯識」以後，由此等現觀而發起實相般若智慧，繼續進修第十住位的如幻觀、第十行位的陽焰觀、第十迴向位的如夢觀，再生起增上意樂而勇發十無盡願，方能滿足三賢位的實證，轉入初地；自知成佛之道而無偏倚，從此按部就班、次第進修乃至成佛。第八識自心如來是般若智慧之所依，般若智慧的修證則要從實證金剛心自心如來開始；《金剛經》則是解說自心如來之經典，是一切三賢位菩薩所應進修之實相般若經典。這一套書，是將平實導師宣講的《金剛經宗通》內容，整理成文字而流通之；書中所說義理，迥異古今諸家依文解義之說，指出大乘見道方向與理路，有益於禪宗學人求開悟見道，及轉入內門廣修六度萬行。講述完畢後結集出版，總共9輯，每輯約三百餘頁，售價各250元。

真假外道：本書具體舉證佛門中的常見外道知見實例，並加以教證及理證上的辨正，幫助讀者輕鬆而快速的了知常見外道的錯誤知見，進而遠離佛門內外的常見外道知見，因此即能改正修學方向而快速實證佛法。游正光老師著。成本價200元。

空行母—性別、身分定位，以及藏傳佛教：本書作者爲蘇格蘭哲學家，因爲嚮往佛教深妙的哲學內涵，於是進入當年盛行於歐美的假藏傳佛教密宗，擔任卡盧仁波切的翻譯工作多年以後，被邀請成爲卡盧的空行母（又名佛母、明妃），開始了她在密宗裡的實修過程；後來發覺在密宗雙身法中的修行，其實無法使自己成佛，也發覺密宗對女性岐視而處處貶抑，並剝奪女性在雙身法中擔任一半角色時應有的身分定位。當她發覺自己只是雙身法中被喇嘛利用的工具，沒有獲得絲毫應有的尊重與基本定位時，發現了密宗的父權社會控制女性的本質；於是作者傷心地離開了卡盧仁波切與密宗，但是卻被恐嚇不許講出她在密宗裡的經歷，也不許她說出自己對密宗的教義與教制下對女性剝削的本質，否則將被咒殺死亡。後來她去加拿大定居，十餘年後方才擺脫這個恐嚇陰影，下定決心將親身經歷的實情及觀察到的事實寫下來並且出版，公諸於世。出版之後，她被流亡的達賴集團人士大力攻訐，誣指她爲精神狀態失常、說謊……等。但有智之士並未被達賴集團的政治操作及各國政府政治運作吹捧達賴的表相所欺，使她的書銷售無阻而又再版。正智出版社鑑於作者此書是親身經歷的事實，所說具有針對「藏傳佛教」而作學術研究的價值，也有使人認清假藏傳佛教剝削佛母、明妃的男性本位實質，因此洽請作者同意中譯而出版於華人地區。珍妮·坎貝爾女士著，呂艾倫 中譯，每冊250元。

霧峰無霧—給哥哥的信：本書作者藉兄弟之間信件往來論義，略述佛法大義；並以多篇短文辨義，舉出釋印順對佛法的無量誤解證據，並一一給予簡單而清晰的辨正，令人一讀即知。久讀、多讀之後即能認清楚釋印順的六識論見解，與眞實佛法之牴觸是多麼嚴重；於是在久讀、多讀之後，於不知不覺之間提升了對佛法的極深入理解，正知正見就在不知不覺間建立起來了。當三乘佛法的正知見建立起來之後，對於三乘菩提的見道條件便將隨之具足，於是聲聞解脫道的見道也就水到渠成；接著大乘見道的因緣也將次第成熟，未來自然也會有親見大乘菩提之道的因緣，悟入大乘實相般若也將自然成功，自能通達般若系列諸經而成實義菩薩。作者居住於南投縣霧峰鄉，自喻見道之後不復再見霧峰之霧，故鄉原野美景一一明見，於是立此書名爲《霧峰無霧》；讀者若欲撥霧見月，可以此書爲緣。游宗明　老師著　售價250元。

假藏傳佛教的神話—性、謊言、喇嘛教：本書編著者是由一首名叫「阿姊鼓」的歌曲爲緣起，展開了序幕，揭開假藏傳佛教—喇嘛教—的神秘面紗。其重點是蒐集、摘錄網路上質疑「喇嘛教」的帖子，以揭穿「假藏傳佛教的神話」爲主題，串聯成書，並附加彩色插圖以及說明，讓讀者們瞭解西藏密宗及相關人事如何被操作爲「神話」的過程，以及神話背後的眞相。作者：張正玄教授。售價200元。

末代達賴—性交教主的悲歌：簡介從藏傳僞佛教（喇嘛教）的修行核心—性力派男女雙修，探討達賴喇嘛及藏傳僞佛教的修行內涵。書中引用外國知名學者著作、世界各地新聞報導，包含：歷代達賴喇嘛的祕史、達賴六世修雙身法的事蹟，以及《時輪續》中的性交灌頂儀式……等；達賴喇嘛書中開示的雙修法、達賴喇嘛的黑暗政治手段；達賴喇嘛所領導的寺院爆發喇嘛性侵兒童；新聞報導《西藏生死書》作者索甲仁波切性侵女信徒、澳洲喇嘛秋達公開道歉、美國最大假藏傳佛教組織領導人邱陽創巴仁波切的性氾濫，等等事件背後眞相的揭露。作者：張善思、呂艾倫、辛燕。售價250元。

第七意識與第八意識？—穿越時空「超意識」　「三界唯心，萬法唯識」是佛教中應該實證的聖教，也是《華嚴經》中明載而可以實證的法界實相。唯心者，三界一切境界、一切諸法唯是一心所成就，即是每一個有情的第八識如來藏，不是意識心。唯識者，即是人類各各都具足的八識心王——眼識、耳鼻舌身意識、意根、阿賴耶識，第八阿賴耶識又名如來藏，人類五陰相應的萬法，莫不由八識心王共同運作而成就，故說萬法唯識。依聖教量及現量、比量，都可以證明意識是二法因緣生，是由第八識藉意根與法塵二法爲因緣而出生，又是夜夜斷滅不存之生滅心，即無可能反過來出生第七識意根、第八識如來藏，當知不可能從生滅性的意識心中，細分出恆審思量的第七識意根，更無可能細分出恆而不審的第八識如來藏。本書是將演講內容整理成文字，細說如是內容，並已在〈正覺電子報〉連載完畢，今彙集成書以廣流通，欲幫助佛門有緣人斷除意識我見，跳脫於識陰之外而取證聲聞初果；嗣後修學禪宗時即得不墮外道神我之中，得以求證第八識金剛心而發起般若實智。平實導師 述，每冊300元。

黯淡的達賴—失去光彩的諾貝爾和平獎：本書舉出很多證據與論述，詳述達賴喇嘛不爲世人所知的一面，顯示達賴喇嘛並不是眞正的和平使者，而是假借諾貝爾和平獎的光環來欺騙世人；透過本書的說明與舉證，讀者可以更清楚的瞭解，達賴喇嘛是結合暴力、黑暗、淫欲於喇嘛教裡的集團首領，其政治行爲與宗教主張，早已讓諾貝爾和平獎的光環染污了。本書由財團法人正覺教育基金會寫作、編輯，由正覺出版社印行，每冊250元。

人間佛教—實證者必定不悖三乘菩提　「大乘非佛說」的講法似乎流傳已久，卻只是日本人企圖擺脫中國正統佛教的影響，而在明治維新時期才開始提出來的說法；台灣佛教、大陸佛教的淺學無智之人，由於未曾實證佛法而迷信日本人錯誤的學術考證，錯認爲這些別有用心的日本佛學考證的講法爲天竺佛教的眞實歷史；甚至還有更激進的反對佛教者提出「釋迦牟尼佛並非眞實存在，只是後人捏造的假歷史人物」，竟然也有少數人願意跟著「學術」的假光環而信受不疑，於是開始有一些佛教界人士造作了反對中國佛教而推崇南洋小乘佛教的行爲，使佛教的信仰者難以檢擇，導致一般大陸人士開始轉入基督教的盲目迷信中。在這些佛教及外教人士之中，也就有一分人根據此邪說而大聲主張「大乘非佛說」的謬論，這些人以「人間佛教」的名義來抵制中國正統佛教，公然宣稱中國的大乘佛教是由聲聞部派佛教的凡夫僧所創造出來的。這樣的說法流傳於台灣及大陸佛教界凡夫僧之中已久，卻非眞正的佛教歷史中曾經發生過的事，只是繼承六識論的聲聞法中凡夫僧依自己的意識境界立場，純憑臆想而編造出來的妄想說法，卻已經影響許多無智之凡夫僧俗信受不移。本書則是從佛教的經藏法義實質及實證的現量內涵本質立論，證明大乘佛法本是佛說，是從《阿含正義》尚未說過的不同面向來討論「人間佛教」的議題，證明「大乘眞佛說」。閱讀本書可以斷除六識論邪見，迴入三乘菩提正道發起實證的因緣；也能斷除禪宗學人學禪時普遍存在之錯誤知見，對於建立參禪時的正知見有很深的著墨。平實導師　述，內文488頁，全書528頁，定價400元。

童女迦葉考——論呂凱文〈佛教輪迴思想的論述分析〉之謬

童女迦葉是佛世率領五百大比丘遊行於人間的歷史事實，是以童貞行而依止菩薩戒弘化於人間的大菩薩，不依別解脫戒（聲聞戒）來弘化於人間。這是大乘佛教與聲聞佛教同時存在於佛世的歷史明證，證明大乘佛教不是從聲聞法中分裂出來的部派佛教的產物，卻是聲聞佛教分裂出來的部派佛教聲聞凡夫僧所不樂見的史實；於是古今聲聞法中的凡夫都欲加以扭曲而作詭說，更是末法時代高聲大呼「大乘非佛說」的六識論聲聞凡夫極力想要扭曲的佛教史實之一，於是想方設法扭曲迦葉菩薩爲聲聞僧，以及扭曲迦葉童女爲比丘僧等荒謬不實之論著便陸續出現，古時聲聞僧寫作的《分別功德論》是最具體之事例，現代之代表作則是呂凱文先生的〈佛教輪迴思想的論述分析〉論文。鑑於如是假藉學術考證以籠罩大眾之不實謬論，未來仍將繼續造作及流竄於佛教界，繼續扼殺大乘佛教學人法身慧命，必須舉證辨正之，遂成此書。平實導師　著，每冊180元。

中觀金鑑——詳述應成派中觀的起源與其破法本質

學佛人往往迷於中觀學派之不同學說，被應成派與自續派所迷惑；修學般若中觀二十年後自以爲實證般若中觀了，卻仍不曾入門，甫聞實證般若中觀者之所說，則茫無所知，迷惑不解；隨後信心盡失，不知如何實證佛法；凡此，皆因惑於這二派中觀學說所致。自續派中觀所說同於常見，以意識境界立爲第八識如來藏之境界，應成派所說則同於斷見，但又同立意識爲常住法，故亦具足斷常二見。今者孫正德老師有鑑於此，乃將起源於密宗的應成派中觀學說，追本溯源，詳考其來源之外，亦一一舉證其立論內容，詳加辨正，令密宗雙身法祖師以識陰境界而造之應成派中觀學說本質，詳細呈現於學人眼前，令其維護雙身法之目的無所遁形。若欲遠離密宗此二大派中觀謬說，欲於三乘菩提有所進道者，允宜具足閱讀並細加思惟，反覆讀之以後將可捨棄邪道返歸正道，則於般若之實證即有可能，證後自能現觀如來藏之中道境界而成就中觀。本書分上、中、下三冊，每冊250元，已全部出版完畢。

實相經宗通：學佛之目的在於實證一切法界背後之實相，禪宗稱之爲本來面目或本地風光，佛菩提道中稱之爲實相法界；此實相法界即是金剛藏，又名佛法之祕密藏，即是能生有情五陰、十八界及宇宙萬有（山河大地、諸天、三惡道世間）的第八識如來藏，又名阿賴耶識心，即是禪宗祖師所說的眞如心，此心即是三界萬有背後的實相。證得此第八識心時，自能瞭解般若諸經中隱說的種種密意，即得發起實相般若——實相智慧。每見學佛人修學佛法二十年後仍對實相般若茫然無知，亦不知如何入門，茫無所趣；更因不知三乘菩提的互異互同，是故越是久學者對佛法越覺茫然，都肇因於尚未瞭解佛法的全貌，亦未瞭解佛法的修證內容即是第八識心所致。本書對於修學佛法者所應實證的實相境界提出明確解析，並提示趣入佛菩提道的入手處，有心親證實相般若的佛法實修者，宜詳讀之，於佛菩提道之實證即有下手處。平實導師述著，共八輯，全部出版完畢，每輯成本價250元。

真心告訴您（一）——達賴喇嘛在幹什麼？這是一本報導篇章的選集，更是「破邪顯正」的暮鼓晨鐘。「破邪」是戳破假象，說明達賴喇嘛及其所率領的密宗四大派法王、喇嘛們，弘傳的佛法是仿冒的佛法；他們是假藏傳佛教，是坦特羅（譚崔性交）外道法和藏地崇奉鬼神的苯教混合成的「喇嘛教」，推廣的是以所謂「無上瑜伽」的男女雙身法冒充佛法的假佛教，詐財騙色誤導眾生，常常造成信徒家庭破碎、家中兒少失怙的嚴重後果。「顯正」是揭櫫眞相，指出眞正的藏傳佛教只有一個，就是覺囊巴，傳的是　釋迦牟尼佛演繹的第八識如來藏妙法，稱爲他空見大中觀。正覺教育基金會即以此古今輝映的如來藏正法正知見，在眞心新聞網中逐次報導出來，將箇中原委「眞心告訴您」，如今結集成書，與想要知道密宗眞相的您分享。售價250元。

真心告訴您（二）——達賴喇嘛是佛教僧侶嗎？補祝達賴喇嘛八十大壽：這是一本針對當今達賴喇嘛所領導的喇嘛教，冒用佛教名相、於師徒間或師兄姊間，實修男女邪淫，而從佛法三乘菩提的現量與聖教量，揭發其謊言與邪術，證明達賴及其喇嘛教是仿冒佛教的外道，是「假藏傳佛教」。藏密四大派教義雖有「八識論」與「六識論」的表面差異，然其實修之內容，皆共許「無上瑜伽」四部灌頂爲究竟「成佛」之法門，也就是共以男女雙修之邪淫法爲「即身成佛」之密要，雖美其名曰「欲貪爲道」之「金剛乘」，並誇稱其成就超越於（應身佛）釋迦牟尼佛所傳之顯教般若乘之上；然詳考其理論，則或以意識離念時之粗細心爲第八識如來藏，或以中脈裡的明點爲第八識如來藏，或如宗喀巴與達賴堅決主張第六意識爲常恆不變之眞心者，分別墮於外道之常見與斷見中；全然違背　佛說能生五蘊之如來藏的實質。售價300元。

西藏「活佛轉世」制度——附佛、造神、世俗法：歷來關於喇嘛教活佛轉世的研究，多針對歷史及文化兩部分，於其所以成立的理論基礎，較少系統化的探討。尤其是此制度是否依據「佛法」而施設？是否合乎佛法眞實義？現有的文獻大多含糊其詞，或人云亦云，不曾有明確的闡釋與如實的見解。因此本文先從活佛轉世的由來，探索此制度的起源、背景與功能，並進而從活佛的尋訪與認證之過程，發掘活佛轉世的特徵，以確認「活佛轉世」在佛法中應具足何種果德。定價150元。

法華經講義：此書爲平實導師始從2009/7/21演述至2014/1/14之講經錄音整理所成。世尊一代時教，總分五時三教，即是華嚴時、聲聞緣覺教、般若教、種智唯識教、法華時；依此五時三教區分爲藏、通、別、圓四教。本經是最後一時的圓教經典，圓滿收攝一切法教於本經中，是故最後的圓教聖訓中，特地指出無有三乘菩提，其實唯有一佛乘；皆因眾生愚迷故，方便區分爲三乘菩提以助眾生證道。世尊於此經中特地說明如來示現於人間的唯一大事因緣，便是爲有緣眾生「開、示、悟、入」諸佛的所知所見——第八識如來藏妙眞如心，並於諸品中隱說「妙法蓮花」如來藏心的密意。然因此經所說甚深難解，眞義隱晦，古來難得有人能窺堂奧；平實導師以知如是密意故，特爲末法佛門四眾演述《妙法蓮華經》中各品蘊含之密意，使古來未曾被古德註解出來的「此經」密意，如實顯示於當代學人眼前。乃至〈藥王菩薩本事品〉、〈妙音菩薩品〉、〈觀世音菩薩普門品〉、〈普賢菩薩勸發品〉中的微細密意，亦皆一併詳述之，開前人所未曾言之密意，示前人所未見之妙法。最後乃至以〈法華大意〉而總其成，全經妙旨貫通始終，而依佛旨圓攝於一心如來藏妙心，厥爲曠古未有之大說也。平實導師述　已於2015/05/31起開始出版，每二個月出版一輯，共有25輯。每輯300元。

解深密經講記：本經係 世尊晚年第三轉法輪，宣說地上菩薩所應熏修之唯識正義經典，經中所說義理乃是大乘一切種智增上慧學，以阿陀那識—如來藏—阿賴耶識爲主體。禪宗之證悟者，若欲修證初地無生法忍乃至八地無生法忍者，必須修學《楞伽經、解深密經》所說之八識心王一切種智；此二經所說正法，方是眞正成佛之道；印順法師否定第八識如來藏之後所說萬法緣起性空之法，是以誤會後之二乘解脫道取代大乘眞正成佛之道，尚且不符二乘解脫道正理，亦已墮於斷滅見中，不可謂爲成佛之道也。平實導師曾於本會郭故理事長往生時，於喪宅中從首七開始宣講，於每一七各宣講二小時，至第十七而快速略講圓滿，作爲郭老之往生佛事功德，迴向郭老早證八地、速返娑婆住持正法。茲爲今時後世學人故，將擇期重講《解深密經》，以淺顯之語句講畢後，將會整理成文，用供證悟者進道；亦令諸方未悟者，據此經中佛語正義，修正邪見，依之速能入道。平實導師述著，全書輯數未定，每輯三百餘頁，將於未來重講完畢後逐輯出版。

佛法入門：學佛人往往修學二十年後仍不知如何入門，茫無所入漫無方向，不知如何實證佛法；更因不知三乘菩提的互異互同之處，導致越是久學者越覺茫然，都是肇因於尚未瞭解佛法的全貌所致。本書對於佛法的全貌提出明確的輪廓，並說明三乘菩提的異同處，讀後即可輕易瞭解佛法全貌，數日內即可明瞭三乘菩提入門方向與下手處。○○菩薩著 出版日期未定。

阿含經講記—小乘解脫道之修證：數百年來，南傳佛法所說證果之不實，所說解脫道之虛妄，所弘解脫道法義之世俗化，皆已少人知之；從南洋傳入台灣與大陸之後，所說法義虛謬之事，亦復少人知之；今時台灣全島印順系統之法師居士，多不知南傳佛法數百年來所說解脫道之義理已然偏斜、已然世俗化、已非眞正之二乘解脫正道，猶極力推崇與弘揚。彼等南傳佛法近代所謂之證果者多非眞實證果者，譬如阿迦曼、葛印卡、帕奧禪師、一行禪師……等人，悉皆未斷我見故。近年更有台灣南部大願法師，高抬南傳佛法之二乘修證行門爲「捷徑究竟解脫之道」者，然而南傳佛法縱使眞修實證，得成阿羅漢，至高唯是二乘菩提解脫之道，絕非究竟解脫，無餘涅槃中之實際尚未得證故，法界之實相尚未了知故，習氣種子待除故，一切種智未實證故，焉得謂爲「究竟解脫」？即使南傳佛法近代眞有實證之阿羅漢，尚且不及三賢位中之七住明心菩薩本來自性清淨涅槃智慧境界，則不能知此賢位菩薩所證之無餘涅槃實際，仍非大乘佛法中之見道者，何況普未實證聲聞果乃至未斷我見之人？謬充證果已屬逾越，更何況是誤會二乘菩提之後，以未斷我見之凡夫知見所說之二乘菩提解脫偏斜法道，焉可高抬爲「究竟解脫」？而且自稱「捷徑之道」？又妄言解脫之道即是成佛之道，完全否定般若實智、否定三乘菩提所依之如來藏心體，此理大大不通也！平實導師爲令修學二乘菩提欲證解脫果者，普得迴入二乘菩提正見、正道中，是故選錄四阿含諸經中，對於二乘解脫道法義有具足圓滿說明之經典，預定未來十年內將會加以詳細講解，令學佛人得以了知二乘解脫道之修證理路與行門，庶免被人誤導之後，未證言證，干犯道禁，成大妄語，欲升反墮。本書首重斷除我見，以助行者斷除我見而實證初果爲著眼之目標，若能根據此書內容，配合平實導師所著《識蘊眞義》《阿含正義》內涵而作實地觀行，實證初果非爲難事，行者可以藉此三書自行確認聲聞初果爲實際可得現觀成就之事。此書中除依二乘經典所說加以宣示外，亦依斷除我見等之證量，及大乘法中道種智之證量，對於意識心之體性加以細述，令諸二乘學人必定得斷我見、常見，免除三縛結之繫縛。次則宣示斷除我執之理，欲令升進而得薄貪瞋痴，乃至斷五下分結…等。平實導師述，共二冊，每冊三百餘頁。每輯300元。

修習止觀坐禪法要講記：修學四禪八定之人，往往錯會禪定之修學知見，欲以無止盡之坐禪而證禪定境界，卻不知修除性障之行門才是修證四禪八定不可或缺之要素，故智者大師云「性障初禪」；性障不除，初禪永不現前，云何修證二禪等？又：行者學定，若唯知數息，而不解六妙門之方便善巧者，欲求一心入定，未到地定極難可得，智者大師名之爲「事障未來」：障礙未到地定之修證。又禪定之修證，不可違背二乘菩提及第一義法，否則縱使具足四禪八定，亦不能實證涅槃而出三界。此諸知見，智者大師於《修習止觀坐禪法要》中皆有闡釋。作者平實導師以其第一義之見地及禪定之實證證量，曾加以詳細解析。將俟正覺寺竣工啓用後重講，不限制聽講者資格；講後將以語體文整理出版。欲修習世間定及增上定之學者，宜細讀之。平實導師述著。

★聲明★

本社於2015/01/01開始調整本目錄中部分書籍之售價，以因應各項成本的持續增加。

喇嘛教修外道雙身法，墮識陰境界，非佛教

弘揚如來藏他空見的覺囊派才是真正藏傳佛教

總經銷：飛鴻 國際行銷股份有限公司
231 新北市新店區中正路 501 之 9 號 2 樓
Tel.02－82186688（五線代表號） Fax.02-82186458、82186459

零售：1.**全台連鎖經銷書局：**
三民書局、誠品書局、何嘉仁書店
敦煌書店、紀伊國屋、金石堂書局、建宏書局

2.**台北市：**佛化人生 羅斯福路 3 段 325 號 6 樓之 4 台電大樓對面
士林圖書 士林區大東路 86 號

3.**新北市：**春大地書店 **蘆洲**中正路 117 號 明達書局 三重五華街 129 號

4.**桃園市縣：**誠品書局 **桃園市**中正路 20 號遠東百貨地下室一樓
金石堂 **桃園市**大同路 24 號 金石堂 **桃園**八德市介壽路 1 段 987 號
諾貝爾圖書城 **桃園市**中正路 56 號地下室 金義堂 **中壢市**中美路 2 段 82 號
墊腳石文化書店 **中壢市**中正路 89 號 巧巧屋書局 **蘆竹**南崁路 263 號
來電書局 **大溪**慈湖路 30 號 御書堂 **龍潭**中正路 123 號

5.**新竹市縣：**大學書局 **新竹**建功路 10 號 誠品書局 **新竹**東區信義街 68 號
誠品書局 **新竹**東區中央路 229 號 5 樓 誠品書局 **新竹**東區力行二路 3 號
墊腳石文化書店 **新竹**中正路 38 號 金典文化 **竹北**中正西路 47 號
展書堂 **竹東**長春路 3 段 36 號

6.**苗栗市縣：**萬花筒書局**苗栗市**府東路 73 號 展書堂 **竹南**民權街 49-2 號

7.**台中市：** **瑞成**書局、各大連鎖書店。
詠春書局 **台中市**永春東路 884 號 文春書局 **霧峰**中正路 1087 號

8.**彰化市縣：**心泉佛教流通處 **彰化市**南瑤路 286 號
員林鎮：墊腳石圖書文化廣場 中山路 2 段 49 號（04-8338485）

9.**台南市：**博大書局 **新營**三民路 128 號
藝美書局 **善化**中山路 436 號 宏欣書局 **佳里**光復路 214 號

10.**高雄市：**各大連鎖書店、**瑞成**書局
政大書城 **三民區**明仁路 161 號 政大書城 **苓雅區**光華路 148-83 號
明儀書局 **三民區**明福街 2 號 明儀書局 三多四路 63 號
青年書局 青年一路 141 號

11.**宜蘭縣市：**金隆書局 宜蘭市中山路 3 段 43 號
宋太太梅鋪 羅東鎮中正北路 101 號（039-534909）

12.**台東市：**東普佛教文物流通處 台東市博愛路 282 號

13.**其餘鄉鎮市經銷書局：**請電詢總經銷**飛鴻**公司。

14.**大陸地區請洽：**
香港：樂文書店
旺角店 :香港九龍旺角西洋菜街 62 號 3 樓
電話 : (852) 2390 3723 email: luckwinbooks@gmail.com
銅鑼灣店 :香港銅鑼灣駱克道 506 號 2 樓
電話 : (852) 2881 1150 email: luckwinbs@gmail.com

廈門：廈門外圖臺灣書店有限公司
地址：廈門市思明區湖濱南路809 號 廈門外圖書城3 樓 郵編：361004
電話：0592-5061658（臺灣地區請撥打 86-592-5061658）
E-mail：JKB118@188.COM

15.**美國：世界日報圖書部**：紐約圖書部 電話 7187468889#6262
洛杉磯圖書部 電話 3232616972#202

16.**國內外地區網路購書：**

正智出版社 書香園地 http://books.enlighten.org.tw/
（書籍簡介、直接聯結下列網路書局購書）

三民 網路書局 http://www.Sanmin.com.tw

誠品 網路書局 http://www.eslitebooks.com

博客來 網路書局 http://www.books.com.tw

金石堂 網路書局 http://www.kingstone.com.tw

飛鴻 網路書局 http://fh6688.com.tw

附註：1.請儘量向各經銷書局購買：郵政劃撥需要十天才能寄到（本公司在您劃撥後第四天才能接到劃撥單，次日寄出後第四天您才能收到書籍，此八天中一定會遇到週休二日，是故共需十天才能收到書籍）若想要早日收到書籍者，請劃撥完畢後，將劃撥收據貼在紙上，旁邊寫上您的姓名、住址、郵區、電話、買書詳細內容，直接傳真到本公司 02-28344822，並來電 02-28316727、28327495 確認是否已收到您的傳眞，即可提前收到書籍。 **2.**因台灣每月皆有五十餘種宗教類書籍上架，書局書架空間有限，故唯有新書方有機會上架，通常每次只能有一本新書上架；本公司出版新書，大多上架不久便已售出，若書局未再叫貨補充者，書架上即無新書陳列，則請直接向書局櫃台訂購。 **3.**若書局不便代購時，可於晚上共修時間向正覺同修會各共修處請購（共修時間及地點，詳閱**共修現況表**。每年例行年假期間請勿前往請書，年假期間請見共修現況表）。 **4.**郵購：郵政劃撥帳號 19068241。 **5.**正覺同修會會員購書都以八折計價（戶籍台北市者爲一般會員，外縣市爲護持會員）都可獲得優待，欲一次購買全部書籍者，可以考慮入會，節省書費。入會費一千元（第一年初加入時才需要繳），年費二千元。 **6.尚未出版之書籍，請勿預先郵寄書款與本公司，謝謝您！** **7.**若欲一次購齊本公司書籍，或同時取得正覺同修會贈閱之全部書籍者，請於正覺同修會共修時間，親到各共修處請購及索取；**台北市讀者**請洽：103 台北市承德路三段 267 號 10 樓（捷運淡水線 圓山站旁）請書時間：週一至週五爲 18.00~21.00，第一、三、五週週六爲 10.00~21.00，雙週之週六爲 10.00~18.00 請購處專線電話：25957295-分機 14（於請書時間方有人接聽）。

敬告大陸讀者：

大陸讀者購書、索書捷徑（尚未在大陸出版的書籍，以下二個途徑都可以購得，電子書另包括結緣書籍）：

1.**廈門外國圖書公司**：廈門市思明區湖濱南路 809 號 廈門外圖書城 3F
郵編：361004　電話：0592-5061658　網址：JKB118@188.COM

2.**電子書**：正智出版社有限公司及正覺同修會在台灣印行的各種局版書、結緣書，已有『**正覺電子書**』陸續上線中，提供讀者於手機、平板電腦上購書、下載、閱讀正智出版社、正覺同修會及正覺教育基金會所出版之電子書，詳細訊息敬請參閱『正覺電子書』專頁：
http://books.enlighten.org.tw/ebook

關於平實導師的書訊，請上網查閱：
成佛之道　http://www.a202.idv.tw
正智出版社 書香園地　http://books.enlighten.org.tw/

中國網採訪佛教正覺同修會、正覺教育基金會訊息：

http://big5.china.com.cn/gate/big5/fangtan.china.com.cn/2014-06/19/content_32714638.htm

http://pinpai.china.com.cn/

★ 正智出版社有限公司售書之稅後盈餘，全部捐助財團法人正覺寺籌備處、佛教正覺同修會、正覺教育基金會，供作弘法及購建道場之用；懇請諸方大德支持，功德無量。

★ 聲　明 ★

本社於 2015/01/01 開始調整本目錄中部分書籍之售價，以因應各項成本的持續增加。

＊ 喇嘛教修外道雙身法、墮識陰境界，非佛教 ＊
＊ 弘揚如來藏他空見的覺囊派才是真正藏傳佛教 ＊

售後服務—換書啓事（免附回郵）　　2012/09/24

《楞嚴經講記》第 14 輯初版首刷本免費調換新書啓事：本講記第 14 輯出版前因 平實導師諸事繁忙，未將之重新閱讀而只改正校對時發現的錯別字，故未能發覺十年前所說法義有部分錯誤，於第 15 輯付印前重閱時才發覺第 14 輯中有部分錯誤尚未改正。今已重新審閱修改並已重印完成，煩請所有讀者將以前所購第 14 輯初版首刷本，寄回本社免費換新（初版二刷本無錯誤），本社將於寄回新書時同時附上您寄書回來換新時所付的郵資，並在此向所有讀者致上最誠懇的歉意。

《心經密意》初版書免費調換二版新書啓事：本書係演講錄音整理成書，講時因時間所限，省略部分段落未講。後於再版時補寫增加 13 頁，維持原價流通之。茲爲顧及初版讀者權益，自 2003/9/30 開始免費調換新書，原有初版一刷、二刷書籍，皆可寄來本來公司換書。

《宗門法眼》已經增寫改版爲 464 頁新書，2008 年 6 月中旬出版。讀者原有初版之第一刷、第二刷書本，都可以寄回本社免費調換改版新書。改版後之公案及錯悟事例維持不變，但將內容加以增說，較改版前更具有廣度與深度，將更能助益讀者參究實相。

換書者**免附回郵**，亦無截止期限；舊書請寄：111 台北郵政 73-151 號信箱 或 103 台北市承德路三段 267 號 10 樓 正智出版社有限公司。舊書若有塗鴨、殘缺、破損者，仍可換取新書；但缺頁之舊書至少應仍有五分之三頁數，方可換書。所有讀者不必顧念本公司是否有盈餘之問題，都請踴躍寄來換書；本公司成立之目的不是營利，只要能眞實利益學人，即已達到成立及運作之目的。若以郵寄方式換書者，免附回郵；並於寄回新書時，由本社附上您寄來書籍時耗用的郵資。造成您不便之處，再次致上萬分的歉意。

正智出版社有限公司 啓

國家圖書館出版品預行編目資料

實相經宗通／平實導師述. -- 初版. -- 臺北市：
正智, 2014.01 -
冊；　公分

ISBN 978-986-6431-68-5（第1輯：平裝）
ISBN 978-986-6431-78-4（第2輯：平裝）
ISBN 978-986-6431-79-1（第3輯：平裝）
ISBN 978-986-6431-90-6（第4輯：平裝）
ISBN 978-986-5655-00-6（第5輯：平裝）
ISBN 978-986-5655-06-8（第6輯：平裝）
ISBN 978-986-5655-16-7（第7輯：平裝）
ISBN 978-986-5655-31-0（第8輯：平裝）

1.般若部

221.44　　102027143

實相經宗通——第五輯

著述者：平實導師
音文轉換：劉惠莉
校　對：章乃鈞 陳介源 孫淑貞 傅素嫻 王美伶
出版者：正智出版社有限公司
電話：〇二 28327495 28316727（白天）
傳眞：〇二 28344822
111台北郵政73-151號信箱
郵政劃撥帳號：一九〇六八二四一
正覺講堂：總機〇二 25957295（夜間）
總經銷：飛鴻國際行銷股份有限公司
231新北市新店區中正路501-9號2樓
電話：〇二 82186688（五線代表號）
傳眞：〇二 82186458 82186459
初版首刷：二〇一四年九月三十日 二千冊
初版三刷：二〇一五年十月 二千冊
定　價：二五〇元